全国高等院校金融学系列规划教材

金融信托与租赁

徐保满　主　编

科学出版社
北　京

内 容 简 介

本书共分十四章，主要包括：金融信托与租赁的基本理论、资金信托、财产信托、权利信托、房地产信托、租金的管理、租赁风险的防范、中西方租赁监管等。

本书注重理论和业务实践的有机结合，在阐述金融信托与基本理论的基础上，全面介绍金融信托与租赁的业务内容，并吸收了国内外金融信托与租赁的最新研究成果，在理论和实务上都具有前沿性。

本书可作为高等院校金融学科及相关专业的教学用书，也可作为经济领域相关从业人员的参考书，还可作为各级政府主管部门了解信托业和租赁业的参考资料。

图书在版编目（CIP）数据

金融信托与租赁/徐保满主编. —北京：科学出版社，2007
（全国高等院校金融学系列规划教材）
ISBN 978-7-03-020672-5

Ⅰ. 金…　Ⅱ. 徐…　Ⅲ. ①金融信托-高等学校-教材　②金融-租赁-高等学校-教材　Ⅳ. F830.8

中国版本图书馆 CIP 数据核字（2007）第 177348 号

责任编辑：田悦红　任锋娟 / 责任校对：赵　燕
责任印制：吕春珉 / 封面设计：飞天创意

科 学 出 版 社 出版
北京东黄城根北街 16 号
邮政编码：100717
http://www.sciencep.com

北京中科印刷有限公司印刷
科学出版社发行　　各地新华书店经销
*
2007 年 12 月第　一　版　　开本：B5（720×1000）
2020 年 9 月第七次印刷　　印张：21 1/2
字数：434 000

定价：56.00 元

（如有印装质量问题，我社负责调换〈中科〉）
销售部电话 010-62136131　编辑部电话 010-62138978-8007（HF02）

全国高等院校金融学系列规划教材

丛　书　序

金融是现代经济的核心。经济决定金融，经济的发展水平决定金融的发展水平。同时，金融在服务于经济的过程中又反作用于经济，影响着经济发展的速度和结构。进入21世纪，经济发展正日益突出金融作为切入社会经济运行和经济发展之主流的特征，整个社会经济运转的轴心正朝着金融业倾斜，金融的强大杠杆效应正在影响着社会经济的方方面面。

金融领域的一系列变革，一方面不断地给经济发展注入强大动力，另一方面也促使金融自身发展日趋复杂化，从而引发许多前所未有的问题。面对金融改革方案的推出与实施、金融政策与法规的出台、金融市场各类现象的频发，现代中国急需深化金融政策和金融市场的研究，造就和培养一大批金融人才，健全和完善自身金融体系，以顺应时代的变革和经济可持续发展的要求。

一套高质量的教材是提高金融教学质量的前提之一。“全国高等院校金融学系列规划教材”是适应我国现在金融人才培养需求而推出的一套容量大、体例新、质量高、系统性强、适应面广的全新金融学系列教材。它既汇聚了以南开大学为代表的多所高校多年来在金融学教材建设中所取得的重要成果，又代表了高等金融学教育界在新时期积极探索教材改革与创新的最新发展趋势。

本系列丛书包括《国际税收学》、《国际金融实务》、《证券投资分析》、《金融机构管理》、《中央银行学》、《企业财务报表分析》、《投资银行学》、《金融租赁》、《金融英语》、《保险中介与实务》、《寿险实务》、《国际金融管理》、《保险客户服务》和《金融信托与租赁》等金融学领域各专业方向所涉及的理论和实务课程，成为一个具有可塑性的金融学教材库。丛书编者在写作方法上力求规范，分析与实证分析相结合，理论与实践相结合，内容上利用国内外最新研究成果，跟踪中国金融改革实践，做到体系完整、内容丰富、实用性强。本系列丛书是针对当前国内金融相关部门的人才需求现状和在校学生的接受能力，为高等院校金融类专业各层次学生编写的，对国内金融工作者也极具参考价值。

参加本系列教材编写的主要是南开大学经济学院具有丰富教学经验和科研经历的专家，他们既了解相关领域的学术动态，也熟悉金融教学的具体要求。本系列教材编写的指导思想是：以学生为中心，以培养学生的综合素质为主，贯彻金融学研究与教学的最新思想，遵循学科自身发展规律和教学规律，以教育部颁布的教学大纲为指导，结合学术发展的最新成果，力求切合经济、社会发展和高等金融学教育的需要，力求具有科学性、前瞻性、启发性的特点，做到低起点、高出点和真正好学好教，有利于学生创造性地掌握金融学科知识并在此基础上形成自己的创新思维，以推动我国高等金融学教育事业的蓬勃发展。

丛书在写作过程中参考了国内外同行的研究成果，在此向他们表示衷心的感谢。同时感谢科学出版社的领导、编辑人员在丛书出版过程中的大力协助。

最后，我们恳请各界同仁和读者对本套丛书提出宝贵意见和建议，以供我们进一步修订完善。

前　言

金融信托是一种融资与融物以及融资与财产管理紧密结合的有金融性质的信托业务，它与银行、保险、证券一起构成了现代金融体系。

美国的信托专家斯特考曾说：“信托的运用范围可以和人类的想象力媲美。”当今随着社会金融市场体系的完善，金融业已成为我国经济发展中最稳的产业部门之一，金融创新业务层出不穷、信托业务和租赁业务得到迅速发展，对丰富金融产品、完善我国金融体系、拓展融资渠道起到了积极作用，这两项极具有特色的金融业务已得到越来越多的关注。

面对我国的金融信托与租赁业务迅速发展的需要，以及其对大批专业人才的需求，高等院校金融、经济类学科的学生及金融领域的从业人员，有必要学习和掌握金融信托与租赁的理论与实务。为此，我们编写了本书。

本书在编写结构上大致分为金融信托和融资性租赁两大部分。在编写过程中，我们力求理论联系实际，对金融信托与租赁的理论和实践进行系统阐述，对当前金融信托与租赁领域已有的经验和业务作法给予详细的讲解。本书有关章节介绍了国外金融信托与租赁的运作方法，并对其发展趋势给予分析，使本书内容具有一定的前瞻性，使读者能够对金融信托与租赁有较为全面、系统的认识。

参加本书编写工作的有徐保满、张敏、王春乐、刘贯虹、李强强、常超等人，全书在文稿整理校对等方面得到田桂玲同志的大力帮助。

在本书的编写过程中，参阅了有关文献，这些文献对于本书的编写有较大的帮助，在此谨表谢意。

由于编者的水平有限，书中不妥之处，恳请读者批评指正。

目　　录

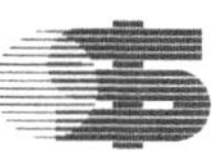

第一章

信 托 概 述

本章重点

本章主要介绍信托业务的基本概念、信托的起源、职能、特点及国外信托业发展状况和我国信托业的发展历程。

第一节　信托的起源

信托是一种社会行为，是以信任为基础，涉及当事人之间权利与义务的法律行为，是一种转移财产并加以管理的经济活动。

一、信托的含义

信托一词具有信任委托之意，信托就是在信任基础上的委托。在社会生活中，信托涉及的范围十分广泛，因而又有各种相对的含义。

“信托”的定义有广义上的，也有狭义上的。广义的定义如日本信托学者细矢佑治所给出的：“信托者，其重心点即在含有信任之意，乃是数当事者，以信任为基础，求其相互间经济上、社会上或其他目的的一种特殊行为。在委托之地位者曰信托人，在受托之地位者曰受托人。而受信托之利益者则曰受益人”。在这个定义中，作者提到了信托基础、行为发生的目的，并排除了行为的单纯经济性质，是比较完整的定义。

狭义上，信托可以理解为是以信用委托性质为基础的一种经济行为。我国已故信托学者朱斯煌教授认为：“称信托者，系一种财务关系。即当事人之一方，为自己或第三者之利益，移转其财产权于他方，而他方允为依照一定目的管理、使用、处分其财产之谓也。其移转之财产，为信托财产；移转财产之人，为委托人，允为管理、使用、处分之人，为受托人；享受信托财产之利益者，为受益人。每种信托之成立。必有此三种关系人”[①]。这个定义只是更具体地述及财产权的转移、管理、使用和处分问题。被誉为美国信托法权威的鲍格特为信托下的定义也是狭义的理解，他说：“信托是指当事人间的一种信任关系，一方享有财产的所有权，并负衡平法上为另一人的利益管理或处分该财产的义务”。我国台湾法律学者杨崇森教授的话则更为精辟，他曾指出：“信托系一种为他人利益管理财产之制度”。从狭义上下定义，对信托的说法很多，但都从财产权这一角度反映出信托的本质特征。

《中华人民共和国信托法》（以下简称《信托法》）第一章第二条对信托是这样定义的：信托是指委托人基于对受托人的信任，将其财产权委托给受托人，由受托人按委托人的意愿以自己的名义，为受益人的利益或者特定目的，进行管理或者处分的行为[②]。此定义也是狭义上的理解。

① 朱斯煌，信托总论，第4页，中华书局，1941年版。

② 中华人民共和国信托法，第一章第二条。

尽管不同国家对信托的理解不同，但信托制度有着共同点。首先，信托关系必须建立在信任的基础之上，财产的所有者必须对受托人充分信任，并将自己的财产委托其进行管理或经营；其次，信托的设立一般采取信托合同、遗嘱或法律规定的其他形式。以上两点是信托关系确立必须具备的两个基本条件。

为了便于协调一致，在相同的法律框架下讨论议题，本书中所称信托遵从我国信托法中的定义。

二、信托的起源

信托指的是财产的所有人按照自己的目的或者利益，将其所拥有的财产委托给他人或者信托机构代为管理的一种经济行为。信托现象的存在，从历史渊源进行考察，已经历了数千年之久。这种现象，已经历了奴隶制社会、封建制社会、资本主义社会，直至延续到今天的社会主义社会。人们随时随地可以发现信托现象的存在。

人类社会出现了私有财产，随之有了对私有财产的遗赠、转让、经营和管理。信托便起源于古代对遗嘱的执行和对私有财产的管理。在 4000 多年以前的古埃及，当时的一些人为了维护其私有财产的继承，通过设立遗嘱，为幼小的子女指定监护人，将自己的财产遗赠给子女。但是，信托作为一种观念，则是来源于罗马法典"信托遗赠"的规定，法典中规定，在按遗嘱处理财产时，可以把遗嘱直接授予受赠人，若受赠人无力或无权承受时，可以按照信托遗赠制度的规定，把财产委托和转移给继承人或者第三方把财产转移给受赠人。

一般认为，13 世纪英国法制史上出现的尤斯（USE）制度是现代信托制度的最初形态，是真正具有财产管理制度性质的信托。尤斯制是英国古代的一种法律制度，这种制度仿照和引用了罗马法上的使用权（即使用他人所有物的权利)。用役权即使用他人所有物而获其收益的权利，又称用益权，以及信托遗赠的制度。封建时代的英国，宗教信仰极其浓厚，虔诚的教徒们常常在临终前把自己的土地等财产捐赠给教会，其结果是使得教会占有的土地财产增多。在英国的封建制度下，封建君主可以因为臣民的死亡而获得包括土地在内的财产，如果教会获得了捐赠，因教会占有的土地不必缴税，从而影响了封建君主的收入。教会拥有的土地越多，对封建君主的利益侵害和威胁就越大。

在 13 世纪初，英国封建君主国王亨利三世（1216～1272 年）为了维护自身利益，颁布了一个《没收条例》。该条例规定凡是把土地赠与教会团体的，必须要得到君主或诸侯的许可，凡擅自出让或赠与者，要没收其土地。这个条例的颁布对宗教团体无疑是一个沉重的打击，也引起了所有宗教徒的不满。当时英国封建社会的法官也多是教徒，法官与法学家为满足广大教徒的心愿和为宗教团体解忧，

他们参照罗马法的用益权与信托遗赠制度，创设了“尤斯制”，用以规避《没收条例》的约束。具体做法是：教徒在生前立下遗嘱，先把土地赠与第三方所有，而不是直接赠与教堂，为的是解没收之虑。因为教堂名义上没有土地所有权，官府不得依照《没收条例》没收其土地。遗嘱中明确指出尽管土地将赠与第三方，但同时表示了土地赠与的目的是要保障教堂对土地有“用益权”，即第三方有名义上的土地所有权，而教堂要拥有土地的实际使用权和收益权。这样做同样维护了宗教团体的利益，并达到了教徒要为宗教多做贡献的心愿。在这种土地间接遗赠中，赠与的一方视同现代信托中的委托人地位；名义上掌握土地所有权的第三方视同现代信托中的受托人地位；实际享受收益的教堂一方视同现代信托中的受益人地位。这种由于土地而产生的间接遗赠，发生在三方之间的财产联系，即是现代信托所称的一种信托关系。

但是那时的尤斯制还不能算是完备的信托结构，一直到16世纪一种新的财产寄赠方式，称之为“双重尤斯”制出现，真正意义上的信托结构才算定型。尤斯制度是依靠衡平法保护，并不断发展壮大的，而“双重尤斯”制度则使得该种制度能够受到普通法的保护。

1535年，英国的君主亨利八世颁布了一项新的《尤斯条例》，条例规定土地的受益人同时也是法定的土地所有人。新的《尤斯条例》是针对原有的尤斯制度而言的，该条例的目的在于取消“用益权”关系剥夺受让人为受益人利益而占有土地的权利，从而可以对某个宗教徒的土地实施没收或者课税。这个新条例的颁布，在广大民众和教徒之中产生了极大的震动。因为尤斯制度已经在英国实施了200年之久，那时处于“尤斯”制度保护之下的土地已经占到英国全国领土面积的1/3左右。新的《尤斯条例》施行后，难以完全普及，其适用范围仅局限于民间的“自由地”所有权的转移，不涉及“自由地”以外的其他土地，不涉及土地以外的其他不动产，不涉及不动产以外的财产所有权的转移。而且，对于代管理的特别信托也没有禁止效力，反而由于增加了土地受让人的赋税负担而招致了民众的强烈不满。

在此种情况下，为了规避法律，人们又创造了另外一种财产寄赠方式——“双重尤斯”制度。“双重尤斯”制度可以说是“尤斯上的尤斯”。因为新的《尤斯条例》对于第一个“尤斯”有约束作用，对第二个“尤斯”却失去了约束效力。所以，“双重尤斯”制度的形成是为了躲避新的《尤斯条例》这个法令。对于第一个“尤斯”：土地持有者，即教徒本人先把土地转让给儿女，转让的目的是为了宗教团体的利益；对于第二个“尤斯”：由儿女把土地再转让给第三方，第三方一般是土地持有者亲密的朋友。可以看出，在“双重尤斯”制度中，儿女是第一个受托人，第三方是第二个受托人。在第二个“尤斯”中，其儿女转让土地是为了自身

的收益，因而是第二个受益人，根据新的《尤斯条例》被看成所有人。在第一个“尤斯”中，根据新的《尤斯条例》，教堂被看成所有人，官府可以没收。由于采用“双重尤斯”制度，教堂的收益则不适用于新的《尤斯条例》限制。第二个“尤斯”则为现代信托的真正结构，是信托结构的完善和发展，是现代信托真正的由来。《尤斯条例》的颁布，其结果是在普通法法律上使长期流传于民间的原来的“尤斯”制度得到了确认，并进而导致了其他各种寄赠方式的出现。而且，“双重尤斯”制度的出现，使得现代信托观念更加广泛地传播。因此“双重尤斯”制度即为现代信托制度的真正开拓制度[①]。现在研究信托起源的多数学者都认为：现代采用的信托一词——“TRUST”，实际就是起源于英国16世纪的“双重尤斯”结构。

第二节　信托的职能和特点

一、信托的职能

信托的职能可以用一句话概括为“受人之托，履人之嘱，代人理财”。曹建元先生将其具体总结为以下几个职能：财产事务管理职能、融通资金职能、代理和咨询职能、社会投资职能和社会公益服务职能[②]。

（一）财产事务管理职能

财产管理功能是指信托受委托人之托，为之经营管理或处理财产的功能，即“受人之托、为人管业、代人理财”，这是信托业的基本功能。现代信托业所从事的无论是金钱信托还是实物信托，都属于财产管理功能的运用，其理论支持是现代产权理论。在该功能下，信托业作为受托人，必须按委托人的要求或其指定的具体项目，发放贷款或进行投资，为委托人或受益人谋利。而且，信托财产所获收益，全部归受益人享有，信托机构只能按契约规定收取相应手续费。现代信托业务，无论是资金信托，还是实物信托，都是信托对这一职能的具体运用。

（二）融通资金职能

融通资金职能是指在财产事务管理活动中，信托具有筹措资金和融通资金的职能。在市场经济条件下，货币信用作为信托财产的各经济主体的相当大部分财产，是以货币资金的状态存在的，因此，信托对财务管理职能的运用，必然会伴

① 何宝玉，英国信托法原理与判例，第80页，法律出版社，2001年版。

② 曹建元，信托投资学，上海财经大学出版社，2004年版。

随着货币资金的融通，从而使信托机构具有了金融机构的性质，发挥其金融职能。要注意，信托的这一职能，与商业银行金融职能有着本质的区别：商业银行的金融职能，反映的是以还本付息为条件的授信/受信与受信/授信的关系，体现了商业银行与客户的双边债权债务关系，其融资一般只能采取吸存放贷的间接融资方式，融通的对象仅限于货币资金；信托的金融职能，反映的是以信托为基础的委托与受托的关系，体现了信托机构与委托人和受托人的多边经济关系，其融资可以采用直接融资方式，也可以采用间接融资方式，融通的对象，既可以是货币资金，也可以是其他形态的财产，如融资租赁。由此可见，信托的金融职能是其财产事务管理职能的深化，是实现其财产事务管理职能的一种结果形态。

（三）代理和咨询职能

代理和咨询职能是指信托受托人利用其与交易主体各方建立的相互信任的关系，为有关当事人提供代理和咨询事务的功能。在现代经济生活中固有的信息不完备和交易主体内存在的机会主义行为倾向，使得交易费用越发昂贵。因此，为降低交易费用，弱化交易对方的机会主义行为，交易主体通常都要了解与之经营有关的经济信息，如经济政策、技术可行性、交易对方资信、经营能力、付款能力、经营作风、市场价格、利率、汇率乃至生活习俗等。信托机构通过其业务活动而充当“担保人”、“见证人”、“咨询人”、“中介人”，为交易主体提供经济信息和经济保障。

（四）社会投资职能

社会投资职能是在财产事务管理职能基础上发展起来的，它是指受托人运用信托业务手段参与社会投资活动的职能。信托业务的开拓和延伸，必然伴随着投资行为的出现，也只有在信托机构享有投资权和具有适当的投资方式的条件下，其财产管理功能的发挥才具有了可靠的基础，因此，信托机构开办投资业务是世界上许多国家的信托机构的普遍做法。信托业的社会投资职能，可以通过信托投资业务和证券投资业务得到体现。在我国，自1979年信托机构恢复以来，信托投资业务一直是其最重要的一项业务，这一点，从我国大多数信托机构都命名为“信托投资公司”可见一斑。因此，社会投资功能可以定位为中国信托业的辅助功能之一，但一定要按照信托原理的要求来对这一功能加以运用和发挥。

（五）社会公益服务职能

社会公益服务职能是指信托可以为资助社会公益事业的委托人服务，以实现其特定目的的职能。随着经济的发展和社会文明程度的提高，越来越多的人热心

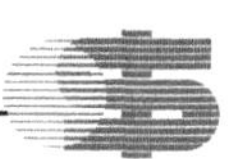

于学术、科研、教育、慈善、宗教等公益事业，纷纷捐款或者设立基金会，但他们一般对捐助或募集的资金缺乏管理经验，并且又希望所热心支持的公益事业能持续下去，于是就有了与信托机构合作办理公益事业的愿望。信托业对公益事业的资金进行运用时，一般采取稳妥而且风险较小的投资方法，如选取政府债券作为投资对象。信托机构开展与公益事业有关的业务时，一般收费较低，有的甚至可以不收费，提供无偿服务。

二、信托的特点

（一）信托以信任为基础，以受托为主，可提供多类服务

信托是一种社会行为，必须严格遵守社会道德规范，这种社会行为应牢固地建立在三方当事人互相信任的基础上。委托人对受托人寄以重大信任，将财产权利移转给受托人，在法律上和形式上归受托人所有，而受托人又应对受益人负担忠贞无私的义务，不得谋求私利，要为受益人的利益尽其职责。如果作为此种关系中关键环节的受托人不被其他两方当事人所信任，就不可能有信托的存在。信托的道德因素忠实可靠性，是信任最根本的特征。

（二）所有权与受益权相分离

所有权是信托多边信用关系的核心，信托财产的委托人必须是该项财产的所有者。只有确认了委托人对委托财产的所有权或者使用权、支配权，受托人才能接受这项财产的信托，信托行为才能成立。信托作为价值运动，在授信与受信过程中，要以转移信托财产的所有权或者使用权、支配权为条件，使受托人取得法律上的地位，凭以掌握信托财产，并行使其权利，代替委托人进行管理或者处理，为受益人谋取利益。而受益权尽管在经济上是与所有权享有同等的权利，但是有关信托财产的利益和损失全部归属于受益人，而受益人是另一信托关系人，也就是说受益权与所有权是相分离的。受益权不等同于所有权、物权、债权，是一种特殊的权利。

（三）信托财产的独立性

信托财产具有转让性、独立性和有限性等三大特性，而信托财产的独立性是其最大的特色。信托财产的独立性在另一个层面上体现了受托人对于信托财产使用和受让的有限性，也正是信托财产的独立性保证了信托行为在现实中的适用性。信托机构受托管理信托财产时，必须将受托财产与自有财产严格分开。随着信托关系的建立，信托财产的所有权也由委托人手中转移到受托人手中，在信托期间，受托人享有信托财产的法律上的所有权。但为了维护受益人的利益，各国信托制

度一般都规定受托人只实际拥有信托财产的使用权，并不拥有信托财产的所有权，在信托机构遇到破产清算时，信托财产处于清算财产之外。

（四）信托方式的灵活性

与其他金融业务相比，信托业可以选择更加灵活的运作方式开展业务。委托人可以是自然人也可以是法人；受托财产可以是有形的资金、实物财产，也可以是无形的某种权利；信托业务运作时，既可以采用贷款、投资、出售、出租等间接融资或者直接融资方式，又可以采用信托或者代理方式，使信托业务活动具有灵活性，以适应社会各方的需要。

（五）信托风险的他主性

信托机构作为受托人，按委托人的意愿和要求对信托财产进行管理和处理。在不违背信托合同或信托契约的前提下，信托机构只要忠实地履行了受托人的义务，则不承担信托财产损失的风险。如果信托机构按照信托合同或者契约的要求，管理受托财产产生了信托收益，归由受益人或委托人享有，信托机构不参与收益的分配，只按合同的约定收取佣金报酬。

三、信托与银行存贷款的区别

信托与银行存贷都涉及信用范畴，都具有融通资金的职能，但两者是存在差异的，主要表现在以下几个方面：

（一）融资的对象不同

在融资对象上，信托既融资又融物，具有融资与融物相结合的金融职能。而银行信贷只具有融资的职能。

（二）体现的经济法律关系不同

信托体现了委托人、受托人和受益人的多边经济关系，银行信贷只体现银行与客户的双边经济关系。另外，信托涉及资金产权转让的法律关系，受托人不仅取得按照协议规定的有限制的使用权，而且在信托期间取得法律上的所有权。而银行存款是一种债务的法律关系，存款人为债权人，银行为债务人，在存款存续期间，存款人并没有失去资金所有权。

（三）融资方式不同

在融资方式上，信托实现了直接融资与间接融资的结合，既可以通过发行有价证券的方式直接融资，也可以通过贷款信托等资金业务的开展进行间接融资。

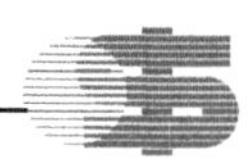

（四）行为主体不同

信托业务的行为主体是委托人。在信托行为中，受托人要按照委托人的意旨开展业务，为受益人服务，整个过程中，委托人都占主动地位，受托人被动地履行信托契约，受委托人意旨的制约。而银行信贷的行为主体是银行，银行自主地发放贷款，进行经营，其行为既不受存款人意旨的制约，也不受借款人意旨的强求。

（五）承担风险不同

信托一般按委托人的意图经营管理信托财产，信托的经营风险一般由委托人或受益人承担，信托投资公司只收取手续费和佣金，不保证信托本金不受损失和最低收益。而银行信贷则是根据国家规定的存放款利率吸收存款、发放贷款，自主经营，因而银行承担整个信贷资金的营运风险，只要不破产，对存款要保本付息、按期支付。

（六）清算方式不同

银行破产时，存、贷款作为破产清算财产统一参与清算；而信托投资公司终止时，信托财产不属于清算财产，由新的受托人承接继续管理，保护信托财产免受损失。

四、信托与委托、代理的差异

委托和代理（尤其是委托）是和信托非常近似的一种法律制度，也可以运用于财产管理。但是，信托作为一项关于财产转移和财产管理独特的法律设计，它与委托、代理存在巨大的差异。简单说来，这种差异表现在以下方面。

（一）成立条件不同

设立信托，必须要有确定的信托财产，如果没有可用于设立信托的合法所有的财产，信托关系便无从确立。而委托、代理关系则不一定要以财产的存在为前提。

（二）涉及的当事人不同

信托的当事人主要涉及委托人、受托人、受益人，数量上至少有三个。在委托代理中，涉及的当事人只有委托人（代理人）与受托人（被代理人）双方。

（三）名义不同

信托关系中，受托人系以自己的名义行事，而在一般委托和代理关系中，受

托人（代理人）以委托人（被代理人）的名义行事。

（四）财产性质不同

信托关系中，信托财产独立于受托人的自有财产和委托人的其他财产，委托人、受托人或者受益人的债权人一般不得对信托财产主张权利。但在委托、代理关系中，委托人（被代理人）的债权人可以对委托（代理）的财产主张权利。

（五）期限的稳定性不同

原则上，信托不会因为委托人或者受托人的死亡、丧失民事行为能力、依法解散、被依法撤销或者宣告破产而终止，也不会因为受托人的辞职而终止，具有一定的连续性和稳定性。而在委托代理中，委托人（被代理人）根据需要可以撤回代理关系，并且可以因受托人（代理人）或者委托人（被代理人）任何一方的死亡而终止，也即委托代理期限的稳定性较信托较弱。

第三节　国外信托业的发展

一、英国信托业的发展状况

信托业务源于英国，由于其特殊的制度功能，迅速被其他国家引进并得到壮大，成为金融资本市场不可或缺的部分和现代市场经济发展的杠杆，目前发展得比较好且富有特色的是美国、日本以及欧盟的一些国家。我国信托业自1979年恢复以来，为经济建设做出了不可磨灭的贡献。但是，由于历史的原因，我国信托业的成长明显滞后于社会经济发展和金融改革进程，随着经济体制改革的深入，在拓展信托业务的同时，研究和借鉴西方发达国家发展信托业的先进经验是必要的。

（一）发展历程

英国被公认为是现代信托业的鼻祖，其信托制度的发展贯穿着“个人—官选个人—法人”这样一条主线。英国最早的信托都是由个人来承办的，主要是负责处理公益事务和私人财产事务。该种业务的产生是由于当时随着英国经济的发展出现了单身妇人、孤儿的财产管理，遗嘱的执行和遗产的管理以及资助公益事业的财产管理等一些特殊的新需要。在这种情况下，往往要推举社会地位比较高和值得他人信赖的人士（如律师、牧师等）来充当受托人管理财产。这种依靠个人关系而建立起来并进行操作的信托，在管理和运用财产的时候，往往会出现一些纠纷，造成委托的财产蒙受损失。为改变这种情况，英国政府在1893年颁布《受托人法》，开始对个人充当受托人承办的信托业进行管理。1896年，英国政府又公布了《官设受托人

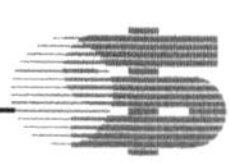

法》，规定法院可以选任受托人，受托人以个人身份承办信托事务。

随着信托业的发展，1908 年英国政府成立“官营受托局”，实行以法人身份依靠国家经费来受理信托业务，如管理 1000 英镑以下的小额信托财产、保管有价证券及重要文件、办理遗嘱或契约委托事项、管理罪犯财产等。这种由政府出面开办的信托机构收取一定的费用，不以牟取利润为目的，受托业务范围狭窄。在当时，设立信托机构主要是为参战的英国军人提供方便，办理遗嘱信托等。1925 年，《法人受托者》条例颁布后，由法人办理的以营利为目的的营业性信托真正开始起步。

官营受托局在当时英国信托事业中居重要地位，但因英国工业革命后生产突飞猛进，社会上出现了大批富人，他们对财产的管理和运用有了更多的要求，伦敦出现了私营信托公司。当时比较有名气的私营信托公司有两家，一个是伦敦受托、遗嘱执行和证券保险公司，一个是伦敦法律保证信托协会。它们扩大了信托业的经营范围，开办了个人信托业务，以及信用保险和保证业务。

（二）发展现状

虽然英国是信托业的发源地，但现在的信托业务不如美、日等国发达。目前，英国金融信托业以个人受托为主，其承接的业务量占 80%以上，而法人受托业务则主要由银行和保险公司兼营，专营比例很小。不仅如此，而且在银行的信托业务中，又有 90%以上集中于四大商业银行，即国民威斯敏斯特银行（National Westminster Bank）、密特兰银行（Midland Bank）、巴克莱银行（Barclays Bank）和劳埃德银行（Lloyds Bank）。从经营业务来看，英国信托业仍偏重于传统性业务，也就是个人受托（或称民事信托）和公益信托。个人信托主要以承办遗嘱信托为主，其业务内容涉及财产管理、执行遗嘱、管理遗产、财务咨询（包括对个人财产在管理、运用、投资以及纳税等方面的咨询）等。

随着英国的投资信托业务逐步盛行，作为一种充满活力的储蓄与投资形式，信托在英国愈来愈为人们欢迎和使用。采用信托方式进行投资，是英国于 19 世纪 60 年代开始在全球最早创设的。这种投资方式适应了中小投资人的需要。目前，在英国采用较多的是“养老金基金信托”、“投资信托”和“单位信托”。

为保护参加者的利益，英国所有的职业养老金计划都通过“养老金基金信托”建立并进行管理。创设这种信托时，首先由雇主出资建立基金，再由受托人以受益人的利益为目的对基金进行管理和运用。现在养老基金已经成为英国证券市场上的主要投资者，到 1994 年英国就有 1300 多万人参加职业养老金计划。

信托投资公司为小额投资者分散投资提供了可能。在英国，投资信托是指法人信托公司接受委托买卖有价证券，并代为管理的一种信托业务，受托人都是以投资为目的而代表投资者持股和管理的股份有限公司承担。这些公司多数叫投资

信托公司或投资信托银行。投资信托公司的资金主要来自公开发行的公司债券、优先股票和普通股票。这些债券和股票都可以在证券交易所上市交易。公司一旦成立，股本总额是固定的，除非新增股份。所以新的投资者只能从原持有人那里购买股票，才能转得股权。投资信托公司所发行的债券、股票往往都是以企业发行的债券和股票作为担保，发行债券和股票所得的资金又用于购买企业的担保债券和股票。

英国的单位信托是一种开放式的共同投资工具，是一种集合众多顾客的资金，投资于多种有价证券的信托业务，吸收资金的方法是出售分单位信托券，分单位信托券的价值，是按照构成总“单位”的那些有价证券的市价计算出来的，即分单位的计算，是将各种不同的有价证券结合在一起，构成一个总“单位”，每个“单位”再分为若干个“分单位”，从而构成分单位信托券的价值。

（三）特点

英国信托业受传统因素的影响，具有以下特点：

1. 土地信托业务普遍存在

英国的信托业务起源于民事信托，而民事信托中所委托的信托财产均以土地等不动产为主，所以土地等不动产信托比其他国家都普遍。但由于经济的发展，英国现在土地信托也由过去较多限于土地信托财产的权益问题转变到以经营盈利为目的，以社会经济发展为目的方面了。

2. 以个人信托业务为主

无论是委托人还是受托人，无论是早期的信托还是现代的信托，英国信托业务仍偏重于个人信托，这是英国的信托业务与其他国家相比最为显著的特点。信托的内容多是民事信托和公益信托，信托标的物以房屋、土地等不动产为主，这是英国传统习惯的延续。在受托人方面，其个人承受的业务量占80%以上，而法人受托则不到20%。

3. 法人信托业务集中经营

虽然英国法人受托的信托业务比例不大，英国信托业却集中在国民威斯敏斯特银行、巴克莱银行、密特兰银行和劳埃德银行等四大银行所设立的信托部（公司），这四家占了英国全部法人信托资产的90%；另外，保险公司也兼营一部分信托业务。

4. 投资信托业务远及海外

作为老牌资本主义国家和殖民大国，英国有着极为广阔的海外发展空间。海

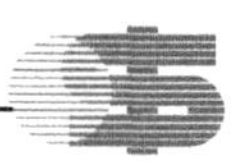

外投资源自1600年，东印度公司成立以来就广泛流行于英国。目前，英国国内产业饱和，而伦敦仍然是世界首屈一指的国际金融中心。海外投资成为运用国内信托资产，追求利润最大化的有效途径之一。

二、美国信托业的发展状况

（一）发展历程

美国是世界上最早完成个人受托向法人受托过渡、民事信托向金融信托转移的国家，比英国要早80多年，为现代信托制度奠定了基础。美国信托制度脱胎于英国，但并没有囿于观念，它一方面继承了公民个人之间以信任为基础，以无偿为原则的非营业信托。另一方面一开始就创造性地把信托作为一种事业，用公司的形式大范围地经营起来。

19世纪30年代，纽约州率先允许保险公司兼营信托业务而成为美国信托业的先导，1822年成立的美国纽约农业火险与放款公司（后更名为纽约农业放款信托公司）被称为美国信托公司的鼻祖。其后宾夕法尼亚州（简称宾州）和俄亥俄州等州相继跟进，宾州州立人寿保险公司、俄亥俄州人寿保险与信托公司、纽约人寿保险与信托公司、北美信托及保险公司等先后经营信托业务，通过其不断创新快速发展，开创出了一个以公司为组织形式、以营利为目的的商业信托模式，很快超过了信托业发源地英国。可以说，美国这种发轫于保险业的信托业发展道路开创了美国经济蓬勃发展的灿烂先河。

1853年，纽约成立了美国联邦信托公司，这是美国历史上第一家专门的信托公司，其业务比兼营的信托业有了进一步的扩大和深化，是美国信托业发展的里程碑。从19世纪末到20世纪80年代，是美国现代信托事业得到真正发展的时期。1865年美国内战结束后，为了适应战后经济重建的需要，政府放宽了对信托公司的管制，一方面便利了信托公司的设立，使信托公司数量迅速增加；另一方面扩展了信托公司的业务经营范围。1868年罗德岛医院信托公司获准可以兼营一般银行业务，标志着美国信托业发展历程中信托公司既主营信托业务、又兼营银行业务的开始。此后，银行也开始兼营信托业务。1913年，《联邦储备银行法》颁布，国民银行正式获准兼营信托业务，后来各州也相继修改州法，陆续同意州立银行也可兼营信托业务。其主要的方式有通过在银行内部设立信托部，或者将银行改组成信托公司，或者银行购买信托公司股票间接操纵信托公司等。至此，商业银行兼营的信托业务有了较快的发展。同时，由于美国政府不允许商业银行买卖证券及在公司中参股，商业银行为了避开这种限制而纷纷设立信托部来办理证券业务。这样，信托业务随着银行的发展得到不断扩大。进入20世纪30年代，信托公司数量由于大危机和“罗斯福新政”的影响有一定减少，但是信托资产在美国

金融资产中所占的比重仍然不降反升，从1861年的12家到1930年的1560家；资产也迅速壮大，从1875年的1.2亿美元到1930年的177亿美元。全美信托公司数量虽然只占银行数量的6%，而信托资产总额却占银行总资产的23%。

第二次世界大战（简称二战）以后，美国政府加大了国家干预调节经济的力度，在凯恩斯主义的影响下，采取温和的通货膨胀政策，刺激经济的发展。随着美国经济的快速增长，美国资本市场急速扩大，有价证券的发行量不断上升，信托投资业也大规模发展，业务活动从现金、有价证券经营直到房地产，业务范围、经营手段都时有翻新。信托业也获得了更好的发展环境和开拓空间，包括公司债券信托、企业偿付性利润分配信托、退休和养老基金信托以及职工持股信托等多种新的业务、新的方式层出不穷，信托资产的规模迅速扩大。

（二）发展现状

如今在美国，信托观念已经深入人心，譬如，证券投资信托就已经成为美国证券市场的主要机构投资者。据统计，目前在投资公司协会（ICI）下面注册的共同基金达8900多家，资产净值约63 000亿美元，代表着9000多万的个人投资者，这还不包括其他形式的证券投资信托资产，如封闭式基金、交易所交易基金以及单位投资信托。

从目前现状看，美国的信托业务按委托人在法律上的性质分为三类：个人信托、法人信托、个人和法人混合信托。个人信托包括生前信托和身后信托两种，委托信托机构代为处理其财产上的事务和死后一切事务，具体包括受托管理财产、受托处理财产、指定充当监护人或管理人以及私人代理账户。法人信托主要是代理企业和事业单位发行股票和债券，进行财产管理，代办公司的设立、改组、合并及清理手续等业务。个人和法人混合信托有职工持股信托、年金信托、公益金信托等（见表1-1）。

表1-1　美国信托业经营的主要项目

信托分类		品种
个人信托		生前信托、遗嘱信托
法人信托		有担保债券信托、无担保债券信托、设备信托、建设公债信托
个人与法人混合信托	职工福利信托	年金信托、员工分红信托、节约储蓄计划信托、员工入股信托、个人退休账户转账信托
	公益信托	余存财产之公益信托、主导公益信托、集合运用收益基金

资料来源：宋国文，国际信托投资理论与实务，中国经济出版社，1993年。

另外，美国还开发了许许多多新型的信托投资工具，比如MMMF（货币市场互助基金）、CMA（现金管理账户）、MIF（共同信托基金）、融资租赁业务以及把信托资金投资于CD（大额存单）、CP（商业汇票）和TB（国库券）等短期资金市场等。伴随新技术革命的到来，美国的信托业为适应市场变化和满足投资者对资金运用的要求，其业务种类还在不断扩展。

（三）特点

美国信托业始终是服务于美国经济发展需要的，具有以下的特点：

1. 银行兼营信托业务，信托业务与银行业务分别管理

美国是特色鲜明的金融业银、信兼营的代表国家，商业银行在经营银行业务为主业的同时，又允许开办信托业务。据资料记载，美国现有14 000多家商业银行中，超过4000家设立信托部，占30%；但同时，有关法律又规定，信托业务与银行业务在银行内部必须严格按照部门职责进行分工，实行分别管理，分别核算信托投资收益实绩分红的原则。同时，还对信托从业人员实行严格的资格管理，禁止从事银行业务工作的人员担任受托人或共同受托人，以防止信托当事人违法行为的发生。美国这种经营模式上的兼营制与业务独立分离管理方法体现了美国信托制度的独特性，反映了银行业务和专业信托业务的区别和联系。

2. 个人信托与法人信托并驾齐驱，以民办私营经营为主

美国信托业创始时发轫于民办信托机构，很少有英国式的“官办信托局”等公营机构，并且美国从个人受托转变为法人受托，承办以盈利为目的的商务信托，比信托的发源地（英国）还早。美国的个人信托业与法人信托业发展都很迅速，并随着经济形势的变化出现交替不定的现象。遇到经济发展不景气时，个人信托会迅速超过法人信托办理的业务量；如果遇到经济回升，法人信托又会超过个人信托的业务量。因此，从个人信托与法人信托业务的起伏变化，可以大致了解美国经济形势的变化情况。

3. 信托业财产高度集中

第二次世界大战至今，美国信托业基本上已为本国商业银行，尤其是大商业银行所设立的信托部所垄断，专业信托公司很少。由于大银行资金实力雄厚，社会信誉良好，而且可以为公众提供综合性一揽子金融服务，竞争的结果是社会信托财产都集中到大银行手中。目前位居美国前100名的大银行管理的信托财产占全美国信托财产的80%左右，处于无可争议的垄断地位。举例来讲，银行家信托公司是摩根（摩根斯坦利，简称摩根）财团的金融支柱之一，有分支机构约 100

家，资产额达 426.7 亿美元；摩根保证信托公司主要经营各种有价证券、用持股的方式参与公司董事会，控制了许多大企业和其他金融组织；制造商汉诺威信托银行除从事投资业务和信托业务外，还通过信托部控制了许多公司的股票；芝加哥大陆伊利诺斯国民银行和信托公司资产总额达到 423 亿美元；还有美洲国民信托储蓄银行等，它们比其他商业银行承受的信托财产多得多。

4. 有价证券业务开展普遍

这是美国金融信托业务发展中的一个显著特点。在美国，几乎各种信托机构都办理证券信托业务，既为证券发行人服务，也为证券购买人或持有人服务。特别是商务管理信托（亦称“表决权信托”），代理股东执行股东的职能，并在董事会中占有董事的地位，从而参与控制企业。1861 年南北战争结束后，兴起建设的热潮，筑铁路、开矿山的公司纷纷成立，所需的巨额资金大部分通过发行股票和公司债券来筹集。于是有价证券逐渐取代了原来以土地为主的信托对象。产业资本的发展，使社会上涌现大批富人，股票和公司债券发行量也日渐增多，客观上需要有更多的代理经营机构。信托公司不断增加，并扩大以社团法人为对象，为生产企业代办有价证券的发行、流通以及付息还本等业务。金融信托和个人民事信托的内容日益丰富，许多大商业银行也纷纷成立信托部参与经营。直到现在，美国信托业仍是以有价证券为主要信托对象，而其中又以普通股票投资占多数，2001 年美国股票基金的资产总额达到 34 万亿美元。

5. 严格管理信托从业人员

美国十分重视企业的管理。从信托业务的特性出发，他们对信托从业人员制订了严格的规则和注意事项：禁止从业人员向银行客户购买或出售信托资产；禁止从业人员向顾客收受礼物或参与信托账户收入的分配；禁止从业人员谈论或泄露信托业务以及有关顾客的情况；任何一个参加银行工作的人员，不能担任受托人或共同受托人，以避免同银行进行业务上的竞争。

三、日本信托业的发展状况

（一）发展历程

19 世纪末 20 世纪初，正值日本近代产业蓬勃发展时期，从欧美国家引入先进技术的同时，日本了由分业向混业的转变；同时从美国引入了信用制度。为了解决日本企业当时所面临的资金短缺问题，日本首先引进了“担保公司债”信托业务，并在 1905 年制定了《担保公司债信托法》。日本信托业最初发展的几年里，业务规模迅速扩大，但同时也出现了许多问题：信托公司良莠不齐；大量出现的

小公司经营混乱；缺乏相关的法律约束。日本政府为了使信托业能够健康地发展，于 1922 年颁布了《信托法》和《信托业法》，明确规定了信托公司的经营范围，初步实现了信托业务与银行业务相分离。1928 年，日本政府又颁布了《银行法》，规定商业银行不得经营有担保公司债信托以外的信托业务。

二战后，日本经济萧条，加之 1948 年通过的《证券交易法》规定信托投资公司不再办理除国债、地方债和政府担保债以外的其他证券业务，使信托投资公司的经营陷入困境。为了帮助信托投资公司从困境中摆脱出来，日本政府允许信托公司兼营银行业务。为了避开《信托业法》中信托公司不能兼营银行业务的规定，信托投资公司先从形式上转化为“银行”，再根据 1943 年通过的《关于普通银行兼营信托业务的法律》兼营信托业务。信托银行成立之后，日本又制定了“适应战后新形势金融制度方针”，提出了信托业与银行业分离、长期金融与短期金融分离的方针。1953 年，大藏省正式提出了“信托分离”的方针，规定信托银行以信托业务为主，银行业务只能在与信托业务相关的范围内进行，而兼营信托业务的商业银行逐渐停止。此后，日本的信托业务逐渐集中于七家大信托银行，它们分别是三菱、三井、住友、安田、东洋、中央和日本信托银行。因此，从 20 世纪 50 年代开始，分业经营促使信托银行积极发展，扩充新业务以增强竞争力，一时间产生了许多信托产品。到 20 世纪 70 年代末 80 年代初，已基本形成了一个比较健全的信托体系。

日本信托银行的业务主要分为信托业务、兼营业务和银行业务三大类。其中信托业务是信托银行的主业，约占其业务量的 80%以上。信托业务本身又分为金钱的信托和非金钱的信托。金钱信托是指承受的信托财产为金钱的信托业务，主要包括以下方面：① 贷款信托，1952 年，新颁布的《贷款信托法》创立的贷款信托业务，是信托银行履行其长期融资机构职能的基本业务；② 年金信托，根据 1962 年和 1965 年颁布的《法人税法》和《福利养老金法》而建立的年金信托不仅为长期建设筹集了稳定的资金，而且还完善了社会保障体系；③ 财产形成信托，根据 1971 年的《促进劳动者财产形成法》建立的财产形成信托，为改善劳动者生活水平、提高劳动者生活质量起到了重要作用。其他还包括金钱信托、财产形成基金信托、证券投资信托、有价证券信托和金钱债权信托等。非金钱的信托主要包括动产信托、不动产信托、担保公司债信托、公益信托、特定赠与信托和遗嘱信托。信托银行的兼营业务，主要是不动产买卖和租赁的媒介、不动产鉴定与评价、证券代办业务、投资管理和投资咨询等业务。而信托银行的银行业务内容和普通银行一样，经办存款、贷款、国内汇兑、国际业务及《银行法》规定可以办理的附带业务。

（二）发展现状

目前，日本信托银行主要从事的信托业务是：金钱信托、贷款信托、养老金信托、财产形成信托、证券投资信托、金钱信托以外的钱财信托、有价证券信托、金钱债权信托、动产不动产信托、土地信托、公益信托、特定赠与信托、遗嘱信托以及其他信托品种。除以上信托业务外，日本信托银行还从事不动产、证券代理、遗嘱执行等中间业务。随着全球经济金融自由化、国际化的不断发展，日本信托银行业务日趋多元化、专业化，新的金融工具正不断地被开发和使用，其中较为引人注目的信托品种如下：

1. 基金信托

基金信托的余额曾在 1975 年以后证券市场的盛况和企业投资资金运用效率化高潮的影响下一度高涨，由于证券市场的低迷，现阶段呈现停滞不前的趋向。

2. 公益信托

公益信托以公共利益为目的，其设定需要主管政府部门的许可。1922 年日本《信托法》制定后，经过了 50 多年才于 1977 年实现了第 1 号公益信托。

3. 特定赠与信托

该信托于 1975 年根据修改后的《继承税法》创设。

4. 土地信托

1984 年，日本开展了对有效利用土地起积极作用的土地信托。1986 年《国有财产法》、《地方自治法》的修改以及同年《税法》的实施，都大大加速了土地信托的发展。从类型上可以说是经营不动产租赁事业的“事业型”信托的典型。

5. 年金资产信托

根据 2000 年 4 月 1 日以后的会计年度开始适用的日本《与退休金相关的会计基准》，企业把将来应当承担的退休金中，期末以前发生的部分作为退休金的相关债务计入会计报表。为了积累退休金债务的不足部分，企业把所持有价证券等作为退休年金资产进行信托，该信托称为退休金信托。通过信托的设定能够压缩积累不足金额。

到 2000 年底，日本信托财产的余额达 2 820 000 亿日元（约合人民币 191 000 亿元），其中，金钱信托占 35%，投资信托占 20%，年金信托占 13%，有价证券信托占 10%，贷款信托占 6%（参见表 1-2、表 1-3）。对比表 1-2、表 1-3，可以

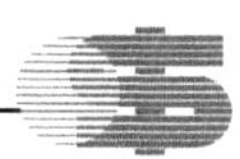

看出表中信托品种占比变化趋势是：金钱信托与证券投资信托所占比例相对稳定，养老金信托与其他所占比例呈逐年增长趋势，贷款信托与其他钱财信托所占比例呈逐年下滑趋势。

表 1-2 日本信托银行受托财产构成（1997 年） 单位：万亿日元

金钱信托	贷款信托	养老金信托	证券投资信托	其他钱财信托	其 他	合 计
70	40.4	31.2	45.9	20.3	23.1	231
30.30%	17.50%	13%	19.90%	8.80%	10%	100%

表 1-3 日本信托银行受托财产构成（2000 年） 单位：万亿日元

金钱信托	贷款信托	养老金信托	证券投资信托	其他钱财信托	其 他	合 计
98.7	16.92	36.66	56.4	28.2	45.12	231
35%	6%	13%	20%	10%	16%	100%

资料来源：田守正笃，日本信托业的发展，金融时报，2001 年 12 月 20 日。

（三）特点

1. 实行严格的分业经营

1922 年颁布的《信托法》规定信托公司不得经营银行业务，从此信托公司具有了长期融资机构的职能。二战及二战后的较短时期内，日本为筹措资金实行银行业和信托业兼营。1945 年，日本政府从明确金融各业务范围出发，确立了信托业与银行业分离、长期金融与短期金融相分离的方针。规定商业银行为短期金融机构，经营短期融资业务；信托银行为长期金融机构，经营以金钱信托为主的长期融资业务。1954 年，日本又提出了“信托分业”的方针，即普通银行不得经营信托业务，信托银行以信托业务为主，其银行业务只能在与信托业务相关范围内进行。分业经营提高了信托银行经营和管理的效率，增强了其竞争力，从而促进了日本经济长期稳定的发展。

2. 有健全的法律依据

日本信托银行的每一项信托业务都有法律依据。信托银行从开业到经营都要遵循法律条例，同时其权利也受到法律的保护。而且每一项有关信托业务的法律都在不断地更新，以适应新的金融形势。日本信托业的法规体系主要由信托法、信托业法、兼营法、担保公司债信托法、贷款信托法和证券投资信托法等组成。其中最基本的是信托法，它是有关信托的一般法规。信托业法、兼营法和担保公司债信托法是与经营信托相关的法律，是相对于信托法的特别法。贷款信托法、证券投资信托法又是相对信托法、兼营法的特别法。

3. 有完善的监管体系

日本信托业有较全的法律作为基础，对信托业实施集中监管。信托机构的开业、合并、变更业务种类和经营方法、设立分支机构等，都需要经过大藏省批准。不仅如此，监管机构还积极干预信托业发展，对信托业实行专业管理和规模化经营管理。至今，日本的主营信托机构仍是七家信托银行。

4. 结合国情，注重创新

日本金融信托业务的发展比较注意结合国情并予以创新，其结果是进一步促进了信托银行开发、扩充新业务的积极性和活力。20 世纪 60～70 年代是日本经济高涨的年代，这时期 7 家信托银行大力开展社会调查，不断开拓适合日本国情的信托业务，为日本经济建设提供了大量的长期资金。日本人家庭观念很强，发生孩子年幼而父亲去世留下财产的情况，习惯由本家族中有才干的亲戚照看，一般不愿委托他人代管，日本金融信托业务从开始就大力发展金钱信托。此外，财产形成信托、年金信托、职工持股信托、特定赠与信托，收益期满兑取型贷款等创新信托业务，使日本的信托业务形成了范围广、种类多、方式灵活、经营活跃的特色。

5. 重视信托观念的宣传和普及

创立信托业协会（1919 年创立，1926 年成为法人组织），致力于信托观念的普及和业务的推广、研究和改进信托事业的理论和实际、促进信托业者相互间的交往和合作等；创办《信托杂志》，定期举行信托讲习会。创立信托研究奖学金制度，促进信托业的发展和创新，增加人们对信托业的了解。信托银行开办年金信托、财产形成信托、职工持股信托等集团信托（委托人为多人），与国民大众密切联系，起到了对信托事业宣传的作用。

四、德国信托业的发展状况

（一）发展历程

德国很早就有信托，但没有像英国那样发展起来。在很长一段时期里，德国人处理遗产时一般不采取像英国的信托方式，即明确地把自己的财产交给他人管理，而多采用让通晓经济的人当监护人或管理人进行照看的方法。因此，从 19 世纪末起德国才开始模仿英、美的信托办法并建立了信托公司。第一次世界大战前，随着德国经济的腾飞，信托公司大力从事海外投资业务，得到了很大的发展。

二战后，德国分成民主德国和联邦德国。前联邦德国的金融信托始于 1950 年。1949 年由 18 家金融机构（主要是银行）参加，设立了全德意志有价证券投

资信托公司（委托公司），1950 年正式开展业务。前联邦德国的金融信托业的真正发展，是 1957 年颁布《投资公司法》以后。自颁布该法至欧洲共同市场成立为止，短短四年间，基金数增加 1.5 倍，发行证券份数增加了 30 倍，资产总额增加 30 倍。从第二次世界大战后引入信托投资制度到 1960 年为止，从这段期间的信托量增长的角度来看，信托投资成长率最高的国家就是日本和前联邦德国。

20 世纪 70 年代初，前联邦德国有 13 家信托投资公司，所运用基金分为股票信托投资基金 33 个，债券信托投资（公债、公司债信托投资）基金 10 个，共计 43 个基金。其中，在信托条款中明确投资于国内证券的只有五个基金，大多数都是海外投资基金。海外投资基金，可分为兼作国内投资的混合型与限定仅作海外投资的基金。限定仅从事海外投资的基金又可分为仅以欧洲为投资对象的地区基金、特定投资于一国或两国的基金与不限制国家的广泛进行国际投资的基金等三种。

前联邦德国所有的证券投资信托均为“契约型”，且为“开放型”，管理证券投资信托基金者为资本投资公司，并限于股份有限公司或有限公司的组织形式。投资公司基于风险分散的原则，发行代表持有人受益凭证的权利凭证，投资于证券或不动产，储蓄者的款项、证券、不动产，亦即基金的资产组成“分别资产”，与管理公司的财产分开。

前联邦德国的投资证券基金，其所有权的归属，完全按照基金的规则，确定是属于投资公司所有抑或属于受益人全体所有；但基金的资产则必须保管于负责发行及买回凭证的前联邦德国保管银行，以保证基金的安全。

前联邦德国的国内信托投资大多由银行发起设立，主力银行也不例外地拥有子公司的信托投资，通过自己的银行出售子公司所运用的信托投资证券。前联邦德国的国内信托投资不像美国和日本等国那样通过日常的家庭访问方式来推销，相比之下，美国和日本信托投资的推销活动显得更加积极。

（二）发展现状

因为德国实行的是全能银行制度，所以德国没有专门的金融信托机构。金融信托业务的拓展与长期资本市场的发展两者呈同步发展之势。信托业的发展使整个金融资产不断扩大，德国银行业的资产从 1988 年底的 3. 9 亿兆马克增加到 1995 年底的 7.5 亿兆马克。近年信托业的发展更快，这可以从德国商业银行包括信托在内的非利息净收入的增长率和非利息净收入占营业净收入比例大幅增加略见一斑。1995 年德国商业银行各种业务收入中非利息净收入增长率为 −73％，占营业收入比例为 16.98％；到 1999 年增长率 17.5％，占营业收入比例为 24.71％。

（三）特点

德国信托业具有以下特征：

1）金融信托业务可以由一般金融机构经营。银行兼营信托业务十分普遍。尽管在银行内部，银行与信托的两个部门是明确分开的，但信托所提供的金融产品和金融服务，却与银行提供的无明显区别。银行趋向于把信托业务和其他银行产品分件交易，重新组合，以向客户提供更新的金融服务。

2）信托业务与证券业的关系也日益密切，两者之间在同一业务范围的竞争也相当普遍。

3）信托职能的多元化。信托的基本职能是财产管理，包括对个人、法人、团体等各类有形及无形资产的管理和处理。在继续强调信托的基本职能的同时，对信托的其他职能，如融资职能、投资职能和金融职能，也愈加重视。

4）兼理公司的财会账务事宜。当德国银行准备对企业贷款和投资时，为了安全，采用了首先让信托公司检查对方企业财会情况的做法。从此以后，信托公司把它作为基本业务之一，一般信托公司都办理这种业务。特别是第一次世界大战后，经济界发生了很大变化，各种公司的业务内容也发生了惊人的变化。对公司来说，接受信托公司检查后在社会上的信用程度就会提高，公司债券和股票出售情况也会看好。因此，信托公司原以其丰富的经济知识和经验作为副业经办的财会检查，反而成了德国信托公司的一大特色。

第四节　中国信托业的发展历程

一、中国近代信托业的发展

（一）中国近代信托业的发展历程

中国近代信托业的发展经历了信托业的兴起及信交风潮、抗战前中国的信托业、战时与战后的信托业三个大的时期。

在中国近代史上，首先在中国建立信托机构的是外国人。1913 年日本人在大连设立了大连信托株式会社，1914 年美国人在上海设立了普益信托公司。中国民族信托业的初始经营则是在 1917 年的上海。当时上海商业储蓄银行设立了保管部，1921 年更名为信托部。最初的经营业务是出租木质保管箱、钢质保险箱等开始办理个人信托存款业务，开办为子女筹集求学以及婚嫁费用的“教育储金”和“婚嫁储金”、为公益筹款的“福利存款”等。1918 年，浙江兴业银行开办了具有信托性质的出租保险箱业务。1919 年聚兴诚银行上海分行最先以“信托”冠名成

立了信托部，经办报关、运输、仓库和代客买卖证券等业务。这三家银行是我国最早经营信托业务的金融机构，尽管只是银行内部设立的信托部门兼营信托业务，且种类稀少，数量非常有限，但它标志着信托业作为中国近代的一个新兴行业出现了。当时还没有专门的信托公司，后来陆续有一些民营银行开设了信托部，开办信托业务。

信托业在中国第一次引起人们的重视则是在1921年。那一年的夏秋之交，中国的金融中心上海发生了一场严重的金融风潮，这就是旧中国信托史上非常有名的“信交风潮”。正是在这个风潮中，中国的私营信托业经历了由竞争创立到纷纷倒闭再到稳健发展的过程。信托业的发展是在特殊的历史条件下发生的，最终仍然不能形成规范有效的制度。当时西方列强正忙于第一次世界大战，在不知不觉中放松了对中国的政治压迫和经济侵略，同时西方列强对于各种军需用品以及粮食等战略物资的需求也大大增加，这就促成了中国民族资本主义工业进入“黄金时代”。当第一次世界大战一结束，西方列强卷土重来，国内则是军阀混战，致使工商企业停滞不前，产品积压成山，中国的民族工业由“繁荣”转入“萧条”，民族工业在战时积累的大量资金除了储蓄之外，只有在投机市场上寻找出路。于是大量游资集中于上海，此时也正是信托、交易所事业传入并在我国初创之时。

1920年7月，上海物品证券交易所成立，交易所丰厚的利润诱发了游资投机的狂热，各地掀起了设立交易所和信托公司的狂潮。到1920夏秋之际，全国交易所达140多家。面粉、棉花、煤油各种商品、各行各业都开始开设交易所；另外，还有夜市交易所、星期天交易所等。这些交易所的最大特征是以股份公司的形式成立，一方面发行股票吸收游资，一方面又将股票上市，掀起股票市场投机的狂潮。

1921年8月，中国通商信托公司在上海成立，这是中国第一家专业信托公司。在此后不到40天的时间里，上海运驳信托公司、大中华信托公司、中央信托公司、中华信托公司、中易信托公司、中外信托公司、通易信托公司、神州信托公司、上海信托公司、华盛信托公司等10家信托公司在上海成立。其中由绍兴帮钱庄发起组织的中央信托公司影响最为巨大。这些信托公司的资本总额达到8000万元之多，远远超过1920年全国银行的资本总额。在上海的影响下，北京、汉口等地也纷纷掀起了此种热潮。一时间，全国似乎进入“信（托）交（易）时代”。信托公司除了少数几家兼营商业银行的存款、放款等储蓄业务外，多数主要是从事以交易所股票为质押的证券投机。这些交易所和信托公司内部联系极其紧密，两者业务交叉，互相利用，暗中勾结，假借信托交易为名，进行投机牟利。当银行和钱庄发现后开始收缩资金，继而停止贷款。于是，借款进行股票投机者告贷无门，资金周转不灵，股票价格纷纷下跌，投机目标落空，贷款成为坏账而无法收回。

信托公司本身资金极为有限，名义上资本多则几千万元，少则数百万元，实际上对于多数公司而言，往往是名不副实。影响最大的中央信托公司在开办时额定资本为 1200 万元，实际上收取的数额仅仅是额定资本的四分之一。信托公司和交易所两者之间的联合投机、互相牵连的结果是两败俱伤，于是信托公司和交易所接连倒闭，仅剩下中央、通易两家，信托市场受到沉重打击，酿成了中国“信（托）交（易）风潮”。一直到 1926 年，信托公司的数目再也没有增加，始终处于苟延残喘的状态。

1928 年起，中国的私营信托业走上“复苏”之路，开始再次发展起来。导致这一历史现象的原因主要是经济从战后萧条转入发展，民族产业的发展为信托业提供了基础，租界“繁荣”，房地产投机活跃，国民党政府广发公债。1927～1931 年五年间共发行公债 25 种，总值 10.5 亿元，高利公债一度带动银行金融畸形发展。从 1928 年开始，上海又重新开设了 9 家信托公司，加上天津设于上海的久安信托公司，连同原来的中央、通易两家信托公司，共有 12 家，与“信交风潮”前的公司数相同，总资本也超过“风潮”前的数额。各银行先后设立机构，办理信托业务和代理业务。上海商业储蓄银行、国华银行、新华信托储蓄银行、大陆银行、江苏银行、四明银行、聚兴诚银行、汇实业银行、浙江兴业银行、中国实业银行、中国通商银行、四川美丰银行和四行储蓄总会都开始经营信托业务。信托业务也从各大城市扩展到全国各地，诸多的信托分支机构、分公司和分部随之成立。当时全国银行兼营信托业务的共有 42 家，仅上海一地就有 11 家，具有信托性质的地产公司有 45 家。可以讲，随着信托机构的设立、发展，信托业务本身也得到了迅速发展。这段时间可谓私营金融信托发展的鼎盛时期，这短暂的繁荣一直持续到 1931 年。

抗日战争期间，国民党统治区金融机构发生了很大变化。抗战前全国共有银行总行 164 家及分支机构 1332 处。其中总行的 74%和分支行的 48%分布在上海、江浙和南京、北平（今北京）、天津、广州、汉口五大城市。仅上海一地，总行数就占全国总数的 37%，分支行则占全国总数的 9%。抗战开始后，沿江沿海地区陷入战时状态，许多银行迁移内地，因而变化很大，随之而来的是信托机构的分布状况也发生了显著变化。战前信托业几乎是一片空白的西南和西北地区，抗战期间得到急剧发展，到 1945 年 8 月，川、云、贵、桂、康、陕、甘、青、宁 9 省，共有信托公司或分支机构 61 处。

上海沦陷后，东南一带人口与资金逐渐集中于上海的租界，“孤岛”成为畸形繁荣之区。租界内新工厂和从事内地贸易的商业不断出现，私营金融业也随之发展。上海的私营信托业在抗战期间新增设了 30 余家，还有新成立的银行信托部 10 家左右，并且有少数信托公司如“久安”和“中一”等更名为银行。太平洋战争后，汪伪政权的伪财政部和伪中央储备银行进入租界，管理私营金融业，投机

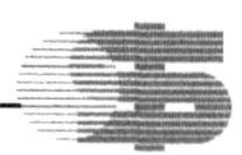

商人竞相设立私营金融机构，信托公司比战前增加1倍之多。

抗战胜利后，私营信托公司仍然主要集中设立于上海。由于当时国民政府整顿抗战期间在上海开设的金融业务机构，对上海在敌占期间成立的一些信托公司进行停业清理，信托公司数量复又减少到与战前规模相仿。

（二）中国近代信托业的类型和业务范围

中国近代的信托业由中央信托局、银行信托部、民营信托公司三大部分构成，它们又有各自不同的特点。

1. 中央信托局

1935年10月，政府官办的中央信托局成立。它的主要业务如下：① 储蓄，分普通储蓄、强制储蓄、有奖储蓄、特种储蓄；② 信托，中信局成立开始即经办信托业务，经营业务多以团体信托为主，个人信托比较少，其种类有企业存款、基金、投资、特约信托及政府允许、法院指定的信托，并买卖证券；③ 购料；④农贷；⑤ 保险；⑥ 易货。

2. 银行信托部

1931年中国银行的信托部成立，其业务有收受信托存款，发行投资信托券，买卖和出租房地产，买卖证券，代收股款、捐款、学费及公债本息，代客保证和保管业务等。

3. 民营信托公司

近代民营信托公司不断发展，最初的信托公司，其业务内容大都十分广泛。如大中华信托公司的业务包括金融、保险、进出口等九大部分。

（三）中国近代信托业的特点

旧中国的信托业出资力薄弱，先天不足，经营不稳健，投机性突出，畸形发展。在发展过程中，民办信托受到官办信托的控制、排挤、打击、限制而得不到健康发展。这与旧中国信托业在创始和发展过程中，始终处在半封建半殖民地的社会经济环境中直接相关。国内军阀混战，政局不稳，民族工商业不振，金融市场规模小，帝国主义与官僚买办阶级相互勾结，使经济长期处于严重不稳定之中。旧中国的信托业一直得不到良好发展的空间，信托业本身缺乏稳固的经济基础，受到很大的压抑，在金融业界无法处于显要地位。其中官办信托对于民办信托的控制与排挤在其他国家是非常少有的，这是旧中国信托制度最突出的特征。

二、中国现代信托业的发展

（一）发展历程

1. 1979 年末至 1983 年上半年的信托业恢复初期

这是中国现代信托业发展的第一个起落阶段（1979 年末至 1983 年上半年）。从信托业得以恢复，到中国人民银行下发《关于积极开办信托业务的通知》，中国的信托业一度处于一个恢复发展的高潮期。但 1982 年 4 月 10 日国务院发出《关于整顿国内信托投资业务和加强更新改造资金管理的通知》，信托业又陷入整顿收缩的低潮。这次整顿主要是行业清理和非银行金融信托机构清理，同时开始限定信托只能经办“委托、代理、租赁、咨询”四类业务。这是自金融信托恢复以来第一次明确其业务范围。

2. 1983 年下半年至 1985 年信托业的全国性整顿

1983 年 9 月 17 日，国务院发布决定，中国人民银行专门行使中央银行的职能。1984 年 6、7 月间，中国人民银行在江苏扬州召开“全国支持技术改造信贷信托会议”。会上提出：“凡是有利于引进外资、引进先进技术，有利于发展生产、搞活经济的各种信托业都可以办理。”信托业务由此快速升温，达到恢复以来的又一次高潮。由于 1984 年底的货币投放与信贷规模双失控，1985 年中国的信托业又遇上全国性的整顿。根据国务院《关于进一步加强银行贷款检查工作的通知》精神，中国人民银行决定再次清理整顿金融信托，并且停止发放新的信托贷款与信托投资，此次重点在于业务清理。1986 年 1 月，国务院颁布了《中华人民共和国银行管理暂行条例》，同年 4 月，又据此规定发布了《金融信托投资机构管理暂行规定》，结束了我国信托制度无章可循的局面，开始了我国信托制度规范化的探索历程。

3. 1986 到 1989 年信托业的全面整顿

从金融管理体制改革取得突破进展的 1986 年开始，到 1989 年党的十三届三中全会提出“治理整顿”方针的一段时间内，中国金融体制改革取得了突破性进展，开放了金融市场和外汇调剂市场，开办了金融债券等业务。在《发布金融信托投资机构管理暂行规定》基础上，中国人民银行又发布了《金融信托投资机构资金管理暂行办法》。在“经济要搞活，银行先得搞活”的主导思想影响下，信托业得到了较快的发展。到 1988 年底全国有 1000 多家信托机构（其中经过中国人民银行正式批准成立的有 745 家），资产总额达到 650 亿元之多，从而又一次出现了一个发展高潮。但是，由于国内出现明显的通货膨胀，中央决定采取“治理整

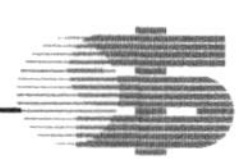

顿”的方针，清理整顿各种公司，信托业经历了一次新的整顿收缩。这一次整顿主要是采取机构兼并的手法，解决机构发展过多的问题。

4. 1990年代以来信托业的调整

在这期间，我国信托业逐步进入立法规划、分业经营时期。邓小平南巡讲话使中国的改革向前大幅推进，也正是在深化改革、扩大开放中，信托业获得了长足的发展。但是受经济过热的影响，信托机构也日益不规范，加剧了当时金融秩序的混乱。由此在1993年7月，中国人民银行发出通知，要求包括信托投资公司在内的金融机构的筹备和设立，均需由中国人民银行批准和核发“经营金融业务许可证”。1995年5月，国务院批准《中国人民银行关于中国工商银行等四家银行与所属信托投资公司脱钩的意见》，到1996年各国有商业银行和其他商业银行已经基本上不再拥有信托投资公司，此项脱钩工作标志着这次整顿的完结。应该说，这次整顿正式确立了我国信托业与银行业、证券业分业经营、分业监管的制度体系。这其中，1995年10月中国人民银行对违规操作、资不抵债的中国农业信托投资公司宣布接管，一年后再由广东发展银行收购的事件，是中国信托发展史上值得关注的事件之一。

5. 21世纪信托业的规范发展

该阶段为全行业的信用危机阶段。1997年1月4日，中国农村发展信托投资公司被中国人民银行依法关闭，1998年6月22日，中国新技术创业投资公司被中国人民银行关闭，1998年10月6日，中国人民银行决定关闭广东国际信托投资公司。广东国际信托投资公司的倒闭是中国信托制度发展史上最值得深思和总结的事件。1999年4月27日，财政部发布了关于《信托投资公司清产核资资产评估和损失冲销的规定》。2000年8月7日，中国人民银行发布公告，宣布撤销中国教育科技信托投资有限公司。2002年1月中国人民银行《信托投资公司管理办法》和2002年7月《信托投资公司资金信托管理暂行办法》出台，标志着这次全面整顿接近尾声，同时也使得中国信托业迎来了新的发展契机。

（二）业务特点

1. 以法人信托业务为主

在我国现代信托业的发展历程中，委托者与受托者多为法人，信托业务以法人信托为主。信托业恢复以前，居民个人没有足够的财产用于信托，没有这种信托业务的需求。在改革开放以后，虽然人们富裕起来了，但是由于信托意识的缺乏和信托法规的不健全，我国的个人信托业务发展非常缓慢，信托业务仍然以法人信托为主。

2. 金融信托业务较为发达

我国的信托业务以资金信托业务为主，动产、不动产等非金融信托业务开办较少。新中国信托业恢复后，信托投资机构主要提供多渠道的融资方式。因此，信托投资机构主要从事委托存款、委托贷款、委托投资、信托贷款、信托投资等金融信托业务。资本市场发展壮大后，信托投资机构又主要从事有价证券发行、交易等有价证券业务，动产、不动产等非金融信托业务开办较少。

3. 信托机构与其他金融机构分立

中国人民银行下达《关于积极开办信托业务的通知》后，中央和地方政府、企业主管部门及银行纷纷成立信托投资机构开办信托业务。此时，信托投资机构与银行在机构上兼营，但信托投资机构实行独立经营，与银行业务实行分业经营。1995 年《商业银行法》颁布后，同年国务院批准《中国人民银行关于中国工商银行等四家银行与所属信托投资公司脱钩的意见》，信托投资机构与银行脱钩，脱钩工作于 1996 年结束。信托投资机构与银行在机构上分别设立，在业务上实行分业经营。

（三）历史经验

中国信托业的发展已有百年的历史，其间兴衰沉浮，特别是我国信托业自 1979 年恢复以来，历经多次"大起大落"，一直陷于"发展-违规-整顿"的怪圈。在经历了五次大的整顿之后，2001～2002 年，《信托法》、《信托投资公司管理办法》和《信托投资公司资金信托业务管理暂行办法》相继出台。目前中国的信托业正在处于十分关键的经营转轨时期，再次面临一个前所未有的机遇，总结以前发展过程中的经验教训，无疑对于信托业有重要的意义。

1. 制度建设先行

制度建设包括两个方面：一是明确信托业作为独立的与银行、证券、保险等其他机构并举的金融机构的定位，完善信托发展政策和法律法规的建设；二是信托机构自身的治理结构和内部管理的建设。这些制度建设需要以正式的法律的形式确定下来。

1979 年我国恢复信托业，但直到 2001 年《信托法》才出台。在此前 20 多年的发展过程中，信托业一直没有明确的定位，处于无法可依的地步，由此导致信托业的萎缩。这段发展历史表明，在一个缺乏信托制度并处于计划经济向市场经济过渡的国家里，信托业的生存、发展必须有政府营建包括培育市场和完善监管

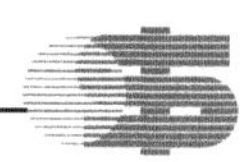

规则在内的制度基础。

目前虽然有“一法两规”的出台，初步完善了信托业赖以生存的法制基础，但是和发达国家的信托法律体系相比，我国的信托法律体系还处于相当粗糙和模糊的阶段，往往是对以前发展教训的总结，但是立法需要先见性，以处理将来信托业发展的各种问题。我国的立法逻辑历来是“摸着石头过河”，在经验教训的基础上以法律的形式加以规范，但是这样试验成本太大，2001 年以前中国信托业几乎全军覆没就是明证。发达国家的信托业以处于相当成熟的时期，可以在立足本国国情的基础上，借鉴发达国家信托业的成功经验。

2. 监管的完善

信托业的发展对监管机构提出了新的要求，就是监管机构应该由原来的审批者和治乱者转变为信托市场的服务者，包括行业规划、制度建设、配套政策、风险管理、市场协调，为信托业的健康发展提供保障，而不成为其发展的约束。

小 结

1. 信托是指委托人基于对受托人的信任，将其财产委托给受托人，并要求受托人按照委托人的意愿为受益人的利益或特定目的进行管理或处分的行为。

2. 信托具有以下几个职能：财产事务管理职能、融通资金职能、代理和咨询职能、社会投资职能和社会公益服务职能。

3. 信托与银行存贷款的区别主要表现在融资的对象、经济法律关系、融资方式、行为主体、承担风险、清算方式等方面的差异。

4. 信托起源于英国，由于其特殊的制度功能，迅速被其他国家引进并得到壮大，成为金融资本市场不可或缺的部分，目前发展得比较好且富有特色的是美国、日本以及欧盟的一些国家。

5. 我国信托业自 1979 年恢复以来，为经济建设做出了不可磨灭的贡献。我国经济体制及金融改革进程改革的深入，为金融信托业务展现了广阔的发展空间。

第二章

信托业务及其关系的设立

本章重点

本章主要介绍根据不同标准划分的信托业务种类，信托的构成要素，委托人、受托人、受益人的资格及其权利与义务。

第一节　信托业务的种类

一、传统分类

信托的种类非常复杂，根据不同的情况可以有不同的分类。信托的创新和衍生品种日益增多，对信托明确分类是比较困难的。传统信托品种分类大体上可以分为以下几种类型：

（一）按信托设立的依据为标准分类

按信托关系建立的方式不同，信托可以分为明示信托、推定信托和强制信托。

1. 明示信托

明示信托（通常也称自由信托或任意信托）是指信托三方关系人依照信托法规，按照自己的意愿自由协商而设立的信托。明示信托又分为生前契约信托和遗嘱信托两种。生前契约信托是按照委托人和受托人所订契约而设立的，遗嘱信托是按照个人遗嘱而设立的。明示信托的范围、处理等内容均在契约信托或者遗嘱信托中写得很明确。明示信托在实际操作执行中最为普遍。

2. 推定信托

推定信托属于法定信托，是指信托关系的形成没有明确的信托文件为依据，而是由司法机关对信托财产或者经济事务以及信托关系人推定认可的信托。

3. 强制信托

强制信托同样属于法定信托，是指不考虑信托关系人的意愿，由司法机关根据公平正义的观念，按照法律政策强制建立起来的信托。强制信托往往是因为某人通过欺诈、错误、不法行为等发生而取得其他人财产时，法院为了保护原受益人的利益，强制取得他人产权作为法律上的受托人，代表原产权者为原受益人谋取利益。

（二）按信托服务对象的不同分类

按委托人或者受托人的性质不同，可将信托划分为个人信托和法人信托。美国的信托业采用的是这种分类。

1. 个人信托

个人信托是指以个人身份委托受托人办理信托业务。个人信托又分为生前信托和身后信托。生前信托是个人在世时就以委托人身份与受托人建立了信托关系，其信托契约仅限于委托人在世时有效。身后信托则根据个人遗嘱办理身后的有关信托事项，如执行遗嘱、管理财产、为保寿险者在身后代领赔款等，它只局限于委托人去世后生效。

2. 法人信托

法人信托又称公司信托，也就是委托人不是某个人，而是单位或者公司等具备资格的法人委托受托人办理信托业务，如信托投资、信托贷款、信托基金等。在个人信托和法人信托基础上，又发展出个人与法人通用信托和共同信托。委托人既有个人，又有法人，可以称为个人与法人通用信托，如信托投资、不动产信托、公益信托和年金信托中都会有该种信托出现。如果某项信托财产为几个人所共同拥有，并且共同提出设立信托，委托人就是数个人，此时信托称为共同信托。

（三）按受益对象是否是委托人分类

按受益对象是否是委托人分类，可将信托划分为自益信托和他益信托。

1. 自益信托

自益信托是指委托人将自己指定为受益人而设立的信托。

2. 他益信托

他益信托是受益人为委托人以外第三者进行的信托。

（四）按信托目的的不同分类

以信托目的的不同，可将信托分为私益信托和公益信托。

1. 私益信托

私益信托是指完全为委托人自己或者其指定的受益人的利益而设定的信托，预先都可以指定具体受益人。

2. 公益信托

公益信托是为教育、艺术、慈善、宗教等事业以及其他社会公共利益而设立的信托。公益信托的受益人是社会公众中符合规定条件的人。公益信托的设定，其目的并不是为委托人自己谋取利益，也不是为特定的受益人谋求利益，而是为赞助和促进社会公共的利益。

（五）按信托标的物的不同分类

按信托标的物的不同，可将信托划分为资金信托、实物信托、债权信托和经济事务信托。日本信托业主要采用的是这种分类方法。

1. 资金信托

资金信托又称金钱信托，是一种以货币资金为标的物的信托业务，如单位资金信托、公益资金信托、劳保基金信托、个人特约信托。

2. 实物信托

实物信托是一种以动产或者不动产为标的物的信托业务。动产是指原材料、设备、物资和交通工具等，不动产则是指厂房、仓库和土地等。

3. 债权信托

债权信托是一种以债权凭证为标的物的信托业务，如代为清理和代为收付款项、代收人寿保险公司赔款等。经济事务信托是一种以委托代办各种经济事务为内容、委托凭证为标的物的信托业务，如委托设计、专利转让、委托审查检查、委托代理会计事务等。

（六）按信托事项的性质不同分类

按信托事项的性质不同，可将信托分为商事信托和民事信托。现代信托业的发源地英国采用的就是这种分类方法。

1. 商事信托

商事信托（也称营业信托）是指信托事项所涉及的法律依据在商法规定的范围之内的信托。商事信托事项与调整商业活动的法律规范关系十分密切。一般由具有商业受托人身份的主体担任受托人，是我国信托机构开展的主要业务。受托人通过经营信托业务，获得收益。商事信托的具体业务品种有公司债券信托、商务管理信托、投资信托、商业人寿保险信托等。

2. 民事信托

以民法为依据建立的信托称为民事信托，属于民法范围内的信托业务。民法是规定和调整公民间的财产关系以及与之相联系的人身非财产关系的法律，这样民事信托多是处理与个人财产有关的各种事务，如管理遗产、执行遗嘱、代理保管、抵押、变卖贵重物品等。由于民事信托在承办期间会涉及到人与人之间的财产关系，各国都要求必须在一定法律允许的范围内承办。由于民事信托不以营利

为目的，又称为“非营业信托”。

（七）按信托目的不同分类

按信托目的的不同，可将信托分为担保信托、管理信托和处理信托。

1. 担保信托

这里所指的担保信托，并非是受托人接受委托为单位或个人提供某种信托担保；是指受托人掌握信托财产的产权之目的，在于保护受益人的合法权益。例如"附担保公司债（企业债）信托。某公司以某种财产移转于受托人（信托机构），发行公司（企业）债券于销售市场。各债券持有人（受益人）当然不能分管某公司（企业）受押的财产．把财产移转给受托人以保护受益人的权益，即为担保信托。因为这种信托目的在于保证信托财产的确实与安全，不在于对此种信托财产的管理和使用。

2. 管理信托

管理信托是指以保护信托财产的完整、保护信托财产的现状为目的而设立的信托。

3. 处理信托

处理信托是指改变信托财产的性质、原状以实现财产增值的信托业务。

（八）按受托人承办信托业务目的的不同分类

按受托人承办信托业务目的的不同，可将信托分为营业信托和非营业信托。

1. 营业信托

营业信托是指受托人以收取报酬为目的而开展的信托业务。

2. 非营业信托

非营业信托是指受托人不以收取报酬为目的而开展的信托业务。

（九）按信托涉及的地理区域不同分类

按信托涉及的地理区域的不同，可将信托分为国内信托和国际信托。

1. 国内信托

顾名思义，就是指信托业务所涉及的事项限于一国范围之内。

2. 国际信托

信托业务所涉及的事项超出了一国的范围，引起了信托财产在国与国之间的

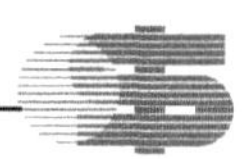

运用，则被称为国际信托业务。

二、我国信托机构可以经营的信托业务种类

依据《信托投资公司管理办法》，我国信托业可以经营的业务项目可分为如下几类：

1）受托经营资金信托业务。即委托人将自己合法拥有的资金，委托信托投资公司按照约定的条件和目的，进行管理、运用和处分。

2）受托经营动产、不动产及其他财产的信托业务。即委托人将自己的动产、不动产以及知识产权等财产、财产权，委托信托投资公司按照约定的条件和目的，进行管理、运用和处分。

3）受托经营法律、行政法规允许从事的投资基金业务，作为投资基金或者基金管理公司发起人从事投资基金业务。

4）经营企业资产的重组、购并及项目融资、公司理财、财务顾问等中介业务。

5）受托经营国务院有关部门批准的国债、政策性银行债权、企业债券等债券的承销业务。

6）代理财产的管理、运用与处分。

7）代保管业务。

8）信用见证、资信调查及经济咨询业务。

9）以固有财产为他人提供担保。

10）中国人民银行批准的其他业务。

上述项目，应报请主管机关分别核定，并于营业执照上载明。另外，信托投资公司可以依照《中华人民共和国信托法》的有关规定，接受为了下列公益目的而设立的公益信托：

1）救济贫困。

2）救助灾民。

3）扶助残疾人。

4）发展教育、科技、体育、文化、艺术事业。

5）发展医疗卫生事业。

6）发展环境保护事业，维护生态环境。

7）发展其他有利于社会的公共事业。

第二节　信托的基本构成要素

虽然现代信托的设立和应用非常富于弹性，种类繁多，其品种可同人们想象力那样丰富，且不同的信托品种反映了信托本质的不同侧面，其构成要素与法律效果也往往大相径庭。但从信托成立的角度看，信托的基本要素一般要包括信托目的、信托主体、信托标客体、信托行为、信托报酬、信托终止。

一、信托目的

信托目的是委托人通过信托行为所要达到的目标。目的是由委托人提出的，受托人接受委托人委托后，应按照委托人提出的信托目的对受托财产进行管理或处分。信托目的是否达到是考察受托人是否完成信托事务的标志。不同的委托人的目的是不同的，会向受托人提出不同的信托要求，因此，信托目的也具有多样化的特点。但委托人在提出信托目的时并不是随心所欲的，应该做到以下三个方面：

首先，信托目的必须合法。如委托人出于保存毒品的目的而提出信托要求显然就是不合法的。我国《信托法》也规定：设立信托，必须有合法的信托目的[①]……信托目的违反法律、行政法规或者损害社会公共利益，该信托无效[②]。

第二，信托目的要具有可行性。委托人在提出信托目的时，要确定该目的是否能够实现，不能实现的，委托人不能提出。

第三，信托目的能够被受益人接受。否则，该信托行为也是没有意义的。

二、信托主体

信托主体又称信托关系人，是指委托人、受托人和受益人这三方当事人。委托人是提出委托要求并对受托人授权的人，是信托财产的所有人。受托人是接受委托并按约定的信托条件对财产进行管理或处理的人。受益人是享受信托财产利益的人。这三方当事人必须具备一定的资格或者条件，享有一定的权利，承担一定的义务，形成信托关系，才能使信托业务顺利进行。由于信托的成立而形成的以信托财产为中心的委托人、受托人和受益人（以此三者为信托当事人）的法律、经济信托关系，叫作信托关系。信托当事人既可以是法人，也可以是自然人。

（一）委托人

委托人就是进行信托的人，也就是通常所说的信托财产的所有者。委托人的资格在法律上通常没有专门规定。一般来讲，凡具有签订合同能力的人，不管其

① 中华人民共和国信托法，第六条。

② 中华人民共和国信托法，第十一条。

国籍等都可以成为委托人。未成年人不能采取法律行为，不能签订合同，因此不能成为委托人。所以即使是财产的合法权利者，如果他是一个没有行为能力的人，那么在签订信托契约时，就需要有法定代理人来签订契约，或需征得法定代理人和保护人的同意。否则以后契约会发生失效、取消等。另外，破产人尽管也可以成为委托人，但是必须要征得债权人的同意。委托人可以是一个人，也可以是多个人。两个和两个以上的财产共有人可以作为共同委托人，将其所拥有的共有物信托给他人。反之，财产共有人中的某一人也可以将自己在共有物中的份额信托给他人。

当信托成立之后，即使委托人处于同信托关系脱离开来的地位也可以。不过，鉴于委托人是建立信托的当事人，因此信托法上承认他拥有一些权利。具体说来，委托人享有以下权利①：

1）委托人有权了解其信托财产的管理运用、处分及收支情况，并有权要求受托人做出说明。

2）委托人有权查阅、抄录或者复制与其信托财产有关的信托账目以及处理信托事务的其他文件。

3）因设立信托时未能预见的特别理由，致使信托财产的管理方法不利于实现信托目的或者不符合受益人的利益时，委托人有权要求受托人调整该信托财产的管理方法。

4）受托人违反信托目的处分信托财产或者因违背管理职责、处理信托事务不当致使信托财产受到损失的，委托人有权申请人民法院撤销该处分行为，并有权要求受托人恢复信托财产的原状或者予以赔偿；该信托财产的受让人明知是违反信托目的而接受该财产的，应当予以返还或者予以赔偿。

5）受托人违反信托目的处分信托财产或者管理运用、处分信托财产有重大过失的，委托人有权依照信托文件的规定解任受托人，或者申请人民法院解任受托人。

（二）受托人

受托人是接受信托并根据信托行为的规定，对信托财产进行管理和处理的人。受托人必须由具有法律上的行为能力的人担任，不具备法律上的行为能力的人，如未成年人、破产人等，都不能成为受托人。比较而言，受托人的资格要严于委托人和受益人的资格，从另一个角度看，也要比代理人的资格严格得多。

受托人必须是委托人所充分信任的人（个人或者法人）。受托人为了取得委托人的信任，必须要忠于职守。在当代社会中，受托人主要是法人，即采用信托机

---

① 以下均引自《中华人民共和国信托法》第二十至第二十三条。

构的形式。而法人自身的经营情况、信誉情况、办事效率、资产规模等则是取得委托人信赖的重要条件。受托人还必须具备办理信托业务的能力和专业技能条件。专业知识、专业技能条件主要是指受托人的资产、经验、品行等要素。法人机构为了能够从事信托业，必须具备符合信托法律、法规、条例规定的关于受托人尤其是信托机构的从业资格。在我国，中国人民银行颁布的《信托投资公司管理办法》规定，信托投资公司作为经济法人的基本条件是：有符合《中华人民共和国公司法》和中国人民银行规定的公司章程；有具备中国人民银行规定的入股资格的股东；有信托投资公司管理办法规定的最低限额的注册资本；有具备中国人民银行规定任职资格的高级管理人员和与其业务相适应的信托从业人员；有健全的组织机构、信托业务操作规则和风险控制制度；有符合要求的营业场所、安全防范措施和与业务有关的其他设施等。

受托人必须承担为受益人管理和处理信托财产的义务。管理和处理的方法等的具体内容则根据信托行为来决定。受托人对信托财产拥有很大的权限，而且对受益人承担高度的义务，信托法对受托人规定了定型化的义务和权限，主要如下所列：

1）受托人应当遵守信托文件的规定，为受益人的最大利益处理信托事务。受托人管理信托财产，必须恪尽职守，履行诚实、信用、谨慎、有效管理的义务。

2）受托人除依照本法规定取得报酬外，不得利用信托财产为自己谋取利益。受托人违反前款规定，利用信托财产为自己谋取利益的，所得利益归入信托财产。

3）受托人不得将信托财产转为其固有财产。受托人将信托财产转为其固有财产的，必须恢复该信托财产的原状；造成信托财产损失的，应当承担赔偿责任。

4）受托人不得将其固有财产与信托财产进行交易或者将不同委托人的信托财产进行相互交易，但信托文件另有规定或者经委托人或者受益人同意，并以公平的市场价格进行交易的除外。受托人违反前款规定，造成信托财产损失的，应当承担赔偿责任。

5）受托人必须将信托财产与其固有财产分别管理、分别记账，并将不同委托人的信托财产分别管理、分别记账。

6）受托人应当自己处理信托事务，但信托文件另有规定或者有不得以事由的，可以委托他人代为处理。受托人依法将信托事务委托他人代理的，应当对他人处理信托事务的行为承担责任。

7）同一信托的受托人有两个以上的，为共同受托人。共同受托人应当共同处理信托事务，但信托文件规定对某些具体事务由受托人分别处理的，从其规定；共同受托人处理信托事务对第三人所负债务，应当承担连带清偿责任。第三人对共同受托人之一所作的表示，对其他受托人同样有效。

8）受托人必须保存处理信托事务的完整记录。受托人应当每年定期将信托财

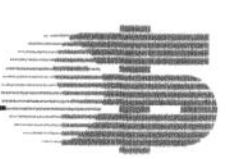

产的管理运用、处分及收支情况，报告委托人和受益人。受托人对委托人、受益人以及处理信托事务的情况和资料负有依法保密的义务。

9）受托人以信托财产为限向受益人承担支付信托利益的义务。

10）受托人有权依照信托文件的约定取得报酬。信托文件未作事先约定的，经信托当事人协商同意，可以做出补充约定；未作事先约定和补充约定的，不得收取报酬。约定的报酬经信托当事人协商同意，可以增减其数额。

11）受托人违反信托目的处分信托财产或者因违背管理职责、处理信托事务不当致使信托财产受到损失的，在未恢复信托财产的原状或者未予赔偿前，不得请求给付报酬。

12）受托人因处理信托事务所支出的费用、对第三人所负债务，以信托财产承担。受托人以其固有财产先行支付的，对信托财产享有优先受偿的权利：受托人违背管理职责或者处理信托事务不当对第三人所负债务或者自己所受到的损失，以其固有财产承担。

13）设立信托后，经委托人和受益人同意，受托人可以辞任；受托人辞任的，在新受托人选出前仍应履行管理信托事务的职责。

受托人有下列情形之一的，其职责终止：

1）死亡或者被依法宣告死亡。

2）被依法宣告为无民事行为能力人或者限制民事行为能力人。

3）被依法撤销或者被宣告破产。

4）依法解散或者法定资格丧失。

5）辞任或者被解任。

6）法律、行政法规规定的其他情形。

受托人职责终止时，其继承人或者遗产管理人、监护人、清算人应当妥善保管信托财产，协助新受托人接管信托事务。受托人职责终止的，依照信托文件规定选任新受托人；信托文件未规定的，由委托人选任；委托人不指定或者无能力指定的，由受益人选任；受益人为无民事行为能力人或者限制民事行为能力人的，依法由其监护人代行选任。原受托人处理信托事务的权利和义务，由新受托人承继。

（三）受益人

受益人不是签订信托合同的当事人，因此他无需具备有行为能力的条件。法律上的受益人的资格通常没有专门规定，凡是具有权利能力的人都可以担当。如未成年人、丧失行为能力的精神病人、尚未出生的婴儿、非公司组合的社团、外国人等均可以成为受益人。但是被指定为受益人的人则有拒绝收益权利的自由。受益人可能是现存的、特定的，也可能是非特定或者是尚未存在的。在非特定或者是尚未存在的情况下，法律上承认设立信托，但是为了保护非特定或者尚未存在的受益人的权益，应该设立信托管理人。信托管理人是为了保护为特别指定受益人或者没有受益人的委托人的利益而设立的机构，这种机构以自身的名义，在有关信托上拥有审理和审理以外的许多权力。信托管理人，有的是按照委托人和受托人之间事先约定的契约指定的，有的是法院根据利害关系人的要求选定的。

受益人的权利中，最主要的当然是享受信托财产所产生的利益的权利。信托法对受益人权力规定如下。

1）受益人自信托生效之日起享有信托受益权。信托文件另有规定的，从其规定。

2）共同受益人按照信托文件的规定享受信托利益。信托文件对信托利益的分配比例或者分配方法未作规定的，各受益人按照均等的比例享受信托利益。

3）受益人可以放弃信托受益权。

4）受益人不能清偿到期债务的，其信托受益权可以用于清偿债务，但法律、行政法规以及信托文件有限制性规定的除外。

5）受益人的信托受益权可以依法转让和继承，但信托文件有限制性的除外。

6）受益人可以行使部分委托人享受的权利。受益人行使上述权利，与委托人意见不一致时，可以申请人民法院做出裁定。

三、信托客体

信托客体指信托标的物，也叫信托财产。根据信托行为由委托人转让给受托人的财产，叫做信托财产。信托成立后，由于需要对信托财产进行处理等，对受托人所取得的财产也应作为信托财产。例如，在进行有价证券信托时，有价证券的分红也属于信托财产。受托人卖掉该有价证券将价款存入银行时，此项存款也属于信托财产。信托财产的范围较为广泛，可以是有形资产，也可以是无形资产。一般情况下，凡具有价值、可以转让的财产都可以成为信托财产。法律、行政法规禁止流动的财产，不得作为信托财产，但依照法定程序经有关主管部门批准后，可以作为信托财产。

信托财产的具体范围，不同的国家有不同的规定，即使在同一国家，不同时期、不同法律所作的规定也不尽相同。如日本在其《信托法》中对信托财产没有限制，只要有财产就可成为信托财产，从有形的金钱、有价证券、土地、房屋等到无形的专利权、著作权、渔业权、矿业权等。而在《信托业法》中，对信托银行能受理的信托财产进行了限制，信托银行能受理的信托财产仅限为金钱、有价证券、动产、土地及其附属物、土地所有权和租赁权以及综合信托等七种①。

① 中野正俊（日本），信托法案例研究，第101页，东京出版社，1991年版。

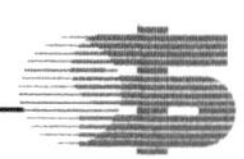

信托财产具有以下特征：

1. 信托财产所有权的转移性

信托财产的成立，以信托财产的转移为前提条件。因此，信托财产的首要特征就是转让性，也就是信托财产是委托人独立支配的可以转让的财产。转让的方式包括单纯信托财产物的转移、信托财产物和信托财产的使用权、处置权、管理权的转移、信托财产的所有权和使用权的转移等。信托财产的所有权会随着信托关系的建立而发生转移。在信托关系建立前，财产的所有权属于财产所有者，信托关系建立后，信托财产所有权转移到受托人手中，但受托人只是法律上信托财产的所有者，而且只能在受托期间、在合同规定的范围内行使管理或运用财产的权利。

2. 信托财产具有独立性

由于信托是属于受托人为了受益人，对信托财产进行管理和处理的法律关系，因此信托财产就被认为具有一种独特的性质，在法律上信托财产应将受托人个人的财产和其他信托财产区分开来，就如同并不属于同一公民的财产那样来对待。信托财产这种独立于其他财产的性质，叫做信托财产的独立性。它表现为信托财产与受托人的固有财产相互独立，不同委托人的信托财产或者同一委托人的不同类别的信托财产相互独立，委托人的信托财产与其他财产相互独立。

3. 信托财产的有限性

信托财产只能在一定的时空上有限，信托财产在空间上的有限性主要是指其范围受法律限制，信托财产在时间上的有限性主要是指信托财产一般都有其时效性。

四、信托行为

信托行为是指以信托为目的的法律行为或者指合法的设定信托的行为，为了使信托具有法律效力，信托当事人在建立信托关系时，还必须履行手续。信托行为主要是指信托的成立方式，包括契约（合同）、协议、遗嘱等。信托行为的依据是信托约定，也就是信托的成立必须有相应的信托文件作为保证。信托行为的发生必须由委托人和受托人进行约定。约定的方式主要有以下几种：① 信托契约，就是委托人和受托人之间书面签署的信托证明；② 协议章程，就是以协议章程的形式而形成的信托关系；③ 个人遗嘱，一般是指委托人个人的行为，不需要签订信托契约，如果遗嘱指定的受托人不同意接管，则由法院指定其他人为受托人；④ 法院强制，就是以法律规定信托行为的成立，此时信托由法律权力的强制性建立；⑤ 信托宣言，这种信托宣言通常由财产所有人自己发表宣言，自某时起其财

产专为某人即受益人谋利益，但是仍然以自己来管理财产并以自己为委托人，这种信托关系是委托人和受托人同为一人。

通常最常用的信托关系文件是指信托契约，信托契约要明确规定信托目的、信托关系各方的地位、信托财产的范围、名称和数量、受托人的权限和责任、信托业务的处理手续和方法、信托财产转交的方法、信托关系存在的期限等。

五、信托结束

信托结束是指信托行为的终止。信托终止的事由有：信托文件规定终止的事由发生；信托的存续违反信托的目的；信托目的已经实现，或者不能实现；信托当事人协商同意；信托被撤销或解除。在《信托法》第十五条有如下规定：设立信托后，委托人死亡或依法解散、被依法撤销、被宣告破产时，委托人是唯一受益人的，信托终止，信托财产作为其遗产或者清算财产；委托人不是唯一受益人的，信托存续，信任财产不作为其遗产或清算财产；但作为共同受益人的委托人死亡或依法解散、被依法撤销、被宣告破产时，其信托受益权作为其遗产或者清算财产。信托不因委托人或者受托人的死亡、丧失民事行为能力、依法解散、被依法撤销或者被宣告破产而终止。信托终止时，信托财产属于文件规定的人；信托文件未作规定的，通常按以下顺序确定归属：受益人或者其继承人；委托人或者其继承人。

六、信托报酬

信托报酬是受托人管理或处分财产所取得的报酬。信托报酬的收取方式及额度均依照信托合同的约定。资金信托的报酬主要是从信托受益中提取，提取的方式主要有三种：一是固定金额，二是固定比率，三是浮动比率。受托人对信托财产在处理信托事务中并非自己的过失而造成的损失，可以在应得报酬之外，另行向受益人或委托人索取。

上海爱建信托投资有限责任公司上海外环隧道项目资金信托计划[①]

根据《信托法》、《信托投资公司管理办法》以及其他有关法律、法规，上海爱建信托投资有限责任公司（简称“爱建信托”）发挥自身的专业理财能力和丰富的投资运作经验，结合上海外环隧道建设项目的实际情况，设计了风险较低、收

① 浙江省国际信托投资有限公司网站，http://www.zitic.cn。

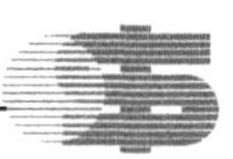

益稳定的信托品种，为满足投资者进行集合投资获取稳定收益的需求，经认真调查研究与充分准备，制定本信托计划。

一、信托计划名称

上海外环隧道项目资金信托计划（简称“信托计划”）。

二、信托计划目的

爱建信托将多个指定管理资金信托的信托资金聚集起来，形成具有一定投资规模和实力的资金组合，以资本金形式投资于上海外环隧道建设发展有限公司（简称“外环隧道项目公司”），用于上海外环隧道建设项目（简称“外环隧道项目”）的建设与营运。

三、信托计划规模

信托计划项下的信托合同不超过200份（包括200份）。

四、信托计划的期限

信托计划期限为三年，自信托计划成立之日起计算。

五、加入信托计划的条件

（一）委托人资格

中国境内具有完全民事行为能力的自然人、法人或者依法成立的其他组织。

（二）资金合法性要求

委托人保证委托给爱建信托的资金是其合法所有的可支配财产。

（三）资金要求

加入信托计划的资金应当是人民币。单笔资金金额最低为人民币5万元（包括5万元），并可按人民币1万元的整数倍增加。

（四）受益人要求

受益人和委托人为同一人。

六、信托计划的成立

推介期结束信托计划成立。

信托计划成立前的资金利息按中国人民银行同期活期存款利率计算，并在信托计划终止后由爱建信托一次性支付。

七、信托计划资金的运用

爱建信托集合运用信托计划资金，并以资本金形式投入外环隧道项目公司（简

称“信托计划资金的出资”），由外环隧道项目公司用于外环隧道项目建设，同时，信托计划期间的出资收益可存放于银行，或用于购买国债。

信托计划资金的出资以受让外环隧道项目公司原有股东出资和追加出资的方式进行。

信托计划项下的信托财产（简称“信托计划财产”）可以按公平市场价格或根据委托人和受益人的特别授权与爱建信托的固有财产及爱建信托管理的其他信托财产进行交易。

八、信托计划资金出资的处分

信托计划资金的出资以受让外环隧道项目公司原股东出资的方式进行的，以原股东出资时的历史成本计价，在本信托计划终止时，由外环隧道项目公司根据原股东与新股东的出资及时间按以下公式计算并分配利润。

$$\text{年平均分配率}=\frac{\text{累计可供分配利润}}{（\text{加权平均实收资本}\times\text{原、新股东出资天数总和}\div 365\text{天}）}$$

$$\text{加权平均实收资本}=\frac{\text{原股东出资额}\times\text{原股东出资天数}+\text{新股东出资额}\times\text{新股东出资天数}}{\text{原、新股东出资天数总和}}$$

$$\text{股东分配额}=\text{股东出资额}\times\text{年平均分配率}\times\frac{\text{股东出资天数}}{365\text{天}}$$

根据委托人的意愿，爱建信托要求外环隧道项目公司董事会作出决议，本信托计划终止时，外环隧道项目公司将净利润在弥补以前年度亏损、提取法定公积金、公益金与任意公积金后，全额分配给股东；爱建信托以信托计划资金出资时历史成本计价将信托计划资金的出资变现。

在信托期限内，如果信托计划资金的出资全部转让后，信托计划资金的年收益率能达到 7%，爱建信托可将信托计划资金持有的外环隧道项目公司股权全部转让，本信托计划即告终止。

信托计划期限届满时，爱建信托应将信托计划资金持有的外环隧道项目公司股权变现。委托人可行使如下选择权：

1）同意并授权爱建信托，以历史成本价格将信托计划资金持有的外环隧道项目公司股权变现；或

2）在本信托计划期限届满前，提前三个月向爱建信托提出书面申请，加入外环隧道项目的下一个信托计划，委托人享有优先加入权。

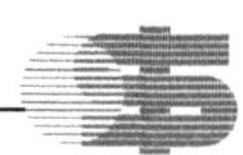

九、信托计划的管理

（一）管理方式

信托计划财产由爱建信托集合运用。

各信托的委托人和受益人对信托财产，按信托资金占信托计划资金的比例，在信托计划中享有权利、承担义务。

爱建信托为信托计划设立信托计划账户。不同委托人的信托资金分别记账。

（二）内部管理机构

1. 业务发展决策委员会

主要职责是：

1）制定投资原则、投资方向、投资策略；

2）确定投资组合的总体目标和总体计划；

3）提出法律、政策风险、利率风险、证券投资风险等具体意见；

4）提出防范和化解上述风险的控制措施。

2. 独立的信托计划资金管理部门

公司设立资金信托部，作为信托计划资金管理部门，主要职责是：

1）信托计划推介；

2）合同管理；

3）客户来访；

4）信息披露；

5）信托计划资金及收益返回；

6）拟定信托计划资金运用方案，经业务发展决策委员会批准后实施；

7）按信托文件规定运作信托计划资金，并对资金拨付等发布指令。

3. 独立的信托计划资金托管部门

公司设立计划财务部，作为信托资金托管部门，主要职责是：

1）为信托计划建立会计账户和信托账户；

2）执行信托资金管理部门的指令；

3）实施信托计划利益分配方案；

4）安全保管信托计划资金；

5）发现信托计划资金管理部门的指令违反信托合同规定时，有权拒绝执行该指令，并向业务发展决策委员会报告。

4. 独立的稽核审计部门

公司设立稽核审计部门，主要职责是：

1）负责公司日常风险管理；

2）监督与核查业务部门及相关部门对于风险控制制度的执行情况；

3）针对业务过程中异常情况作出预警并及时报告。

信托计划资金管理部门、托管部门在业务上独立于公司的其他部门，其工作人员不与公司其他业务部门相互兼职，具体业务信息不与公司的其他业务部门共享。

十、信托计划风险揭示及防范

（一）信托计划风险揭示

1. 投资对象和投资项目的风险

1）外环隧道项目公司的经营状况受多种因素的影响，如管理能力、财务状况、市场前景、人员素质、项目设计施工总承包单位施工进度风险等，影响其盈利能力。

2）由于市场、技术、自然状况等各种原因导致外环隧道项目收入未能达到预测水平。

2. 法律与政策风险

因国家政策，如财政政策、货币政策、税收政策、行业政策、地区发展政策等发生变化，导致市场波动，影响信托收益。

3. 市场风险

随着经济运行的周期性变化，市场对外环隧道项目建设所需的机器、设备、建筑材料、劳动力、技术等的供求会相应变化，影响信托计划的收益。金融市场利率的波动会导致市场价格和收益率的变动，可能影响着外环隧道项目的融资成本和利润。

除上述风险外，市场风险还包括通货膨胀风险、证券市场交易风险、货币市场交易风险等。

4. 管理风险

在信托计划资金的管理运用过程中，可能发生资金运用部门、资金托管部门因所获取的信息不全或存在误差，对经济形势等判断有误，或处理信托事务过程中的工作失误，影响信托计划资金运作收益水平。

5. 其他风险

战争、动乱、自然灾害等不可抗力因素的出现，可能导致信托财产损失。

（二）信托计划风险防范措施

1. 规范化管理制度

本信托计划业务流程纳入爱建信托已执行的国际质量标准 ISO9001：2000 系统规范管理。

2. 人事管理制度

本信托计划的信托经理及信托业务的所有部门和岗位的员工，通过岗位责任、工作考核、薪金福利、辞职与辞退等制度进行管理。

3. 信息披露制度

建立规范的信息披露管理制度、完善的信息资料保全系统、完整的会计、统计和各种业务资料的档案。

4. 外环隧道项目的风险控制

1）爱建信托以受托人身份作为外环隧道项目公司的绝对控股股东，全面控制公司的决策与经营管理；外环隧道项目公司以项目投资人的身份要求上海市人民政府授权明确招商人上海市市政工程管理局的法律主体地位，确保其作为合同签约方的合法性，以及明确今后财政补贴到外环隧道项目公司的具体程序，并通过规范的公司治理结构、科学的组织体系进行项目管理。

2）建设风险的控制。

① 通过设计、施工总承包合同控制工程造价、质量和工期，通过建设期建设管理总承包合同控制动拆迁等各项前期费用；

② 通过向大众保险公司和中国太平洋保险公司投保建筑工程一切险与财产险；

③ 上海黄浦江大桥建设有限公司承包项目建设期和运营期管理职能。

3）运营风险的控制。通过运营总承包合同控制运营成本。在与上海市人民政府订立的专营权合同中约定：每年计提400万元大修资金，用于对运营期工程大修，节余归上海市人民政府，不足部分由上海市人民政府用财政资金补贴；另提取逐年递增的养护费用，约定非项目公司原因超额时，上海市人民政府予以补偿。

4）利率风险的控制。外环隧道项目公司从运营期开始，每年可得到与上海市人民政府约定的按项目投资余额9.8％的补贴，该补贴率与长期贷款利率变化同步调整。在现行长期贷款利率水平下，扣除运营费用及信托财产承担的费用，预计信托计划资金可获得5％的年平均收益率。

十一、信托计划的信息披露

本信托计划的信息披露分为定期披露与临时披露。

每个会计年度结束后三个月内，爱建信托应当制作信托财产管理报告。

爱建信托应当将信托财产管理报告在制作完毕后十日内，通过在其营业场所、收付代理机构营业场所公布的形式报告委托人和受益人。

在信托计划存续期内，如果发生下列影响信托计划存续基本条件的临时事项，爱建信托应在知道临时事项发生之日起三十个工作日内在其营业场所、收付代理

机构营业场所向委托人和受益人作临时披露：

1）外环隧道项目公司发生重大变化，影响信托目的的实现；

2）法律、行政法规或部门规章发生变化且严重影响信托事项的。

十二、信托计划的终止与清算

（一）信托计划的终止

本信托计划期限届满，或者爱建信托根据本信托计划第八条第三款的规定将信托计划资金的出资全部转让，信托计划终止。

信托计划终止后，爱建信托具体从事下列工作：

1）负责信托计划财产的保管；

2）对信托计划财产进行清理和确认；

3）对信托计划财产进行分配。

（二）信托计划清算报告

爱建信托应在信托计划终止后十个工作日内编制信托财产分配报告，并在其营业场所、收付代理机构营业场所公布的形式报告委托人和受益人。

受益人自收到信托计划清算报告公布之日起三十日内未提出书面异议的，爱建信托就信托计划清算报告所列的有关事项解除责任。

十三、信托计划的税务处理

信托计划期限内所涉及的税务问题，按国家的有关法律、法规与政策办理。对于法律、法规或政策没有明文规定的信托行为的税务问题，按照政府部门的相关规定办理。

小　　结

1. 信托可按不同标准细划为多种类型。

2. 我国目前已开展的信托业务有：资金信托业务、动产、不动产及其他财产的信托业务、投资基金业务、企业资产的重组、购并及项目融资、公司理财、财务顾问等中介业务、国债、政策性银行债权、企业债券等债券的承销业务、代保管业务、信用见证、资信调查及经济咨询业务、以固有财产为他人提供担保。

3. 信托的基本要素一般要包括信托目的、信托主体、信托标客体、信托行为、信托报酬、信托终止。

4. 信托主体又称信托关系人，是指委托人、受托人和受益人这三方当事人。

5. 信托财产具有的特征：财产所有权的转移性、信托财产具有独立性、财产

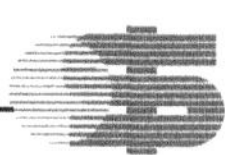

只能在一定的时空上有限。

6. 信托行为主要是指信托的成立方式，包括契约（合同）、协议、遗嘱等。信托行为的依据是信托约定，也就是信托的成立必须有相应的信托文件作为保证。信托行为的发生必须由委托人和受托人进行约定。

第三章

资金信托

本章重点

资金信托，又称金钱信托，它是指委托人基于对受托人（信托机构）的信任，将自己合法拥有的资金委托给受托人，由受托人按委托人的意愿以自己的名义，为受益人的利益或者特定目的管理、运用和处分的行为。资金信托的资金必须为委托人合法拥有。本章主要介绍资金信托的业务特点、资金信托业务的内容及操作程序。

第一节 资金信托业务概述

一、资金信托的类型

资金信托类型的划分，能够使我们按照不同的特点对资金信托业务进行研究，按照不同的标准，资金信托可以划分为以下不同的类型：

（一）根据资金信托委托人的数量和信托是否由信托机构主动发起划分

依据以上两个特征，可以将资金信托分为个别资金信托和集合资金信托。个别资金信托的委托人为单个人，并且信托的设立是由委托人向信托机构主动提出，并通常就资金的运用目的、运用方式提出特定要求，而信托机构予以承诺达成信托。

集合资金信托的委托人为两个以上，且一般由信托机构选定信托资金运用项目和确定资金运用方式，然后向不特定委托人发出设立信托的要约，委托人予以承诺，信托成立。例如，上海爱建信托推出的“上海外环隧道信托项目”即是典型的集合资金信托业务。由信托公司主动推出集合资金信托业务，改变了传统的以财产管理功能为主的业务中，信托机构处于被动接受信托的局面。信托机构为筹集资金主动地创设信托，不仅大大拓宽了客户群体，还使得信托业的长期融资功能得到了充分发挥。

（二）根据信托资金的运用方式进行划分

受托人因设立资金信托所取得的资金为信托资金，受托人可以采用贷款、同业拆放、股权和项目投资、购买上市和非上市有价证券等方式运用信托资金。因此，资金信托业务按照运用的方式可以分为贷款信托、投资信托、融资租赁信托、养老年金信托和形成财产信托。本章将按照此线索介绍资金信托的有关情况。

（三）依据资金形态在信托过程中是否发生变化进行划分

作为信托财产的资金，在信托过程中由于信托目的不同，信托资金的形态可能会发生变化，依据此特点，资金信托可以分为不变资金信托和可变资金信托。

不变资金信托是指在设立信托时委托人转移给受托人的信托财产是货币形态的资金，受托人给付受益人的也是货币资金；信托终了，受托人交还的信托财产仍是货币资金。在信托期间受托人为了实现信托目的，可以变换信托财产的形式，比如用货币资金购买有价证券获利，或进行其他投资，或贷款，但是受托人在给付受益人信托收益时要把其他形态的信托财产还原为货币资金。

可变资金信托，是指受托人在承受信托时，接受的信托财产是资金，而在信托终了时，形态已经发生变化，不再是资金形态，受托人直接按照信托资金运用的原状交付给受益者的一种资金信托。如运用于购买股票就付股票，购买了土地就把土地交付给受益人。

（四）根据受托人和委托人之间权利、义务的大小进行划分

在签订资金信托契约时，委托人根据信托目的和对受托人的信任程度不同，会对自己委托事项有一定权利的保留，根据受托人从委托人那里得到的授权大小，资金信托可以划分为特定资金信托、指定资金信托和非指定资金信托。

特定资金信托是指在该项信托中资金的运用方式和用途由委托人特别具体指定，受托人只能根据委托人指定的用途运用信托财产，一旦出现财产运用损失，由委托人和受益人负责。

指定资金信托是指委托人只指定资金运用的主要方向，其运用的具体方式则由受托人决定。之所以采用这种信托方式，是因为一般委托人对受托人比较信任，充分相信受托人的能力和品德，认为受托人能够很好地实现自己的信托目的。

非指定资金信托是指委托人对资金的运用方式、运用范围不作任何限定，而是完全由受托人自主决定。对于这种信托形式，政府担心受托人权利过大，容易产生社会不安定因素，一般都进行严格的限制。如为了保护受益人利益，日本从法律上对非指定资金信托的资金运用范围就进行了严格的限制，规定此项信托资金只能用于购买公债和用于以公债作担保的贷款。

二、资金信托的特点

（一）资金信托以货币资金的转移为中心

资金信托关系一旦确立，委托人须将货币资金转移给受托人——信托投资机构；受托人向受益人转移的营运收益或本金一般也均是货币形式。信托资金在运动过程中可以表现为除货币资金以外的形式，如投资于有价证券、动产、不动产、工程项目等，但在信托结束时，信托投资机构一般以货币资金形式支付给受益人。

（二）资金信托是三边信用关系

资金信托形成的是一种信托关系，即委托人出于一定目的委托信托投资机构代为营运货币资金，信托投资机构通过向委托人提供管理和营运货币资金的服务，来满足委托人的要求。其基本关系表现为委托人、受托人和受益人的三边信用关系。即使在特殊情况下，如委托人即是受益人，其三者关系仍然存在，只是关系

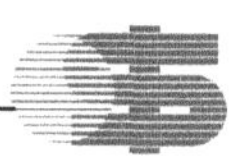

人只有两方。这与银行信贷的双边信用关系不同，不仅营运目的由委托人指定，营运方式也受委托人的要求所制约。

（三）资金信托中受托人所承担的风险责任有限

由于信托资金的具体运用要遵循委托的意愿，因此受托人不承担资金营运的全部责任，仅对资金营运风险承担有限责任，这与资金的具体运用不受委托意愿制约的银行存款相区别。客户在银行的存款，由于排除了客户对资金运用的影响，因此，银行要承担资金使用过程中的全部风险，负完全的经济责任。

第二节 贷 款 信 托

一、贷款信托的概念及特征

所谓贷款信托是指信托机构运用自有资金和吸收的信托存款，自主选项、自主发放的贷款。这种贷款的对象、用途、期限、利率等均由信托投资机构根据国家政策自行确定，因而，贷款的风险责任也由信托投资机构承担。对于集合资金信托，贷款信托是由一个受托人与多个委托人签订信托合同，作为受托人，信托机构主动向委托者募集信托资金，并将得到的款项用于贷款或票据贴现。贷款信托多以自益信托方式出现。历史上，信托公司曾长期从事的委托贷款与贷款信托十分类似，但一般不允许信托机构主动创设并集合运用贷款，也就与集合资金贷款信托有明显不同，而与个别资金贷款信托基本类似。但是，最近各商业银行推出的委托贷款，大多由银行发起设立，并集合运用多个委托人的资金，应当说这种类型的委托贷款已经与典型的集合资金信托业务区别不大。

贷款信托最早为日本信托业依据 1952 年 6 月发布的《贷款信托法》而创设。在当时，创设贷款信托的目的是为了对资源开发和重要产业的发展提供长期资金。贷款信托创设后，日本信托业又于 1971 年设计出可以转让交易的“受益证券”以体现受益权。1981 年，日本信托业又创设了“收益到期领取型”的新品种贷款信托。在日本的信托业务中，贷款信托是最重要的业务品种。

二、贷款信托的原则

信托投资机构通过灵活机动地发放贷款信托，能及时地为企业解决某些正当合理的、符合国家政策的、银行信贷暂时无力支持的资金需要。信托投资机构发放贷款信托必须坚持以下基本原则：

（一）贷款必须按计划发放和使用

该原则包括两方面的含义：① 放款要纳入国家有关经济建设计划和省、自治区、直辖市的中小企业技术改造计划，支持国家经济建设重点项目和中小企业技术改造项目的资金需要；② 在规模控制情况下，放款要按中国人民银行的计划发放，即受规模制约。

（二）贷款必须有适用、适销的物资作担保

贷款企业必须拥有与贷款金额相适应的并能参加生产周转的适销对路的物资，使资金运动和物资运动紧密结合。

（三）贷款必须按期归还

信托投资机构给企业放款时，必须规定贷款使用期限，企业在规定的期限内还款付息，这是为了促进企业有效地组织生产和商品流通，按计划合理使用资金，加速资金周转。

（四）区别对待，择优扶持

这一原则是实现前三条原则的手段，即信托投资机构在资金来源额度的控制下，可在符合贷款信托基本条件的对象中择优使用信托资金，以保证信托资金的流动性、安全性与盈利性，加速资金周转。择优应包括两方面内容：① 政策上择优，即优先支持国家政策扶持、鼓励发展的行业和产品，如现阶段应优先支持能源交通、原材料等行业的资金需要；② 经济上择优，即在政策支持的前提下，优先选择产品销对路、盈利多、信用好的企业给予支持。

三、贷款信托的方式

贷款信托按其性质可分为固定资金贷款和流动资金贷款，根据现行规定，固定资金贷款必须符合国家的固定资产贷款要求，流动资金贷款一般限于向投资企业发放，对其他企业只可发放临时性周转贷款。

信托投资机构根据借款单位不同的资金需要，结合自身内部信贷管理的要求，可以采用不同的贷款方式。通常采用的贷款方式有以下几种：

（一）信用贷款信托

信用贷款信托是指借款单位凭借自身所具有的良好信用向信托投资机构申请贷款，信托投资机构审查后认为借款单位具有足够的信用基础，能按期归还贷款本息时发放的贷款信托。

（二）保证贷款信托

保证贷款信托是指信托投资机构在发放贷款时，要求借款人提供有相应经济实力的法人为其贷款提供保证的书面证明文件，一旦借款人到期不能归还贷款本息时，保证人必须无条件地代借款人还清未能偿还的债务。保证贷款信托可以分散贷款信托的风险，保证贷款信托的到期全额收回。

（三）抵押贷款信托

抵押贷款信托是指由借款人提供必要的动产、不动产作为抵押品，向信托投资机构申请办理的贷款信托。信托投资机构对那些资金周转困难，又不甚了解其信用状况和生产经营活动的企业常采用这类贷款信托。抵押贷款信托的金额不能超过抵押品的一定比例。贷款期限越长，抵押贷款的比例就越低。贷款到期时，贷款人还清贷款本息后即可从信托投资机构取回抵押品。当借款人到期无力归还全部贷款本息时，信托投资机构有权依法处理抵押品，以补偿未能收到的贷款本息。

（四）卖方信贷

卖方信贷是指信托投资机构对卖方企业在国家政策范围内赊销商品而产生资金需要时发放的贷款。如某些企业对试销的新产品常年生产而在商业季节销售的商品采用提前交货、延期收款方式赊销，缺乏继续再生产所需要的周转资金时，可向信托投资机构申请此类贷款，并用收回的贷款归还贷款。

（五）票据贴现

企业可以持未到期的银行承兑汇票或商业承兑汇票，到经核准的信托投资机构申请贴现，信托投资机构以汇票面额扣除贴现日至汇票到期日的折现利息后的相应金额向企业提供融资。

四、贷款信托的操作程序

（一）个别资金贷款信托的操作程序

个别资金的贷款信托类似于信托机构历史上从事过的委托贷款业务，即由委托人提出设立信托，并对资金运用方式、运用对象、运用目的提出特定的或者一般性的要求，信托机构承诺后达成信托合同，再由信托机构根据信托合同的约定运用资金、发放贷款。贷款到期时，信托银行依贷款合同向借款单位收回贷款本息，并将增值后的信托资金交付投资者或委托人所指定的受益人，信托关系终止。

（二）集合资金贷款信托的操作程序

集合资金方式的贷款信托由信托机构主动创设。其操作程序为：

1）信托机构选定信托项目及贷款对象。

2）信托机构以信托资金招募说明书的方式，向社会公众投资者和机构投资者发出设立信托的要约。

3）投资者与信托机构达成信托合同，并将信托资金交付信托机构。

4）信托机构依信托合同的约定，运用资金、发放贷款。

5）信托机构管理信托财产（贷款债权），收取利息并在贷款到期时向借款人收回本金。

6）信托机构将利息和本金依信托合同约定，支付给投资者或委托人指定的受益人，信托关系终止。

以上的论述仅限于一般情况下贷款信托的操作程序。由于创新和发展，信托机构可能不断创造出凸显其产品差异性特征的新型贷款信托产品，因而不同的贷款信托产品的操作程序必然会有一定差异。

五、贷款信托在中国的市场前景

从贷款信托本身的特征、中国的国情以及国外的成功经验，可以预计，贷款信托在中国将有良好市场前景。

1）从贷款信托的安全性和收益性特征来看，贷款信托在资金运用形式方面采取贷款方式，只要落实抵押或质押、担保手续，一般情况下风险是可控制的。因而，贷款信托的资产流动性是有保障的，是一种安全性较高的投资工具。而在收益方面，贷款信托的资金运用是中长期的，大多运用于固定资产投资项目，其贷款利率远远高于商业银行的定期储蓄利率。因此，贷款信托收益率对投资者（委托人）有一定的吸引力。在日本，法律赋予贷款信托本金的安全性，即信托银行有义务确保贷款信托本金的归还。从我国《信托法》的规定看，任何信托资金风险，均由信托财产承担，也就是由受益人承担。但由于前面所述的原因，其安全性通常是有保障的，因而贷款信托的市场前景看好。

2）贷款信托通常是信托机构处于主动地位以集合资金信托方式创设的，这特别适合中国的国情。我国由于缺乏信托传统，以委托人主动方式设立的信托，在信托业发展初期预计市场份额不会很大。而且信托机构管理小额信托资金的成本较高，对规模过小的委托资金，信托机构未必愿意接受。而以信托机构处于主动地位创设信托，只要安全性、收益性对投资者有足够吸引力，通常都会取得投资者的认可。

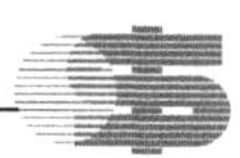

3）中国目前与创设贷款信托时的日本一样，是一个后起的发展中国家，中长期建设开发资金的筹集，对于促进国家经济的发展是极为重要的。贷款信托作为一个能够为中长期项目建设融通巨额资金的信托品种，必然会具有广阔的市场前景。虽然信托方式的中长期建设资金融通仅仅是多种长期资金融通方式和渠道中的一种，由于信托方式具有能够让投资者直接参与项目决策、收益率高等特点，使得这种长期金融方式对投资者更具吸引力。

第三节　投 资 信 托

投资信托是信托机构以法人身份将信托资金和自有资金等自主地投资于企业项目或有价证券，以谋求预期收益为目的。这是所说的投资信托不包括委托投资。投资信托是信托机构重要的传统业务。按照投资对象的不同可以将信托投资分为企业项目投资和有价证券投资。前者又称为直接投资信托（即信托机构直接向企业或项目投资资金），后者称为间接投资信托。

一、投资信托与贷款信托的区别

投资信托与贷款信托是信托投资机构资金运用的两种主要方式，两者有以下区别：

（一）信托投资机构在两种业务中所处的地位、身份不同

在贷款信托业务中，贷款人与借款人之间是债权债务关系。信托投资机构是债权人，借款单位是债务人。信托投资机构通过发放贷款信托能增加企业的借入资金，其目的是以融资方式获取利息。信托投资机构一般不能参加企业的经营活动和经营决策，借款单位必须按期偿还贷款信托。而在投资信托业务中，信托投资机构是以投资者的身份出现而成为投资企业的股东。通过投放资金于经营项目或经营企业，可以增加企业的自有资金或项目的自筹资金。在该业务中，信托投资机构有权参与项目或企业的经营处理及重大决策，投资的目的是分享经营利润，而且投资企业一般不退还本金。

（二）两种业务的收益分配方式不同

贷款信托是以取得利息为目的。投资企业支付的利息数量与其经营成果没有直接联系，不论企业是否取得好的效益，贷款本息均依约收取，即只负盈不负亏。投资信托则是以收取利润为目的，而且利润多少与投资企业或项目的经营效益直接相关。投资企业经营效益好、盈利多，信托投资机构可分取的收益就大，这种

分配只能在企业或项目取得效益后才能形成，因而投资信托的收益是不固定的。

（三）两种业务的风险不同

在贷款信托业务中，信托投资机构只承担放款期间企业经营不良、贷款无法收回的风险。贷款收回后，企业经营的好坏不再影响其收益。而在投资信托业务中，信托投资机构作为企业的投资者自始至终要承担企业经营不善、亏损甚至倒闭的风险。因此，贷款信托业务的风险相对较小，而投资信托业务风险相对较大。

（四）两种业务在国家税收政策上的待遇不同

贷款信托允许税前还贷，即借款企业在缴纳各种税收之前就可清偿贷款本息。而投资信托则只能是税后分红，即投资企业在缴纳完各种税收及附加后，才能对剩余利润进行分红。

二、直接信托投资

信托机构的直接投资一般分为两种方式。一种是参与合资经营方式，又称“股权式投资”，即信托机构作为投资者，同企业或其他经济组织共同投资建设一个项目，组成合资企业，并派代表参与项目的领导和经营管理，每年按资金利润率和投资量的大小，在所得税后分到利润或承担亏损责任。合资经营具有共同经营、共负盈亏、共担风险的特点，双方的权益由出资的比例决定。另一种是合作方式，又称为“契约式投资”，即通过协议或合同方式明确投入资金数额、合作期限和收益分配比例。这种方式，信托机构不一定参与项目经营管理，但必须对合作企业实行必要的监督和审查，并且拥有参加否决投资企业重大经营决策的权力。在合作期限内的投资收益按商定的固定收益率收取，到期后或继续投资或出让股权收回所投资金。下面介绍两种重要的直接信托投资类型，即股权投资信托和权益投资信托。

（一）股权投资信托

1. 股权投资信托的概念

股权投资信托是以股权投资方式将信托资金运用于实业项目投资的资金信托。股权投资信托也可以根据委托人情况分为个别资金投资信托和集合资金投资信托。个别资金投资信托的委托人为一个，通常情况下委托人处于创设信托的主动地位。而集合资金投资信托委托人为多个，通常情况下由作为受托人的信托公司主动发起创设信托。

2. 股权投资信托的操作程序

以集合资金投资信托为例，说明股权投资信托的操作程序。通常，股权投资

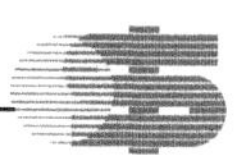

信托的操作流程为：

1）信托机构在综合考虑项目安全性、流动性、盈利性的基础上，选定投资项目。

2）信托机构以信托资金招募说明书的方式，向投资者发出信托要约。

3）投资者承诺要约，与信托机构达成信托合同，并将信托资金交付信托机构。

4）信托机构运用信托资金，将资金投资于信托合同约定的项目，成为项目公司的股东。

5）信托机构以股东身份参与投资项目的管理，确保项目运作按计划实施，确保信托投资人的利益。

6）信托机构依信托合同约定，定期将投资项目的分红交付受益人。

7）信托机构依信托合同的约定，转让投资项目的股权或采取其他方式启动投资资金退出机制，在信托合同到期时将投资本金及增值收益支付投资人或投资人指定的受益人。若投资项目亏损，投资者将不能获得分红，并可能承担投资本金的部分或全部损失。

3. 股权投资信托在中国的发展前景

从投资者的角度以及融通中长期资金的优势看，股权投资信托在中国有相当广阔的市场发展前景。

首先，股权投资信托适应了那些想获取较高回报而愿承担投资风险的投资者的需要。虽然股权投资信托在安全性、流动性方面存在风险，但运作信托项目的信托机构可以采取许多方式控制这些风险。如果投资者确信，股权投资信托项目的资金运用在安全性、流动性方面能得到充分的保障，也就是充分依赖运作项目的信托机构，而又祈求获得较高水平的盈利，并愿意为追求较高回报而承担风险，他们会愿意成为股权投资信托项目的投资人。

其次，股权投资信托特别适合筹集回报率稳定的基础设施建设项目的中长期资金，尤其是长期资金。中国的现代化建设需要股权投资信托这样在融通长期资金方面具有特别优势的信托品种。至于其资产流动性的问题，可以通过证券市场的进一步发展及信托受益权转让市场的建立来解决。

（二）权益投资信托

1. 权益投资信托的概念

权益投资信托是指将信托资金投资于能够带来收益、权益的资金信托品种，这些权益包括基础设施收费权、公共交通营运权等。权益投资信托一般是集合资金信托。

2. 权益投资与股权投资的主要区别

二者的区别主要表现在：① 股权投资的对象一定是企业，而权益投资的对象是收费权、营运权、项目分红权等能够产生收益的项目或权利；② 股权投资通常是没有期限的，而权益投资一般是有期限的；③ 在股权投资中，股权拥有者可以以股东的身份参与企业管理，其权利的来源是《公司法》及相关法律法规及企业章程，不需要通过合同专门约定，而权益投资的权利所有者不一定参与管理，即使参与管理也是以权利拥有者的身份行使管理权，其管理权的范围、大小由投资合同规定。

3. 权益投资信托在中国的发展前景

权益投资所投资的对象，其收益的产生依赖于政府公共权力的行使，主要是各类公共产品和准公共产品，如城市基础设施交通项目、公共安全、教育等。

可以说，权益投资信托在中国有相当大的市场前景。目前由于政府的财力所限，许多公共产品和准公共产品的供给政策不足。通过信托方式能够有效地筹措资金，以权益投资方式将其运用于基础设施等公共产品或准公共产品的生产、供应上，这可以有效地弥补政府投资的不足。即使政府有足够的财力进行公共产品的投资，将项目的营运交由信托公司运作，也有利于提高投资和管理的效率。由于有政府的财政支持或政府赋予的收益权，权益投资的回报一般有充分的保障。因此，权益投资信托有可能成为投资者追捧的信托品种之一。

三、证券投资信托

证券投资信托，是由特定的人（证券投资专家或由专家组成的机构）接受不特定的多数投资者的委托，集合各投资者的小额资金形成信托基金，投资于安全有利的有价证券，共同分享证券投资收益的一种信托方式。当社会发展到一定阶段，随着金融市场的产生和发展，众多分散的中小投资者不愿将其多余的资金参加国民储蓄，希望将资金投向利润较高的证券投资领域。但一般投资者由于缺乏这方面的专门知识和经营经验，难以有效地分散风险，难以获得理想的收益，而通过证券投资方式，正好能够满足这种需求。

（一）证券投资信托的特点

证券投资信托大都采用投资基金的形式，而证券投资在不同的国家和地区有不同的称谓，美国式基金大都是公司型的，称“共同基金”或“互助基金”，也称“投资公司”；英国和香港大都是契约型的，称“单位信托基金”；日本、韩国和我国的台湾地区称“证券投资信托基金”；我国一般称为“××投资基金”。虽然称

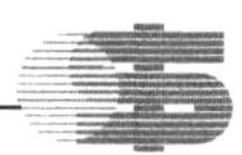

谓有所不同，但其特点却无本质区别，共同的特点如下：

1. 聚小成大

投资基金将小额资金通过信托方式汇集起来，能够克服小额资金在金融市场无法有效避免非系统风险的缺陷，能够克服小额投资者缺乏专门知识和经验的不足。

2. 专家经营

投资基金是由具有专业知识和丰富投资经验的人员来管理经营的，这些人员不仅有很好的投资能力，而且拥有先进的研究分析手段，有条件获得充分的信息，从而能够更好地利用各种金融工具，抓住有利的投资机会，创造更好的投资收益。

3. 分散投资

投资基金一般将信托资金分散投资于不同行业或具有不同风险的有价证券，从而可以使投资者拥有单个投资无法实现的有效证券组合，这是投资基金在投资决策方面的一个显明特征。

4. 降低风险

投资基金采用的是分散投资的策略，这样操作经营的结果，自然能够降低投资的非系统风险，使这种信托方式的投资比单独投资要安全、准确得多。

5. 稳定收益

投资基金作为发行证券的企业和个人投资者之间的中介机构，能够根据证券市场的行情波动、有关经济金融政策的变化、不同企业的经营状况来选择有利的投资时机，进行合理的投资组合，从而能够确保投资者获得稳定的收益。

6. 多元服务

投资基金能够根据个人投资者的不同需求，提供多方面的服务，如定期购买股票、股息自动再投资、股份的清偿及投资过程的咨询等，这一切都使整个投资过程变得轻松、简便。

（二）证券投资信托的种类

世界上存在着各种各样的投资基金，其种类、结构因各国的历史背景、社会经济的发展阶段以及法律制度体系不同而异，依据不同的标准，可将投资基金划分为不同的种类。

1. 根据基金单位是否可增加或赎回分类

根据基金单位是否可增加或赎回，投资基金可分为开放式基金和封闭式基金。

开放式基金是指基金规模不是固定不变的，而是可以随时根据市场供求情况发行新份额或被投资人赎回的投资基金。而封闭式基金，是相对于开放式基金而言的，是指基金规模在发行前已确定，在发行完毕后和规定的期限内，基金规模固定不变的投资基金。

开放式基金和封闭式基金的主要区别如下：

（1）基金规模的可变性不同

封闭式基金均有明确的存续期限（我国不得少于 5 年），在此期限内已发行的基金单位不能被赎回。虽然特殊情况下此类基金可进行扩募，但扩募应具备严格的法律条件。因此，在正常情况下，基金规模是固定不变的。而开放式基金所发行基金单位是可赎回的，而且投资者在基金的存续期间内也可随意申购基金单位，导致基金的资金总额每日均不断地变化。换言之，它始终处于“开放”的状态。这是封闭式基金与开放式基金的根本差别。

（2）基金单位的买卖方式不同

封闭式基金发起设立时，投资者可以向基金管理公司或销售机构认购；当封闭式基金上市交易时，投资者又可委托券商在证券交易所按市价买卖。而投资者投资于开放基金时，他们则可以随时向基金管理公司或销售机构申购或赎回。

（3）基金单位的买卖价格形成方式不同

封闭式基金因在交易所上市，其买卖价格受市场供求关系影响较大。当市场供小于求时，基金单位买卖价格可能高于每份基金单位资产净值，这时投资者拥有的基金资产就会增加；当市场供大于求时，基金价格则可能低于每份基金单位资产净值。而开放式基金的买卖价格是以基金单位的资产净值为基础的，可直接反映基金单位资产净值的高低。在基金的买卖费用方面，投资者在买卖封闭式基金时与买卖上市股票一样，也要在价格之外付出一定比例的证券交易税和手续费；而开放式基金的投资者需缴纳的相关费用（如首次认购费、赎回费）则包含于基金价格之中。一般而言，买卖封闭式基金的费用要高于开放式基金。

（4）基金的投资策略不同

由于封闭式基金不能随时被赎回，其募集得到的资金可全部用于投资，这样基金管理公司便可以据以制定长期的投资策略，取得长期经营绩效。而开放式基金则必须保留一部分现金，以便投资者随时赎回，而不能尽数地用于长期投资，一般投资于变现能力强的资产。

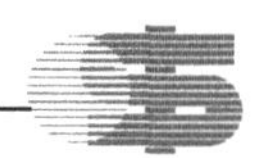

2. 根据组织形态不同分类

根据组织形态的不同，投资基金可以分为公司型投资基金和契约型投资基金。

公司型投资基金，是具有共同投资目标的投资者依据公司法组成以盈利为目的、投资于特定对象（有价证券、货币）的股份制投资公司。这种基金通过发行股份的方式筹集资金，是具有法人资格的经济实体。基金持有人既是基金投资者又是公司股东，按照公司章程的规定享受权利、履行义务。公司型基金成立后，通常委托特定的基金管理公司运用基金资产进行投资并管理基金资产。基金资产的保管则委托另一金融机构，该机构的主要职责是保管基金资产并执行基金管理人指令，二者权责分明。基金资产独立于基金管理人和托管人的资产之外，即使受托的金融保管机构破产，受托保管的基金资产也不在清算之列。美国的基金多为公司型基金。

契约型投资基金也称信托型投资基金，是根据一定的信托契约原理，由基金发起人和基金管理人、基金托管人订立基金契约而组建的投资基金。基金管理公司依据法律、法规和基金契约负责基金的经营和管理操作；基金托管人负责保管基金资产，执行管理人的有关指令，办理基金名下的资金往来；投资者通过购买基金单位，享有基金投资收益。英国、日本和我国香港、台湾地区多是契约型基金。

3. 根据风险与收益不同分类

根据风险与收益的不同，投资基金可分为成长型投资基金、收入型投资基金和平衡型投资基金。

成长型投资基金是指把追求资本的长期成长作为其投资目的的投资基金；收入型基金是指以能为投资者带来高水平的当期收入为目的的投资基金；平衡型投资基金是指以支付当期收入和追求资本的长期成长为目的的投资基金。

4. 根据投资对象不同分类

根据投资对象的不同，投资基金可分为股票基金、债券基金、货币市场基金、期货基金、期权基金、指数基金和认股权证基金等。

股票基金是指以股票为投资对象的投资基金；债券基金是指以债券为投资对象的投资基金；货币市场基金是指以国库券、大额银行可转让存单、商业票据、公司债券等货币市场短期有价证券为投资对象的投资基金；期货基金是指以不同种类期货品种为主要投资对象的投资基金；期权基金是指以能分配股利的股票期权为投资对象的投资基金；指数基金是指以某种证券市场的价格指数为投资对象的投资基金；认股权证基金是指以认股权证为投资对象的投资基金。

5. 根据投资货币种类不同分类

根据投资货币种类，投资基金可分为美元基金、日元基金和欧元基金等。

美元基金是指投资于美元市场的投资基金；日元基金是指投资于日元市场的投资基金；欧元基金是指投资于欧元市场的投资基金。

此外，根据资本来源和运用地域的不同，投资基金可分为国际基金、海外基金、国内基金、国家基金和区域基金等。国际基金是指资本来源于国内，并投资于国外市场的投资基金；海外基金也称离岸基金，是指资本来源于国外，并投资于国外市场的投资基金；国内基金是指资本来源于国内市场的投资基金；国家基金是指资本来源于国外，并投资于某一特定国家的投资基金；区域基金是指投资于某一特定地区的投资基金。

（三）证券投资信托的当事人

1. 委托人

信托基金经理公司，又称基金经理人、基金管理公司，它是适应契约型信托基金的操作而产生的基金经营机构。根据组建基金的信托契约，基金经理公司是新基金的设立者，是基金的委托公司，负责基金的投资管理与日常操作。其主要职责是：设计、制定基金的信托条款，明确投资者与基金间的权利和义务，并报政府有关管理部门批准；与基金保管公司签订投资信托契约，并明确经理公司与保管公司间经营、保管基金的合作事项与各自职责；受理基金受益凭证的募集、发行，或委托发行由保管公司确认的基金受益凭证；制定信托基金的营运方针和投资策略；支付基金收益的分配和本金的偿还；制定并定期公布基金的财务报表；制定并公布有关信托基金的报告书和公开说明书。

投资公司是经营公司型基金的经理机构。它的性质与普通的股份公司一样，唯一不同的是它经营的业务是证券投资信托业务。投资公司通过自身发行普通股票募集投资者的资金，投资者成为公司的股东。公司设有董事会，负责制定投资基金政策、管理证券资产，并选聘投资顾问和公司经理。投资公司的实权往往掌握在公司的创办机构手中。创办机构可以是投资银行、投资咨询公司、经纪商、保险公司等。公司的所有事务，包括行政、财会、股票销售和投资管理等一般由公司自己承担，但信托基金的投资管理有时也可聘请其他经理公司来操作，再委托某个金融机构保管基金的财产。

作为基金经理公司，需要具备一定的条件。各个国家和地区对于基金经理公司的组建条件有不同的规定，通常要依照该国和地区的证券投资信托法规，经政府证券主管部门审核。审核内容包括公司是否具有一定的资本实力和良好的证券

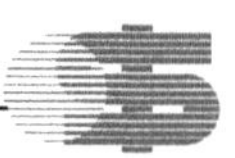

经营业绩，是否具有经营管理基金的专门人才和良好的投资计划等。审核合格并取得执照者才有资格作为基金经理公司受理基金业务。

2. 受托人

基金保管公司，是受益人权益的代表，是基金资产的名义持有人或保管人。根据海外的证券投资信托法规，为了保障广大投资者的利益，防止信托财产被挪作他用，不论是契约型基金，还是公司型基金，均要设立基金保管公司。美国《投资公司法》规定，投资公司应将基金的证券、资产及现金存入于保管公司，保管公司为基金设立独立的账户，分别管理、定期检查。日本的证券投资法规规定，保管公司是基金信托契约的受托人，基金信托财产应转移至保管公司名下，保管公司根据经理公司的指示妥善保管信托财产，处理信托资产的投资组合事务，并对经理公司投资计划的实施进行监督。保管公司根据信托契约规定，具体行使以下职责：① 设立独立的基金专用账户，对基金的所有信托财产和证券投资资产进行妥善保管；② 依照信托契约和经理公司的指示提拨、分配、处理基金资产所投资的证券组合；③ 处理基金受益凭证的购回及签证事宜；④ 监督经理公司的投资管理，如认为经理公司的指示违反信托契约或有关规定，可不依照经理公司的指示办理，并向证券管理部门呈报；⑤ 对受托管理基金资产的经营结果不负责任。

受托人在单位信托基金的运作中具有重要地位，可以说它是单位持有人、基金经理、经纪人以及有关银行的联络中枢。国外证券管理部门对受托人的资格有明确的要求：规定受托人必须由独立于基金经理公司之外而且具有一定资产和信用的金融机构、投资机构或保险公司担任。有的国家或地区同时还规定，受托人与经理人之间的相互持股不得超过对方总股本的10%以上，其中任何一方不得担任对方的董事或经理。

3. 受益人

信托基金受益人是指持有基金单位的投资人，又称为基金单位持有人。顾名思义，受益人就是基金资产的最终拥有人，享受基金资产的一切权益。根据惯例，基金单位持有人在期限内的权益均交由基金受托人代表，以后者的名义保管或控制所有基金财产。不过，虽然投资者的资金由受托人代保管，由委托人代为投资，但一切风险概由投资者自行承担。

（四）证券投资信托在中国的发展前景

目前，证券投资基金归属证券业，而证券投资信托是典型的信托业务，但两者构成直接的竞争关系。由于近两年基金业绩令投资者失望，因此当信托公司以

竞争者的身份出现，于2003年初开始陆续推出证券投资信托业务时，受到了市场的极大关注。

证券投资信托肯定有一定市场空间，但其发展前景很大程度上取决于信托公司管理证券投资信托资金的业绩和证券市场发展演变的状况。

第四节 年金信托

年金信托就是应用信托的方式管理年金，也就是开展企业补充养老保险的企业单位作为委托人，将计提的补充养老保险基金委托给信托公司，受托的信托公司按委托人的意愿，以自己的名义，为受益人的利益对受托资金进行管理、运用和处分的一种信托。年金信托的受益人通常是参加补充养老保险计划并已建立个人年金账户的企事业单位的员工。

一、年金信托的特点

年金信托不同于一般的其他信托。其特点如下：

1）单位为委托人，在以员工为受益的他益型年金信托中，委托人的权利应受法律上的限制，也就是委托人行使委托人权利时不能剥夺受益人依据其与委托人之间的劳动关系应当享有的权益。这是因为，在一般的他益信托中，受益人是无偿获得受益权的。而在年金信托中，受益人实际上是支付了代价而获得受益权的。因此，法律应建立受益人保护制度。

2）受益人保护制度的存在，并不意味着受益人的受益权不受任何限制，这种限制来自两个方面：① 员工严重违反劳动合同损害委托人利益时，委托人有权调整信托受益权数额等；② 受益人不得转让受益权，不得以受益权偿还债务，不得对受益权设定抵押。这些限制均是为了保证员工退休后获得适当的生活保障。

3）由于年金信托的信托资金来源与最终用途的特殊性，因而对受托人的资格应有严格的限定。受托人的资格不但应符合信托法律法规的规定，而且还应符合劳动和社会保障部门的专门规定。

4）年金信托应具有投资安全保障制度，也就是年金资金运用具有结构比例限制和最低收益保证。在资金运用方面，应本着分散风险的原则进行组合运用，一般分别投资运用于国债、股票、贷款信托、公司债、不动产以及外汇证券等。而在最低收益保证方面，劳动和社会保障部于1995年下发的《关于建立企业补充养老保险制度的意见》中规定：经办机构应承诺确保本金的安全。这与《信托法》的有关规定有矛盾。因此，我国在开展年金信托业务时，对年金的安全确保问题

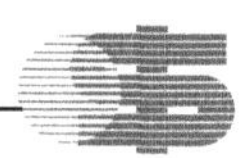

上应对法律法规做进一步明确和完善。

二、年金信托业务的操作程序

年金信托的委托人是为本企业（单位）职工建立起企业补充养老保险的企业年金理事会。受托人为有资格受托经营管理企业年金的信托公司，受益人为参加补充养老保险计划的企业员工或其指定的第三人。

年金信托业务的操作程序为：

1）参加年金计划的企业建立补充养老保险制度，成立企业年金理事会，并为参加年金计划的员工设立专门账户。企业年金由企业及企业员工按一定比例分期缴纳。

2）企业年金理事会与信托公司签订年金信托合同。在此过程中，信托公司制定年金信托项目计划、年金信托业务章程等材料。

3）企业年金理事会与信托公司共同到有关机关办理信托登记。

4）企业年金理事会收取企业和员工缴交的年金后，按信托合同约定，定期将年金交付信托公司。

5）信托公司向企业年金理事会签发信托证书，向受益人签发受益权证书。

6）信托公司按信托合同约定对受托年金进行管理运用，并定期将信托收益划入企业年金理事会的专门账户，或直接划入企业员工（受益人）的个人年金账户。

7）员工退休或发生合同约定的情况时，由年金理事会通知信托公司，对受益人或其指定继承人一次或分期支付年金。

8）员工变更工作单位时，信托公司根据企业年金理事会的通知，为其办理年金账户的变更、迁移手续。

9）当应向受益人支付的年金支付完毕后，信托公司从受益人或者指定的继承人处收回受益权证书。

三、年金信托在中国的发展前景

在养老基金管理方面通常有以下四种管理模式：

1. 政府机构直接管理模式

其优点是统一管理，并以国家信用的方式确保养老金的安全性。其缺点是资金运用回报率较低，管理费用较高，并可能出现养老基金被政府挪用的情况。

2. 美英模式

美英模式即由独立的养老基金会进行管理的模式。养老基金会是一个具有独立法人地位的非盈利性信托基金，一般由一家或同一行业、同一地区的多家企业联合发起组建。基金成立后的管理是独立的，与发起的企业完全分开，以避免企业对养老资金的管理运作进行干预。养老基金会管理委员会一般由企业代表、员工和工会代表组成，不直接负责基金的投资营运，而是将基金委托给专业性的投资营运机构管理。这些机构一般包括信托公司、基金管理公司、投资银行、保险公司等。

3. 智利模式

智利模式即由专门的养老基金管理公司管理，其他机构不能介入养老基金的管理。这种模式的优点是透明度高，基金资产与管理公司的资产明确分开，但排斥、抑制了信托公司之间的竞争，导致管理成本较高，管理效率不高。

4. 日本模式

日本于20世纪60年代依据《法人税法》、《福利养老金保证法》创设退休金年金信托和福利养老金年金信托，其目的是适应人口老龄化的现实，保证老年人的生活和社会安定。日本年金信托由信托银行或人寿保险公司管理、运营、支付，并按委托者的不同分别管理。日本年金信托的受益人享有固定的收益，养老基金增值超过需要支付给受益人的数量部分归委托人所有。

在我国，年金信托业务的发展前景取决于政府采取何种养老金管理模式，如果采取政府直接管理模式，年金信托就没有制度基础，也就没有任何发展空间。世界银行的研究表明，由政府直接管理养老金的模式是一种管理成本最高、绩效最差的模式，其原因在于政府部门的运营效率通常不高。一般来说，由政府管理的养老金投资运用渠道一般受限于银行定期存款和购买国债，收益率不可能很高。我国的经验也表明，我国由政府劳动保险部门管理的劳动保险基金，普遍存在管理成本过高的问题，许多地区的劳动保险基金管理费用率竟高达3%，甚至5%，而且劳动保险基金被挤占挪用的也不是个别现象。而且，政府直接管理养老基金也不符合市场化管理的发展趋势。因此，中国不应该选择政府直接管理养老基金的模式。

养老保险制度的成败，事关一个劳动者的切身利益和改革的成败。从理论上说，采取年金信托方式确立中国的补充养老制度，有利于利用信托制度的债务风险和破产风险隔离制度，充分保障劳动者的利益，而且市场化动作的绩效高于行政管理模式。目前中国信托业刚从清理整顿中重新启程，信托公司的社会信誉有待重塑，管理财产的能力尚待证明，管理层在现阶段将养老基金业务交予信托公司管理的可能性不大。但时任中国人民银行行长的戴相龙于2002年3月24日在

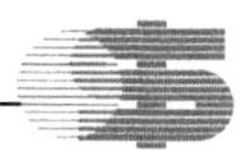

“中国发展高层论坛”会上发言指出：“商业银行现在还只能对养老基金监督托管，不能代行投资，将来主要是信托公司以其资金信托业务代行投资。”这让信托公司开展年金信托看到了政策方面的希望。

目前，我国已有 560 万人参加了企业年金计划，积累的资金仅为 192 亿元。但正是因为年金计划刚刚起步，而进入小康社会的中国已经不可能满足于基本社会养老保险，年金市场将可能以较快的速度发展，因此，年金信托业务的潜在市场极为广阔。

小　　结

1. 按照不同的标准，资金信托可以划分为不同的类型。

2. 资金信托的特点有：以货币资金的转移为中心；是三边信用关系；受托人所承担的风险责任有限。

3. 贷款信托是指信托机构运用自有资金和吸收的信托存款，自主选项、自主发放的贷款，其方式有：信用贷款信托、保证贷款信托、抵押贷款信托、卖方信贷、票据贴现。

4. 投资信托按照投资对象的不同分为企业项目投资和有价证券投资。

5. 年金信托是应用信托的方式管理年金。年金信托业务在我国市场前景十分广阔。

第四章

财 产 信 托

本章重点

财产信托是指信托机构接受委托人的有形财产进行管理和运用的一种信托业务。由于信托的标的物是有形的动产和不动产等，因此，财产信托又称实物信托或物品信托。

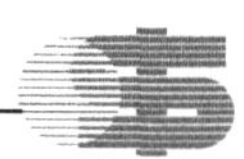

第一节 财产信托概述

一、财产信托的概念

财产信托又叫作非资金信托，是委托人以其非货币资金的财产委托给信托企业，按其约定的对象和条件进行出售、转让的信托业务。

财产信托是与资金信托相对而言的，资金信托的对象是货币资金，而财产信托的对象是非货币形态的物质财产，如机器、设备、厂房等。

财产信托一般主要产生于以下两种情况：

1）商品供求由卖方市场转为买方市场，产品发生滞销后，生产企业为了促使产品尽快销售，常常要向购销单位提供优惠的结算和支付方式，如延期付款等。但是，这一方面增加了贷款的风险，同时又大量占压了生产企业的流动资金，影响生产的正常进行。

2）企业在生产过程中常常因为市场发生变化、产品结构和生产结构调整的原因，积压了一部分无用的原材料、机具设备等物资；而有些企业虽然需要这些设备物资，但又一时资金不足，无力购买。

在我国经济发展过程中，由于各种主客观原因，常常是一方面建设资金短缺，各种建设物资供应紧张，缺口较大；另一方面却又有大量设备、房屋、建筑物闲置，大量生产资料和商品积压。解决上述问题，除依靠改善计划管理体制，运用行政手段、法律手段和经济手段调动企业大力开展增产节约、增收节支，生产和经营适销对路的产品，努力挖掘企业内部潜力外，还必须加强信息交流、沟通供需渠道、搞活财产流通。运用转让、出借、出售等多种形式把闲置不用的机器设备和那些利用率低、经济效益差的建筑物、厂房、码头、专用铁路线等设施提供出去，解决其他单位的急需。

信托企业作为供需双方的中间人，开办财产信托业务，有利于支持企业沟通供销渠道、开拓产品销路、挖潜利库、处理积压，有利于企业发展生产和技术改造。财产信托又是一种经济手段，对委托人来说，有利于扩大闲置设备物资的销路，特别是在用户资金不足的情况下，分期付款有利于把物资搞活；委托人如急需资金，可通过委托证书的出售或抵押贷款，提前收回货款，还可通过信托机构融资，提前收回货款。对需求方而言，财产信托有利于解决资金短缺的困难，分期付款可以减少一次性投资，有利于有计划地安排使用中长期资金，增加经济效益。

二、财产信托的种类

根据不同的分类标准，财产信托可以有不同的分类。划分财产信托的标准主要有三种，下面就分别予以说明。

（一）按照受托人在信托期间是否提供融资分类

按照受托人在信托期间是否提供融资，可将财产信托分为融资性财产信托和服务性财产信托。

融资性财产信托的最大特点就是在财产信托过程中伴随着信托机构所提供的融资服务。即信托机构除了受托将委托人的信托财产转让或出售给指定或不指定的购货单位外，还要在买卖过程中向使用分期付款方式的购货方提供融资。根据接受融资的主体不同又可将融资性财产信托分为买方财产信托和卖方财产信托。一般来说，财产信托都是以达到融资目的而设立的，多数具有融资性。

服务性财产信托的最大特点是作为受托人的信托机构在信托过程中不提供融资，仅充当信用的中介，如代办有关手续、提供信用担保等。服务性财产信托一般先由购销双方商定分期付款的期限、余额等有关事宜，再与信托机构签订财产信托合同，委托信托机构监督和保证购销双方在交易过程中按照合同规定交货付款。

（二）根据对财产的不同处理方法分类

根据对财产的不同处理方法，可将财产信托分为管理方式的财产信托、处理方式的财产信托和管理处理方式的财产信托。

1. 管理方式的财产信托

管理方式的财产信托是指委托人将物品的所有权交给信托机构，由信托机构对其进行适当的管理，并将其代为出租给用户使用，所获收入扣除信托费用后作为信托收益交给受益人的一种方式。这种方式信托的特点是用户只需租用有关设备而不需购买，信托终了时，信托财产返还给委托人。目前电子计算机这类设备大多采用这种信托方式。电子计算机的所有单位，在信托期间将所有权移转给信托公司，由信托公司受托租给用户使用，并按所订信托协议为委托人收取租金、为用户提供设备维修和技术培训等事宜。信托期满后，信托机构负责从用户处收回电子计算机。在整个信托期间，信托财产（计算机）的所有权属于信托机构。这是一种典型的管理方式的财产信托。

2. 处理方式的财产信托

处理方式财产信托，是指委托人将信托财产交由信托机构，信托机构再以分

期付款等方式将财产出售给用户的一种信托方式。它与管理信托的区别在于：① 信托目的是出售物品并及时收回货款；② 财产的所有权一开始就转移给使用单位，使用单位根据买卖契约以分期付款等方式偿付货款。处理财产信托在实务中类似于抵押贷款方式，两者都是借助金融手段实现购买的行为，其实质都是一种举债。所不同的是，在融资额度上，抵押贷款只能获得部分融资，而处理动产信托却能获得百分之百的融资便利。因此相比而言，购买者更愿意使用处理方式的财产信引托。

3. 管理处理方式的财产信托

管理和处理方式财产信托是指将财产以出租的方式经营，信托终了时由使用单位购入的一种信托形式。它结合了管理方式财产信托和处理方式财产信托的特点，信托机构不仅负责财产的出租管理，而且还负责出售。在整个信托期间，使用单位只有财产的使用权而没有所有权，所有权一直属于信托机构，只有在信托结束后，用户才能取得财产的所有权。上述管理与处理财产的行为，只签订一次协议，因此被称为管理处理方式的财产信托。如某车辆制造公司、信托机构和车辆用户三方签订信托协议，在信托期间，车辆的所有权转移给信托机构，先采用出租的办法，归用户使用；等到信托期满再采用处理的办法，出售给用户。

（三）根据信托机构提供融资受益人的不同分类

根据信托机构提供融资受益人的不同，可将财产信托分为买方受益信托和卖方受益信托形式。

1）在卖方需要销售自己的动产和不动产，而买方暂时无力支付价款，且卖方又对买方信用情况不了解的情况下，卖方将信托财产所有权转移给金融信托机构。由金融信托机构为买方提供信用担保，然后将动产和不动产交付买方，并由金融信托机构督促买方按期清偿动产和不动产价款或代收欠款，代收的款项用于偿还卖方的贷款。如卖方急需资金可由金融信托机构给予融通。

2）买方选定其所需的动产或不动产后，暂时无力付清款项，而且其信用情况不为卖方所了解，于是双方约定将购入财产的所有权转移给金融信托机构，并由金融信托机构提供融资或信用担保。然后买方得以对动产、不动产进行使用或处理，如销售、加工销售等，并从获得的收益中清偿售出方的价款或金融信托机构的贷款。

3）金融信托机构为了帮助本地区各部门、行业、企业单位之间实现闲置物资设备和其他财产的相互流通，主动组织资源信息，充当信用中介。其信托方式可以是采取上述第一种，也可以是第二种。

第二节 动产信托

动产信托就是以动产为信托财产而设立的信托，它是由设备的制造商作为委托人，将设备委托给信托机构，并同时将设备的所有权转移给受托人，后者再将设备出租或以分期付款的方式出售给资金紧张的设备使用单位的一种信托方式。这里需要指出的是，尽管动产也包括现金、银行存款、有价证券等，但它们都有各自对口的信托，这里所称动产专指商品和其他物品，在现实信托领域，主要包括大型机器、设备等，如铁路车辆、轮船、大型计算机、炼钢广的主要设备等。

一、动产信托的功能与适用范围

（一）为企业融通资金，提供信用担保

在动产买卖、租赁等交易过程中，因租赁方或买受方资金不足、取得担保困难以及卖方或出租方对其资信状况、信用等级不够了解的情况下，动产所有人可以作为委托人，将动产所有权转移给信托投资公司，获得融资或信用担保。信托投资公司则利用自己在金融领域里的地位，发挥信息和管理上的优势，监督、控制承租方、买受方的经济行为，最大限度地降低委托人的商业风险，最终实现动产租赁与销售。这一信托品种适用于信托投资公司为动产设备的卖方或出租方提供信用担保，进而提高交易效率，优化资源配置。

（二）处置闲置设备

在企业生产经营过程中，由于国家产业政策的调整、企业内部产品结构调整以及企业改制、重组等行为，常导致仍具有生产能力的动产设备不适应新的企业发展规划，进行变现处理又难以取得满意的现金回报。通过信托投资公司将上述闲置的动产设备按类组合，补充配套，开发功能，提升生产盈利能力，再进行出租或出售，既解决了动产所有人闲置资产的浪费，节约了维护、储存等管理费用，又能创造新的价值。这一信托品种适用于信托投资公司所在地的企业、事业单位之间实现闲置动产设备和其他财产的相互调剂，互通有无。

二、动产信托的特点

从动产信托的概念中我们可以看出它与租赁业务和抵押贷款都有着相似之处，但它们之间在性质上和操作程序上又是不同的，通过动产信托与租赁业务和抵押贷款之间的比较，我们可以看出动产信托的鲜明特点。

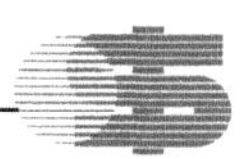

（一）动产信托和租赁业务的联系与区别

动产信托与租赁业务在功能上有相似之处，一是它们都能让设备用户获得分期付款的好处，二是它们都可以使设备制造商扩大销量并及时收回货款，从而加速资金周转，保障企业再生产的正常进行。但是两者在本质上又是不同的，这主要表现在以下几点：

1. 当事人不同

动产信托至少具备设备用户、设备制造商和信托机构三方当事人，而设备制造商必须作为信托的受益人而存在，在有些方式中，还存在第二受益人。而在租赁业务中，出租人在买下机器设备之类的动产后，租赁关系直接体现在出租人与承租人之间，和动产的卖方并无多大联系。

2. 动产所有权的最终归属不同

在动产信托中，动产的所有权最后一般属于设备用户或者是设备制造商；而在租赁业务中，特别是经营性租赁，动产的最终所有权属于租赁公司。即使是融资性租赁，只有经过合同中事先规定，在租赁期满后，动产所有权才能属于设备用户，否则属于租赁公司。

3. 分期付款所用方法不同

租赁业务的租金按期缴纳的金额是固定的；而动产信托关系中的用户可以根据具体情况，分别采取不同的设备价款偿还办法，这就比租赁业务的分期付款方式更加灵活。

（二）动产信托与抵押贷款的联系与区别

在动产信托业务中，委托人将设备的所有权移交给信托机构，由信托机构发行信托证券或由委托人出售信托受益权证书向社会筹资，这类似于借款人将设备交与金融机构作为担保品而取得资金，即抵押贷款，这是两者相同的地方。不过，这两种业务还存在着较大的差异。

1. 目的不同

抵押贷款中，财产抵押的目的是为了向抵押权人提供相应的合同担保；动产信托中财产转移的目的是为了实现动产的出租或出售，受托方提供融资或信用只是手段。

2. 产权转移方式不同

在抵押贷款中，只有贷款到期无法偿还，抵押权人才能取得财产所有权，而且他取得的也不是全部的财产所有权，抵押品扣除折旧超过贷款额，则多余部分应归还借款人；而在信托业务中，信托关系成立，受托方在法律上就取得了信托财产的所有权。

3. 财产管理方式不同

抵押财产在抵押期间必须保证其原有形态和价值不变；而动产信托中的信托财产在信托期内只需保持其原有价值，不一定要保持其原有形态。不过，买方使用信托财产，必须严格按照信托协议进行，否则受托方可随时收回信托财产。

4. 财产范围不同

抵押贷款中的抵押财产范围较大，可以是实物财产，也可以是有价证券等；而动产信托中信托财产只能是大型机器、设备等商品。

三、动产信托的种类

根据不同的分类标准，动产信托可以有不同的分类。划分动产信托的标准主要有三种，下面就分别予以说明。

（一）根据信托机构在动产信托中是否为信托当事人提供融资来划分

依照这一标准，动产信托可以分为服务性动产信托和融资性动产信托两种。在服务性动产信托中，信托机构只对财产进行管理、维护等，不垫付资金，只收取手续费。在融资性动产信托中，信托机构在促成设备、物资的销售或转让的同时，还为委托人或购买方提供融资，在实际业务中，动产信托大多既有融资性又有服务性。

（二）根据信托财产的不同来划分

动产信托的信托财产主要是大型的机器与设备，主要有两大类，即运输设备和机械设备，所以根据信托财产的不同，动产信托可以分为运输设备信托和机械设备信托。

1. 运输设备信托

运输设备信托具体又包括铁路车辆信托、船舶信托、飞机信托等。在运输设备信托中，首先由信托机构从运输设备制造商处接收运输设备作为信托财产，然后租给运输设备用户并收取一定的租金；用户缴纳租金的期限一般是在 10 年以上，并且在租金付清后，运输设备就归它所有，所以说，动产信托安排实际上是一种销售合同。这里所说的设备用户主要指铁路运输公司、船运公司和航空公司

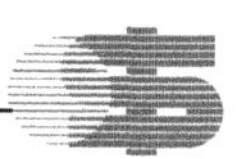

等，它们通过动产信托，名义上是租用运输设备，而实际上则是运用分期付款的方式购买运输设备，这缓解了它们的资金不足，对这些大型企业的发展是十分有利的。

2. 机械设备信托

机械设备信托中的机械设备一般仅限于能够独立运用（不允许其零部件和其他设备组装在一起），并具有相当的价值，不易变质的设备。这种设备包括建筑机械、机床、医疗器械、电子计算机等。随着电子计算机的大规模应用，计算机信托业务在动产信托中已占据了重要的地位。

（三）根据对动产设备的不同处理方法（先出租后出售、出售、出租）划分

根据该标准动产信托分为三类：管理处理型动产信托、即时处分型动产信托及出租型动产信托。

1. 管理处理型动产信托

管理处理型动产信托的特点是受托人先以出租方式向动产使用者提供动产设备，最终将动产所有权一次性出售给动产使用者。

管理处理型动产信托是动产信托的基本类型。管理处理型动产信托在信托设立时，先由动产设备的制造经营商（委托人）、信托机构（受托人）及设备使用人（需求方）三方签订基本合同。合同内容包括：制造经营商与受托人之间签订信托合同的约定；受托人与需求方之间关于动产设备出租及买卖合同的约定；与信托合同、动产租售合同相联系的动产转移方法；动产使用权转移后，如发现动产设备存在质量瑕疵，制造经营商在一定期间内承担无偿修理义务并负损害赔偿的责任，受托人不承担责任（即瑕疵担保责任约定）；动产设施转移之后，动产由于天灾、不可抗力等造成的损失、损害，除了制造经营商或受托人负有责任外，使用者也负有责任（即损害负担约定）。

基本合同签订后，设备制造经营商根据需求方的订货，制造或供应动产设备。设备制造经营商为委托人和初始受益人，与受托人签订信托合同。

2. 即时处分型动产信托

即时处分型动产信托的特点是在信托设立时，受托人与动产使用人签订“动产买卖及抵押权设定合同”，将动产出卖给使用者，出售价款以分期付款的方式收回。在这种信托中，动产的所有权从一开始就转移给了使用者。而为确保使用者分期支付货款，将动产设备设定抵押权。此后，使用者根据买卖合同的约定以分期付款的方式交付货款。

3. 出租型动产设备信托

出租型动产设备信托的特点是，受托人接受委托人信托的同时将动产出租给使用者，受托人与使用人之间签订的是“动产出租合同”。在这种信托中，信托财产的所有权最终应从受托人手中转移至受益人手中，动产使用人不取得动产的所有权。在信托合同中，应对信托财产的所有权做出约定，即信托终了时，受托人把信托财产退还给委托人。

四、动产信托的基本协定

动产信托的基本协定是在作为委托者的制造商或销售商、信托机构及用户三者间签订的，根据信托契约及信托的目的明确签订关于管理、处理契约的意见，确定两契约的基本线。基本协定的内容随信托的方式不同而不同。

（一）管理处理方式

在这种信托方式下，基本协定的主要内容如下：

1）制造商或销售商与信托机构间签订信托契约的约定。

2）信托机构与动产设备使用者间关于出租和买卖设备的契约签订的约定。

3）与信托契约、租赁契约相伴的转移方法。

4）转移之后，如果发现动产设备有毛病，制造商或出售商有在一定期间内无偿修理的义务和负损害赔偿的责任，信托机构不负责任（瑕疵担保责任的规定）。

5）转移之后，动产设备由于天灾、不可抗拒力等原因造成损失或其他一切损害，除制造商或销售商、信托机构负有责任外，使用者也负有责任（损害负担的规定）。

（二）处理方式

处理方式与管理方式的最终目的相同，即都是为了出售动产设备。但两者在下面两点上不同。

1）信托机构与使用者之间的买卖及抵押权设定契约签订的约定。

2）与信托契约、买卖契约相伴的转移方法。

（三）管理方式

在管理方式中，信托机构与使用者之间也要签订“出租及关于保养的契约”，但与管理处理方式有所不同。即制造商（或销售商）与使用者之间的制造契约一般是在基本协定签订的同时或之后签订的；但在管理方式中，制造契约有可能先签订。这时就要求签订制造契约的变更契约。

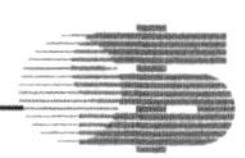

五、动产信托业务的操作程序

在动产信托实务领域，管理处理方式的动产信托是最具有普遍意义的，了解了它的操作程序，其他两种方式的动产信托在操作上就很容易把握，所以我们在这里仅对这种方式的动产信托的操作程序进行介绍。而根据具体融资方式不同，管理处理方式的动产信托又可以有出让“信托受益权证书”和发行“信托证券”这两种方式。

（一）出让“受益权证书”的方式

“受益权证书”是一种由信托机构根据设备厂商转移的信托财产开立的有价证券，持有者可以在金融市场上转让，到期可凭此证书要求信托机构偿还本金并支付利息。在这种动产信托方式中，信托机构在接受设备生产厂商（委托人）的动产设备时，发给它“信托受益权证书”，生产厂商然后将“信托受益权证书”出售给社会上的机构投资者，收回货款。

出让“受益权证书”的动产信托的基本程序如下：

1）签订基本协定。“基本协定”是由制造商（或销售商）、信托机构、用户三方共同磋商后签订的，它规定了作为信托对象的动产及信托、出租、出售等基本事宜。

2）签订信托合同。以制造商（或销售商）为委托人兼初始受益人，以信托机构为受托人签订“信托合同”，并将有关动产向信托机构进行信托，即将动产的所有权转移给信托机构。合同的内容主要包括信托目的 （先租后售）、动产种类、数量、价格，以及本金和收益的支付方式等。

3）信托机构发给制造商“信托受益权证书”。即信托机构接受动产信托后将信托受益权证书交给委托人，以证明信托受益权的存在和内容，信托受益权与信托价格金额相同。

4）出租或出售动产的信托机构根据信托合同与用户签订“出租及出售”合同，将该动产出租给用户。在整个信托期间内，显然该动产的使用权在用户手中，但所有权一直属于信托机构，只有到了信托结束时，用户才取得动产的所有权。

5）支付租金及购买动产。用户在合同期间，定期地向信托机构支付租金，于信托终了时，用户从信托价格中扣除已支付的租金总额后，向信托机构购入有关动产，或者按照信托合同规定的办法购入有关动产。

6）转让信托受益权。委托人兼初始受益人的制造商（或销售商）经信托机构同意后将“信托受益权证书”出售给机构投资者（如养老基金等）。

7）机构投资者付款购买“信托受益权证书”，同时制造商（或销售商）收回生产设备的本金和收益。

8）信托机构向机构投资者支付本金和收益。在合同期间和合同终了时，收取租金的信托机构在扣除规定的信托报酬后，用收取的剩余租金和其他来源的资金，兑现机构投资者手中的“信托受益权证书”。

（二）发行“信托证券”的方式

“信托证券”是指由信托机构向社会投资者公开发行的一种特殊有价证券，筹措的资金用于支付生产厂商的货款。与出售“信托受益权证书”的动产信托方式相比，发行“信托证券”的方式，由信托机构直接向社会公众发行信托证券，筹集的资金可立刻用于支付货款，从而使生产厂商及早得到销售货款，也避免了生产商到处寻找投资人的麻烦。

发行“信托证券”的动产信托的基本程序如下：

1）动产制造销售公司、信托机构、使用单位三方当事人签订基本协定，确定以发行“信托证券”的方式进行融资，即由信托机构在接受信托财产后，直接发行“信托证券”，筹集到的资金马上支付动产制造商的货款。

2）制造商与信托机构签订信托合同，并将信托的动产转移给信托机构。

3）信托机构给动产制造商开具信托财产收据，在信托机构发行了信托证券之后，可用此收据向信托机构收回货款。

4）信托机构向使用单位提供动产。

5）信托机构向社会投资者发行“信托证券”。

6）信托机构收入证券发行的资金。

7）信托机构用证券发行收入的资金，支付动产制造商的全部货款，并换回动产制造商手中的信托财产收据。

8）用户按照契约规定支付租金。

9）信托机构用使用单位交纳的租金，偿还证券的本息。

10）信托机构在偿还社会投资者购买的本息后，收回所发行的“信托证券”。

六、国外动产信托的开展

动产信托业务的开展，最早是铁路部门为筹集资金购买设备而采用的一种特殊的信托形式。随后，信托的标的物逐渐扩展至船舶、汽车和飞机等价格昂贵、单个企业无力一次购买的设备。在日本，动产信托于 1922 年得到法律承认，但直到 1956 年才有了车辆信托的事例。当时由三井信托银行率先开办的这项业务，开辟了信托业务的新途径，更为利用信托方式解决经济难题进行了有益的尝试。从 1960 年开始，日本又相继开办了以机械设备为主要内容的一系列动产信托

业务。

铁路车辆信托是日本动产信托业务中开办最早、最具有代表性的一种。一般的做法是，信托机构从铁路制造工厂把铁路车辆作为信托财产接受下来，然后先租给铁路公司使用，要求铁路公司在10～15年内分期交纳租金，最后把铁路车辆卖给铁路公司。因此，从某种意义上说，这种信托方式实际上是销售行为，铁路公司利用信托形式分期购买铁路车辆。随着经济的发展，动产信托的范围逐渐扩大，如在1961年，日本的三井造船公司将建造的一艘1400吨位的船舶采用信托的方式转移给三井信托银行，再由三荣汽船公司租用该船只，并委托给三井船舶公司航行。然后在10年之内用航行所得收入向三井信托银行交纳租金，最后买下该艘船舶，而三井造船公司则通过这种方式及时收回了建造该艘船舶的资金。目前世界各地的船舶信托非常普及，运用信托购买经营的船舶也从普通货船发展到大型油轮等，船舶信托现已成为动产信托的主要类型。

在信托实践活动中，其他机械设备的信托，一般仅限于能够独立使用、具有较高价值的设备，如大型建筑机械、机床、医疗器械、电子计算机等。日本的计算机信托始于1970年，其后，随着电子计算机的迅速普及，计算机信托业务量不断扩大，成为仅次于船舶信托业务的第二大动产信托业务。

七、动产信托在我国的发展前景：动产信托发展尚缺环境

从目前的情况看，中国尚没有真正的动产信托产品。而被一些信托业内外人士归入动产信托品种的“医疗器械融资租赁信托”实际上属于资金信托中的融资租赁信托。

动产信托业务是一种精巧的金融工具，从理论上说在中国是具有一定发展前景的一种信托业务品种。但是，目前在中国开展动产信托业务，有几个方面的障碍。

1）动产信托的融资功能是与动产设备信托受益权转让市场的存在分不开的。而中国近期受政策的制约，可能难以形成有效的信托受益权凭证转让流通市场，而且信托受益权的质押融资业务也可能难以获得政策上的许可或金融机构的认可。

2）在目前阶段，中国经济的信用基础仍然十分薄弱，作为动产设备使用者的企业，其诚信度还不能令人信服，能否按合同约定及时足额支付动产设备租金或分期价款，还是一个问题。目前，中国仍然没有建立起坚实的社会信用基础，信托机构尚缺乏充分有效的风险控制机制和手段以确保动产设备的出租、出售能如约如期收回租金、价款。因此，动产设备信托的经营风险很大。

3）动产的种类太多，信托机构需要具备对所经营的动产具有一定专业技术背景的信托经理和其他相关人员才能开展动产信托业务。信托机构开展动产信托既

涉及复杂的技术经济问题，又存在规模经济性问题，而且涉及的当事人多，操作环节多且复杂，风险控制难度大，从专业化和规模经济性角度说，每家信托机构可能只能在少数动产领域开展业务。

对于第一个障碍，可以采取由信托公司以自有资金或所管理的其他信托资金购买信托受益权、将集合资金信托业务与动产信托业务相结合的方法克服障碍。《信托法》第28条规定："受托人不得将其固有财产与信托财产进行交易或将不同委托人的信托财产进行交易，但信托文件另有规定或者经委托人或者受益人同意，并以公平的市场价格进行交易的除外。"而信托公司以自有资金或管理的其他信托资产购买动产信托受益权，而信托受益权并不是信托财产本身，加之信托合同可以另有约定，因而这种交易并不违反法律。此外，还可以由信托机构本身作为资金融出方，向需要变现信托受益权的动产设备供给商以受益权为质押提供贷款。但信托机构只能以自有资金为限提供贷款，直接制约了贷款的规模，从而制约动产信托受益权的变现。因此，单纯的动产信托的融资功能的局限性还是很大，在资金额较大的情况下，必须借助于专项集合资金信托，将两种信托结合起来。

对于第二个障碍，信托机构只能期待法律环境的改善和社会信用制度的完善。

综合来看，动产信托在中国的发展空间不大，在近期尤其如此。

第三节　不动产信托

不动产信托是以土地及地面固定物为信托财产的信托，是以管理和出卖土地、房屋为标的物的信托。在不动产信托关系中，作为信托标的物的土地和房屋，不论是保管目的、管理目的或处理目的，委托人均应把它们的产权在设立信托期间转移给信托投资机构所有。不动产信托是信托投资机构经办的财产信托中最为复杂的一种业务。

某项不动产在交易过程中，购买一方仅预付价款的一部分，产权无法立即交与购买者，则可托付信托机构暂时掌握产权，等款项交清后再将产权交给购买者，这种类型的信托活动称为不动产保管信托；信托机构受托办理代收土地租金、房地产租金、代为房屋修缮和改建、代付代交房地产税款、代付其他费用的一类信托活动称为不动产管理信托；信托机构受托办理土地或建筑物出售事宜的信托活动，则称之为不动产处理信托。

一、不动产信托的产生和发展

不动产信托在整个信托业中发展的历史最为悠久。最早的不动产信托主要是

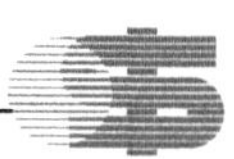

土地财产的遗嘱信托，产生于11世纪的英国，在此基础上才形成了现代的信托制度。18世纪后期，美国不动产信托逐渐兴旺起来，到20世纪20年代不动产投资信托有了较大发展。第二次世界大战后，以日本为代表的一些国家大力发展不动产信托，逐步形成了较为完善的不动产信托体系。

在日本，20世纪60年代不动产信托以房屋信托为主，从70年代以来则以土地信托为主。房屋信托是指建设开发公司将建成的房屋委托给信托机构代为出租和出售的信托活动。这种形式的信托是由日本的信托机构率先开办的，最早的例子是在1961年6月，日本的别子建筑公司把建成的楼房信托给住友信托银行，然后由日本钢管公司作为职工宿舍承租下来，并分几年偿还资金，直至最后买下这座楼房。后来房屋信托的房屋范围逐渐扩大，除了生活消费之用外，更多地利用房屋信托进行生产和经营，如厂房、仓库、商店建筑、加油站等都成为房屋信托的对象。

二、不动产信托在中国的发展前景

不动产信托业务在中国具有广阔的发展前景，理由在于：① 中国社会财富的积累，首先表现为居民拥有金融资产和不动产数量的迅速增长，确保了不动产信托市场中信托财产供给的迅速增长；② 房地产开发需要巨额资金，信托公司通过不动产信托方式，尤其是不动产投资信托、集合资金信托方式可以有效地融通房地产开发投资所需要的资金，使发展商的开发资金缺口得到了弥补；③ 作为社会公众而言，不动产既是一种消费品，也是一种资本品；不动产信托通过多种具体方式为其小额投资提供了多样化的不动产投资、有价证券投资渠道，解决了不动产开发需要巨额资金及专业经验与单个投资者资金有限、单个投资者具有的投资需要之间的矛盾；④ 与商业银行相比，信托公司可以将多种信托方式及融资方式进行组合运用，在房地产开发方面可以以更加主动的方式（股权投资）介入管理，控制风险。

中国刚刚进入小康社会的门槛，房地产业在20世纪90年代中期之后开始成为中国经济的支柱产业。据有关专家的研究表明，房地产业的发展将成为中国今后20年持续经济成长的重要推动力量。因此，不动产信托在这一大背景下具有广阔的市场前景。

不动产信托的具体品种多种多样，信托公司在具体实践中可根据中国的国情与市场的需求创设各类不动产信托业务品种，尤其是可以将多种信托资金筹集运用方式进行组合，并利用资产证券化技术确保信托产品及信托资产的流动性。

不动产信托可分为房地产信托（又称为建筑物信托）和土地信托，下面分别介绍。

（一）房地产信托

1. 房地产信托概念

房地产信托是指信托机构代办房地产的买卖、租赁、收租、保险等代管代营业务以及房地产的登记、过户、纳税等事项，有些还以投资者身份参与对房地产开发经营的投资，也有的还受理其他代理业务。房地产信托是房地产业发展到一定阶段的必然产物。我国金融信托业参与房地产开发经营早已存在。在旧中国，大银行一般都设置信托部办理房地产投资和房地产有价证券买卖。新中国成立后，由于实行计划经济体制，致使房地产信托业的发展处于停止阶段。改革开放以来，随着我国市场经济的繁荣发展，信托业也有了长足的发展，并随着土地使用制度改革、房地产业改革和金融体制改革的逐步深化，房地产信托业得以恢复和拓展。房地产信托业的兴起，使金融业和房地产业相互渗透，不仅为房地产业的发展提供了大量的资金和手段，同时又靠房地产使信托业自身得到了良好和迅速的发展。

2. 开办房地产信托的重要意义

1）能为房地产委托人提供可靠的融资渠道，促进房地产企业良性发展。目前，我国的大部分房地产开发企业自有资金都不超过20%，而银行贷款又趋于紧缩状态，受房地产开发成本高等因素的制约，一般房地产的销售或租赁都需要一个较长的过程，所以资金短缺是一个长期状态。因此，利用信托工具融通资金便成为一种行之有效的方法。

2）房地产信托化能够丰富资本市场的投资品种，为投资人提供一条稳定获利的投资渠道。相比股票市场的高风险，房地产信托能给投资者提供一个稳定的投资获利渠道，是投资者的一个很好的选择。

3）房地产信托化能够拓宽信托公司的业务范围，是信托业得以迅速发展的重要契机。从我国信托业发展所走过的20多年的历程来看，因为无法可依，信托业的定位一直处于一种无序状态。为了吸纳储金，曾屡次出现高息揽储等不规范现象，扰乱了金融市场，也招来了政府干预。一次次整顿的结果，使信托业的“可经营范围”越来越窄，业务量也越来越少。随着2001年10月1日《信托法》的实施，给信托业的规范发展带来了新的生机。在百废待兴的状态下，对信托业而言，进行房地产信托不失为一项崭新的、现实的、强有力的突破口。

3. 房地产信托业务

1）房地产信托机构经营业务内容较为广泛，按其性质可分为：① 委托业务，

如房地产信托存款、房地产信托贷款、房地产信托投资、房地产委托贷款等；② 代理业务，即代理发行股票债券、代理清理债权债务、代理房屋设计等；③ 金融租赁、咨询、担保等业务。

2）按委托人信托目的的不同，房地产信托又可分为以下三种形式：① 房地产保管信托，主要是指某项房地产在交易过程中，预付价款的一部分因价款未清，产权无法立即交与购入方，就可委托信托机构暂时掌握产权，待款项交清后，再交给购入方拥有；② 房地产管理信托，主要是受托办理代收房地产租金、代为修缮和改建、代付代交房地产税款或其他费用等；③ 房地产处理信托，主要指受托办理土地或建筑物的出售事宜等。

4. 房地产项目风险

目前，信托参与房地产业主要有两种形式：进行房地产项目的开发建设和投资成熟物业。房地产开发需要经历立项、建设、竣工验收和销售、管理等诸多环节，因此其风险形式也多种多样，风险控制手段复杂，具有较高的专业化要求。现在的房地产信托产品大多投资于房地产开发领域，有的信托公司并不具有房地产专业管理的经验和能力，突出了房地产项目风险和风险控制的矛盾。

（1）资金挪用风险

在房地产开发项目中，一般以房地产项目本身的价值和经营收益作为收回投资的第一保障和来源。如果信托资金被挪用到其他项目上，开发商资金链条断裂，就会造成一系列的烂尾工程。为防止挪用情况发生，信托公司一般通过银行监管、根据项目进程拨划资金、向项目公司派驻财务人员、控制项目公司的财务用章等方式进行风险控制。

（2）信托财产流动性风险

房地产信托的信托财产多以土地、房屋、股权等形态表现，担保措施主要为土地、房屋等固定资产抵押。如果融资方未能按期偿还本息，受托人又无法及时变现信托财产或行使抵押权，则可能产生流动性风险。

（3）集中投资风险

因单个信托计划的资金规模小，大多数房地产信托都是投资于单一项目，此类房地产信托都有一个固有的难以防范的风险，就是风险集中在一个项目上，没有风险释放机制。除了项目单一以外，信托期限较短也是产生此类风险的因素。一般的房地产信托期限多为一到两年，无法通过长期运作来化解短期产生的风险。

5. 房地产信托在国外

房地产信托在国外统称 REIT（real estate investment trusts），现已成为国外普通个人投资者重要的房地产投资渠道，其相对比重甚至超过直接投资、持有证券、有限合伙（limited partnership）等方式。该信托方式以美国的发展最为典型。美国房地产投资信托出现于上世纪 60 年代初期，经过近 10 年的发展，70 年代初已经十分发达。其后由于经济危机和房地产市场的萧条，房地产投资信托出现衰落，资金外流。自 80 年代开始，随着税收法案的修订和有关限制的放宽，房地产投资信托再次回升，资产值不断增长，1991 年底达到历史最高水平。目前美国有 300 多个地产投资信托基金，管理资产总值逾 3000 亿美元，其中三分之二已上市。

房地产信托的资金来源主要有两个方面：发行股票，由机构投资者（人寿保险公司、养老基金组织等）和股民认购；从金融市场融资，如银行借入、发行债券或商业票据等。房地产投资信托的股份可在证券交易所进行交易或采取场外直接交易方式，具有较高的流通性。根据资金投向的不同，房地产投资信托可分为产权信托投资（equity REIT）、抵押信托投资（mortgage REIT）和混合信托投资（hybrid REIT）三种形式。早期的房地产投资信托主要为产权信托，目的在于获得房地产的产权以取得经营收入。抵押信托的发展较快，现已超过产权信托，主要从事较长期限的房地产抵押贷款和购买抵押证券（MBS）。混合信托则带有产权信托和抵押信托的双重特点。在海外，法律对 REIT 的结构、资产运用和收入来源进行了严格的要求。如美国规定，房地产投资信托须有股东人数与持股份额方面的限制，以防止股份过于集中；每年 90%以上的收益要分配给股东；其筹集资金的大部分须投向房地产方面的业务，75%以上的资产由房地产、抵押票据、现金和政府债券组成；同时至少有 75%的毛收入来自租金、抵押收入和房地产销售所得。

6. 房地产信托在国内发展前景

国内房地产信托具备的投资优势如下：

1）房地产投资信托通过集中化专业管理和多元化投资组合，选择不同地区和不同类型的房地产项目及业务，可有效降低投资风险，取得较高投资回报。

2）中小投资者通过房地产投资信托在承担有限责任的同时，可以间接获得大规模房地产投资的利益。

3）房地产投资信托提供了一种普通投资者进行房地产投资的理想渠道。其特有的运行机制（组织形式、有限责任、专业管理、自由进出转让、多样化投资、优惠税收与有效监管）可以保证集中大量社会资金，具有较高的投资回报和较低

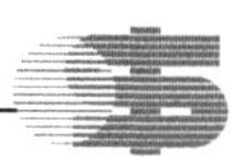

的投资风险，是一种比较理想的资本市场投资工具。由于信托市场并不完善，信托法规尚待健全，目前具体的发展形式尚在探索之中。尤其是我国的担保体系亟待发展，投资者在投资时不可避免地面临较大风险；另外，信托产品的流通体制没有建立，信托产品无法通过正常渠道获得融资，在这些方面，都与国外信托基金有着明显的差别。

在我国，第一支真正意义上的房地产信托产品是上海国际信托投资有限公司推出的上海国际大厦项目资金信托，随后，10多家信托公司纷纷推出类似信托产品。据统计，截止到2003年底，我国房地产信托融资额约50亿元，居信托融资之首，大约占了目前整个信托资产构成的40%；2004年上半年，全国房地产信托项目有53个，募集资金59亿多元，而且房地产信托融资的地域也正从局部地区向国内主要大中城市全面拓展。信托这种融资方式以其灵活的产品设计、节约的交易成本、合适的投资周期以及较高的收益率和不断增强的抗风险能力受到了投资者开发商的欢迎。

信托产品灵活的设计能满足不同地产项目对资金的需求。在统计的房地产类投资信托产品中，预期收益率高于银行同期存款利率、国债投资收益率和企业债投资收益率，对民间资金具有较大诱惑力。

（二）土地信托

1. 土地信托的概念

土地信托即土地所有者为了有效利用土地，获取收益，将土地委托给信托机构，由信托机构按信托契约的规定，筹集资金建设房屋，并对所建房屋进行管理与经营的一种方式。土地信托的目的在于有效利用土地，土地所有者并没有放弃土地所有权，而是通过信托机构的管理获取更高收益。大部分的土地信托年限多为30～50年。

2. 土地信托的重要意义

土地信托的产生与居民的生活水平有密切的关系。随着经济发展，人民的生活水平大大提高了，相应地，他们对房屋的需求就上升了。由于房地产价格较高，人们一时无力购买，因此希望能够租到价格低、质量高、管理好的房屋，这样，对租借房屋的需求上升了。与此同时，城市内以及郊区有一些闲置的土地，其所有者自己无力开发经营，希望专家代为管理和运用并为其带来一定的收益。这就为土地信托的产生提供了条件，信托机构受托对这些闲置的土地进行管理，平整土地后建造房屋，然后出租给第三者使用，租金收益扣除相关费用后作为信托收益交给原土地所有者。

土地信托对有效利用土地有积极作用，它可以使土地所有人在不放弃土地所有权的前提下有效利用土地，享受信托分红的稳定收益，从而避免了直接参与工程建筑与管理的繁杂事务。由于信托机构在土地管理方面具有丰富的经验，并交专家管理，能获得较高的收益，土地信托同样适合于那些没有不动产业务经验的人，或者因有其他正式职业无暇经营不动产的人。由于信托机构在土地管理和经营上的显著作用，土地信托越来越受到人们的欢迎。

20 世纪 80 年代以来，日本的土地信托得到很大发展，现在正设想利用土地信托来改造城市，从事城市规划事业，并以此作为“事业型信托”的突破口。土地信托业务在我国才刚刚起步，有着很大的发展潜力。要使土地信托有一个大的发展，必须要有政策、法规的支持，要有一个相对发达的金融市场，信托机构要加强这方面能力的培养。

3. 土地信托的种类及基本操作程序

根据信托机构在土地信托中的作用和具体操作方式的不同，可将土地信托分为发行“分割证书”的土地信托和“分块出售”的土地信托两种。

（1）信托机构发行“分割证书”的土地信托

它是指委托人将土地委托给信托机构，由信托机构根据土地的产权（或使用权）然后发行土地的“分割证书”，购买者成为该块地产的共同所有人。由于土地产权（或使用权）分散于“分割证书”持有人手中，土地又未向土地管理机关办理分割和分户，此时仅是将原整块地产过户给信托机构，由信托机构代各“分割证书”持有人掌握；而原业主出让部分土地（或使用权）从信托机构取得资金后，与信托机构签订长期租赁契约，以租用的方式在分割出去的土地上建设房屋。

“分割证书”分为能收回和不能收回的两种，不能收回的“分割证书”的投资者，可把它投入流通，也可等信托机构把整块地产卖出后得到收益。此时信托机构的作用就是帮助土地的所有者把土地卖出去，收回的资金扣除各种费用和信托报酬后如数交给受益人即土地的原所有者；能够收回的“分割证书”的情况是，原业主会把建房后的收益资金和其他资金按时交给信托机构，作为“分割证书”持有者的租息，用于陆续收回发放出去的“分割证书”。在这种信托方式下，信托机构起中间人的作用，掌管土地产权（或使用权）。既保证分割证书持有人的利益，又能搞活土地的开发利用。

这种方式的土地信托的基本程序如下：

1）委托人即土地的所有者要与信托机构签订土地信托协议。信托机构和委

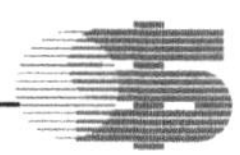

托人对信托的条件、具体做法，如发行的“分割证书”是否收回；如果收回，方式怎样等内容必须在充分协商后才能签订信托合同，以保证信托协议的顺利实施。

2）信托机构在与土地所有者签订土地信托协议后，要进行土地权利的转移登记和信托登记。

3）信托机构获取土地后，要向土地委托人签发信托证书，用以证明土地所有者取得了土地信托的受益权。

4）信托机构根据信托协议发行土地的“分割证书”，并向社会投资者销售，投资者作为第二位的受益人，会像投资于其他有价证券一样进行操作，目的是为了赚取利润。

5）信托机构在发行土地“分割证书”的同时，收回卖出“分割证书”的资金。

6）信托机构把发行土地“分割证书”收回的资金返还土地的所有者，同时，委托人采用租用的办法，租回部分土地进行开发建设。或者土地的所有者在条件许可的情况下留出一部分土地用于在收回发行“分割证书”的资金后进行开发。

7）土地的所有者在有了可开发的土地与资金后要寻找合适的建筑公司，谈妥条件后同建筑公司签订建筑合同，并交纳部分建筑费。

8）建筑公司根据建筑合同，把建设好的房屋在土地的所有者交足建设费用后交给委托人。

9）社会投资者在购买了土地的“分割证书”以后，可以把它投入证券市场或直接在社会上转让流通。这是在发行不能收回的“分割证书”的情况下的状况。如果信托机构发行的是可收回的“分割证书”，那么就要按照信托的约定由信托机构收回。

10）信托机构利用土地所有者交回的资金，依照信托协议的规定收回土地的“分割证书”，投资者得到其应得的租息收入。土地所有者在交足资金后，完全收回土地的产权或使用权。

信托机构经办的这种土地“分割证书”的信托，既能满足土地所有者因缺乏资金但又想自己开发的要求，又能保障土地“分割证书”持有者的利益。

（2）由信托机构把土地“分块出售”的土地信托

分块出售的土地信托是指委托人将土地交给信托机构经营，在房屋建成之后，信托机构将土地与建筑物一并出售，从分块出售的价款中扣除建筑成本、借款利息以及出售时发生的各项费用及信托报酬，剩余收益作为信托红利交给受益人的一种做法。

这种方式的土地信托的基本程序如下：

1）信托机构要与委托人即土地所有人签订基本土地信托协议。首先，受托人对将信托的土地进行详细调查，包括土地及周围的地域环境、城市规划法、建筑法的有关限制条件、租赁业市场状况、土地的最有效利用方式等。在调查的基础上按照委托人的意图做好计划。受托人一般要与委托人签订土地信托的基本协定，但也有的直接签订土地信托契约。

2）信托机构与委托人签订正式的土地信托契约。受托人就土地信托内容及受托条件等与土地所有者进行充分的协商，在最终取得一致意见后，与土地所有者签订土地信托契约，接受土地的信托，进行土地所有权的转移登记和信托登记。

3）信托机构获取信托土地后，向土地委托人签发土地信托受益权证书，土地受益人即同时取得信托收益权，成为信托受益人。土地信托收益权可以让渡，它的让度价格以不动产的价格为基准。按照《信托法》规定，受托人必须按信托意图对信托财产进行善意管理，如果受托人尽了善意管理的义务，信托的最终风险要由受益人承担。事实上，对于精通不动产业务的信托机构，通过对租赁业的市场调查，进行预测、计划并严谨地实施，信托财产发生损失的情况很少。另外，由于多采用租赁方式，在经营不发生亏损的范围内，定期获得的租金收入可以保障受益人获得稳定的信托收益。

4）信托机构选定一家建筑公司，签订建筑承包合同。

5）信托机构从金融机构借入资金，用于建造房屋。

6）信托机构向建造公司支付建造费用，待建筑完工后，建造公司向信托机构交付房屋，同时还需办理建筑物的所有权保存登记和信托登记。

7）信托机构向社会告之房屋的出租和出售事宜，募集房屋的使用人。如果是采用租赁方式，信托机构还必须与承租人签订租赁契约，要求承租人缴纳押金、居住保证金。如果是出售建筑物，则与购买人签订买卖合同，及时收回款项。

8）受托人与管理公司签订关于建筑物维护和管理的契约，对建筑物进行管理。

9）信托机构用租赁收取的租金或出售得到的款项，支付税金、利息、火灾保险费、管理费之后，偿还金融机构的借款本金和利息。

10）信托机构在支付各种费用、偿还银行借款之后，在信托契约规定的决算日进行决算，扣除信托酬金，剩余的作为信托红利交给土地所有人。受托人在信托终了时，在得到受益人的认可后，把信托财产以现有状态交给受益人。同时，受托人与承租人的租赁契约以及同管理公司的管理契约可以一并转移给受益人。

最后要取消土地、建筑物的信托登记，把所有权登记到受益人名下。

小 结

1. 财产信托又叫非资金信托，是相对资金信托而言的。财产信托对象是非货币形态的物质财产。

2. 动产信托的功能与适用范围主要有两种：一是为企业融通资金，提供信用担保；二是处理闲置设备。

3. 动产信托与租赁业务、抵押贷款既有相似之处，又有明显差别，动产信托发展在我国的发展尚缺环境。

4. 不动产信托是以土地及地面固定物为信托财产的信托，是以管理和出卖土地、房屋为标的物的信托，分为房地产信托和土地信托。

第五章

权利信托

本章重点

权利信托是信托标的物以各类权利形态出现的各种信托业务品种的统称，包括：以各类债权为信托财产的债权信托，以股权为信托财产的表决权信托，以有价证券为信托财产的有价债券信托，以担保权利为信托财产的附担保公司债信托，以专利权为信托财产的专利信托等。

第一节 债 权 信 托

债权信托是以金融企业及其他具有大金额债权的企业作为委托人，以委托人难以或无暇收回的大金额债权作为信托标的的一种信托业务。它通过受托人的专业管理和运作，实现信托资产的盘活和变现，力争信托资产最大限度地保值增值，其委托人为债权拥有者，受托人为信托机构，受益人为债权拥有者或委托人指定的其他人。

一、债权信托的分类

债权信托包括住宅贷款债权信托、人寿保险债权信托及其他类型的债权信托品种。

（一）住宅贷款债权信托

是指专业经营住宅贷款金融业务的住宅抵押放贷公司或银行，将其拥有的尚未到期的住宅贷款债权委托信托机构负责管理，收取并向持有“信托受益权凭证”的受益人分配、支付贷款本金和利息的一种信托业务。住宅贷款信托设立后，住宅贷款机构可以将信托受益权转让给第三者以回收贷款资金，使住宅贷款债权的长期资产转化为流动资金，取得开展新的住宅贷款的资金来源，以进行业务调整和回避利率风险。

（二）人寿保险债权信托

是以人寿保险金债权为信托财产，由被保险人作为委托人，信托机构为保险金的受领人，于保险事故发生时，由信托机构受领保险金，将之交付给委托人所指定的受益人；或者信托机构受理保险金后，按信托合同的约定，为受益人的利益予以管理运用。人寿保险债权信托设立的目的在于使受益人免受财务管理之累，并利用信托财产独立性的特点保护受益人的利益。

二、债权信托业务的操作程序

以住宅贷款债权信托业务为例，债权信托业务的操作程序如下：

1）发放住宅贷款的银行（委托人）与信托公司达成信托合同，将住宅贷款债权委托给信托公司管理、处分。

2）银行与信托公司按有关规定到有关管理机关办理住宅贷款债权信托登记。

3）信托公司向银行出具“信托受益权证书”。

4）银行转让信托受益权，变现信贷资产，取得流动资金。

5）信托公司依信托合同的约定，管理、处分住宅贷款，向借款人收取贷款本息，并分配给持有“信托受益权证书”的受益人。

三、债权信托在中国的发展前景

首先，中国的许多金融机构、工商企业由于历史原因都拥有巨额债权。这些债权的清理耗时耗力，且占用金融机构和企业的流动资金，使短期资产长期化，严重影响金融机构和企业的经营。开展债权信托，由于专业化的信托公司承担债权的管理、清理、处置，并利用受益权的转让机制和资产证券化技术，变现债权资产，这对金融机构和工商企业改善资产状况、提高资金周转速度，均有重要意义。

其次，由于房地产业有望成为推动中国经济增长的重要支柱产业，住房贷款金融业务在中国方兴未艾，住宅贷款债权信托业务的开展有利于推动住宅贷款金融业务的发展，这使得住宅贷款债权信托业务市场前景良好。

在障碍方面，委托人设立债权信托，主要目的之一就是通过转让信托受益权以获取流动资金。如果信托受益权转让市场不健全，债权资产流动性就会遭遇困难。从长远来看，有组织的信托受益权流通市场的建立和发展，对债权信托及其他信托业务的发展是极为重要的。在目前不存在信托受益权流通市场的情况下，信托公司可以将债权信托与债权投资集合资金信托结合起来开展业务。

第二节　附担保公司债信托

附担保公司债信托是以公司债券发行人为委托人，以债券发行抵押物的实物资产或质押物的权利资产上的担保权为信托财产，以全体债券的投资者即债权人为受益人，为将来所有公司债债权人享有共同担保利益为目的，将发行公司债券的担保权委托给信托机构管理并使用担保权利的一种信托业务。

一、附担保公司债信托的特点

附担保公司债信托是一种在物的权利之上所设定的质权或抵押权的信托关系。这种关系以公司债发行企业为委托人，以信托机构为受托人，以公司债券的持有者为受益人。信托机构使公司债券易于推销，实则发行公司（委托人）也同为受益人；同样，作为受益人的债券持有人，以债权人的地位将抵押物品委托信托机构保管，也同为委托人。只是债券持有人过于分散，信托机构不可能与之一

一签约，而且抵押公司债券信托成立后，才能发券持有，按订约在先、发行在后的一般道理，信托机构只能与发行公司订约，以发行公司为委托人，债券持有人为受益人。因而这种信托与一般意义上的信托相比有其独特之处。

1）附担保公司债信托中的受托人并不具有财产的所有权，除非发生违约情况时，受托人才具有这一权力。在正常情况下，财产抵押权应当归债权人，两者应当是统一的，但在附担保公司债信托中，债权与抵押权已经分离，分散于社会的债权人的抵押权已转交至信托机构。其原因在于债券的认购者众多，而物品的抵押权划分是非常困难的。在信托实践中，公司抵押权的信托机构可以是一家，也可以是几家。几家信托机构一起受托，称为共同信托。

2）对于作为受托人的信托机构来说，这种信托中的受益人常常是不确定的。因为附担保公司债信托的设定在时间上先于公司债券的发行，公司债券发行以后才能知道受益人的人数和具体的受益人，而受益人随着债券的不断交易又不断变换。

3）附担保公司债信托的委托人都是独立的法人，只能是法人信托。而且只能是他益信托，因为委托人提出的信托目的并非为自己，而是为所有公司债债权人的利益设定信托。

4）这种信托中的受托人同时对债券发行人和持有人负有信托职责（对债券发行人负有发行债券之职责，对债券持有人负有保管抵押物品之职责），而在一般信托中，受托人只代表受益人的利益。

二、附担保公司债信托业务的操作程序

附担保公司债信托业务的操作程序如下：

1）公司债券发行人与信托公司达成信托合同，由信托公司代表全体债券投资人（债权人）行使公司债的担保权。

2）公司债券发行人按信托合同约定，向全体债券投资人提供物品抵押担保或质押担保，并由发行债券的公司与信托公司共同到担保登记管理机关办理抵押或质押登记。

3）投资者认购债券时，须同时签订同意信托声明书，接受公司债券发行人与信托公司签订的信托合同所有条款，同意债券的担保权由信托公司行使。

4）债券发行后，信托公司对公司债券发行人的经营情况进行跟踪监督，及时掌握企业经营状况，督促企业按期预提债券利息，并及时支付给债券投资者。

5）债务到期，公司债券发行人足额兑付债券本息，信托终止。若企业不能按期足额兑付债券本息，信托公司将行使担保权，将抵押物或质押物拍卖、变卖，以其价款偿付债券本息，信托终止。

三、附担保公司债信托在中国的发展前景

发行公司债券是企业筹措资金的一种重要方式，对企业筹集生产经营资金、发挥财务杠杆的作用具有重要意义。

长期以来，我国企业发行债券往往采取由金融机构信用担保的方式。但近年来，我国工商企业通过发行债券的方式筹措流动资金日渐普遍，债券发行规模日渐扩大。虽然发行债券时经过有关管理机关的层层审批，但是仍有部分企业在债券到期时不能兑付债券，严重影响了投资者的利益，也破坏了公司债的社会信誉。长此以往，将严重影响公司债发行市场的良性发展。为了融资顺利，发行附担保公司债在所难免。

在附担保公司债信托中，信托机构作为受托人，为全体公司债债权人取得担保权，并且为全体债权人（受益人）管理与处分担保物。委托人若按期兑付公司债本息，则因为信托目的已达成，信托关系归于消失。若委托人违反信托合同，不履行清偿兑付债券本息的义务，或给付延迟，则信托机构行使担保权，拍卖或出售担保物，以拍卖价款清偿公司债债务。

发行有担保的公司债，若利用法律上的担保制度，为众多公司债债权人一一提供担保，在操作上极为困难，即使有可能，法律关系为极为复杂。而且，由于债券的投资者众多，投资者对公司债券发行的担保权利的设定、债券的发行及发债资金的运用缺乏有效的监督手段。当其利益受到侵害时，只能采取个别诉讼或集团诉讼的方式采取法律措施，耗时耗力，债券投资者利益难以得到充分保障。引入附担保公司债信托，由信托机构将公司债券债权人分散的担保权集中管理和行使，可以简化复杂的法律关系，将由信托机构代表全体投资者利益保障机制。一旦债券到期不能兑付，将由信托机构代表全体投资人采取必要的措施，行使担保权利，通过变卖抵押物、质押物或其他措施追索债券兑付款，确保债券本息的兑付。在注重企业诚信建设的今天，债券发行若能普遍采取附担保公司债信托方式，由信托公司统一代表投资者利益管理担保权，对于保障投资者利益、规范公司债发行市场、重塑公司企业的社会信誉，都有极为重要的意义。

附担保公司债信托业务能否迅速发展，在于管理当局在政策、制度方面的支持。管理层有必要以法律或法规的形式，强制性要求发行债券的工商企业在发行债券时，必须将发行债券的担保权委托给信托公司管理，否则不予批准发行。在此之前，信托公司在采取市场化方式推动附担保公司债业务发展还是具有很大操作空间的。具体而言，可采取先个别突破，通过示范效应逐渐扩大附担保公司债信托业务的规模，最终当未设定担保权信托企业的公司债券得不到投资者广泛认可，就会迫使绝大多数甚至所有企业发行债券时均采取附担保公司债信托方式提高其信用等级。虽然要实现这一目标还有待信托公司的艰苦努力，但前景可期。

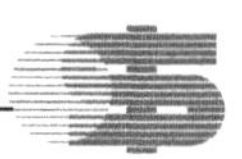

第三节 表决权信托

一、表决权信托的概念

股票表决权信托又称商务管理信托，它是指公司股东作为委托人，与某个信托机构签订信托协议，由其代表股东集中行使股票的表决权的一种信托形式。通常，人们持有股票这种金融资产，其最终目的是为了增加收益，一方面可以得到分红，另一方面在股票价格上涨时还可以取得价差收益；为了保证自己收益的取得，持有股票连带享有另一项基本权利，即享有表决权，可以参与企业管理，在股东大会上，审查和批准公司经营的基本方针等。一般来说，收益权和表决权是统一的。然而，信托业务中却把这二者割裂开来，单独将表决权进行信托，此即所谓的股票表决权信托。

在这种信托关系中，持有股票的人，即公司股东是委托人，信托机构是受托人，公司股东和公司是受益人。委托人要将其所有股票过户转移给信托机构，并交其保管，换取信托机构签发的“表决权信托收据”。受托人在信托期内代表股东行使行政管理权，另外还负责保管股票、代股东处理公司事务、将每年股息收入转发给信托收据的持有人等事务。原股东持有信托机构签发的“表决权信托收据”，并且可以像股票一样自由流通转让。在商务管理信托终止时，“表决权信托收据”持有人可以凭此收据向信托机构换回原股票。

表决权信托创设于美国，其创设的目的是为了保障小股东的利益，形成对大股东的监督制约机制。通过表决权信托，可以将资本分散的小股东投票权由信托机构统一管理运用。在表决权信托设立后，信托机构成为发行股票公司的名义股东，行使表决权，并可推选自己的人员进入董事会，对股份公司直接行使管理权。而委托人或持有表决权信托证书的受益人则享有股东除表决权以外的一切权利，其持有的股票亦可继续流通转让。

二、开展股票表决权信托的意义

企业组织形式有许多种，但股份公司的形式是最有效的形式之一，它可以最大限度地调动人的积极性，形成有效的制约和激励机制。现实经济生活是复杂的，股票的过分普及为企业之间的不正当竞争提供了方便，随着兼并收购活动的频繁化，企业股权分散的弊端也逐渐暴露。因此，为了确保原股东对企业的控制权，实现企业长期发展目标，很有必要限制这种过分的、对企业发展不利的竞争，而股票表决权信托正是为解决诸如此类的矛盾产生的。具体地说，设立股票表决权信托可以在以下几种情况下有利于企业的发展：

1）在股份公司经营不善，面临倒闭风险，需要专业人员和优秀的经营管理人员时，采用股票表决权信托的方式，让信托机构以股东的身份参与企业的重大决策，可以避免公司倒闭，为公司赢得一段宝贵的时间，改善企业经营状况，使企业走上平稳的发展轨道。

2）在企业改组时，公司股东为了保障自身利益，保持公司经营方针、作风的连贯性，确保企业稳定发展，可以将分散的表决权转移给可以信赖的信托机构，以保证企业改组的顺利进行，达到稳定公司管理人员和经营政策的目的。

3）可以防止公司被吞并和控制。现代企业的竞争十分激烈，不仅小企业有被吞并的危险，大企业也有可能在经营不善或战略决策失误中遭受兼并。如果公司股东不愿被收购和兼并，就可以在事前联合分散的股东设立表决权信托，这样即使竞争对手购买了该公司足够的股份，但因为表决权也不能实现控股的目的。

4）在公司的产权结构非常不合理的情况下，通过设立股票表决权信托，可以改善公司的决策机制，如在公司的经营基本由第一大股东决策，但经营无方、效益下滑的状况下，中小股东就可以联合起来，通过设立表决权信托，由信托机构代表这些股东的利益，参与决策和管理，改善企业的经营。

三、股票表决权信托的程序

设立股票表决权信托，必须考虑一个国家的相关法规、法令，任何违反法律、法规，以图谋私利而设立的表决权信托都是无效的。在设立表决权信托时，必须慎重，要严格遵守各种规定。因为，从前面的介绍中我们可以看出，表决权信托在不同的情况下会产生不同效果，如可以防止竞争者获得自己公司的控制权，但也在某种意义上限制了竞争，可能会阻碍整个经济的发展。开展股票表决权信托，一般应遵循以下程序。

1）由分散的股东联合向信托机构提出申请。这种信托的特点决定了必须是分散的股东联合行动，一起向信托机构提出申请，因为他们为了同一个目的，那就是集体行使表决权。一般信托的设立，委托人可以是单独一个法人或者自然人，但股票表决权信托的委托人至少应在两人以上。

2）签订表决权信托契约。由表决权受托人与有关股东，有时甚至包括所属的公司，共同缔结一个表决权信托契约，该信托契约必须包括以下一些重要内容：① 表明此信托的目的是为了当事人与公司的利益，采取联合行动而设立，并且载明所有股票持有者的姓名；② 规定股份转移给表决权受托人的条款，交付信托的股份需列入受托人名下；③ 规定受托人的权限与责任以及“表决权信托收据”持有人的权限；④ 规定受托人的责任、继任事项以及表决权信托的修正办法；

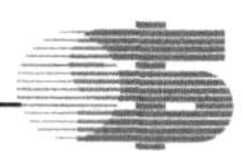

⑤ 规定表决权信托的期限与终止事项。

3）股东将股票表决权转移给受托人。委托人必须转移股票在法律上的权利，且将股票交付给受托人，并将转移情况登记在股东名册上，并注明“表决权信托”字样。

4）受托人将“表决权信托收据”交付原股东。此时即可认为，表决权信托关系已经合法成立。持有这种“表决权信托收据”可享有股东所享有的除表决权之外的一切其他权利，通常这种凭证以原股东的名义登记，并且可以与股票一样进行流通转让。

5）受托人根据信托契约赋予的权限行使表决权，执行信托合同。表决权信托的受托人行使其表决权时，必须遵照信托契约赋予的权限办理，如需对某些特定行为进行表决时，应首先征得原股东同意。受托人可以行使哪些权利，不能行使哪些权利，要根据各国的法律及表决权信托契约的规定来办理。一般来说，受托人行使表决权，不能对被委托的股份表决权有任何不利的影响，不能对公司股份的增加、重组等事项进行表决；不能对资产的出售、公司的解散等损害股东利益的事项进行表决。

6）表决权信托的终止。表决权信托的期限因信托的具体目的不同而异，如在企业改组时的信托，一般规定企业改组完成，债务得到清偿信托关系即可结束。

四、表决权信托在中国的发展前景

中国的股份有限公司由于历史原因，多存在一股独大的问题。大股东是股份公司的实际控制人，其他股东对大股东几乎没有任何制约力量，出现了大股东恣意损害中小股东利益和上市公司本身利益的种种现象。通过设定表决权信托，将分散的中小股东的表决权集中于信托公司统一行使，从根本上改变了中国上市公司一股独大、大股东为所欲为的局面，对于现代企业制度的真正确立、上市公司治理结构的完善、保障中小投资者的利益、推动中国证券市场健康发展等，都具有重大意义。

表决权信托在具体的操作层面，尚有待管理层在政策、制度层面的积极推动，而且需要涉及不同管理部门间的协调与协同努力。但在有关政策出台、制度完善之前，信托公司并非只能无所作为。例如，在 2000 年 3 月上市公司胜利股份的股权争夺战中，第二大股东广州通百惠公开征集股票表决代理权取得了相当程度的成功，对第一大股东山东胜邦的控制权构成了很大威胁。由此可以看出，广大中小股东并不是都不关心上市公司的控制权，也并不是不想监督企业的经营管理。因此，表决权信托业务仍是有相当发展空间的，关键在于信托公司如何着手开展这项业务。《信托公司资金信托管理暂行办法》第四条规定：

信托公司不得通过报刊、电视、广播和其他公共媒体进行营销宣传。而表决权信托的客户是分散的证券投资者，信托公司不借助于传媒几乎无法与这些投资者进行联系。关键是，信托公司所进行的公开征集表决权信托的信息披露是否也被一并归类定义为“营销宣传”。如果是，那么表决权信托业务将受制于政策限制，开展的难度极大。

第四节　专利信托

专利信托属于知识产权信托中的一种，是指专利权人将其专利权委托信托机构管理，由信托机构依信托合同的约定将专利权予以转让，以专利权出资入股其他企业，或通过其他方式实现专利项目商业化的目的。专利信托的受益人一般为专利权人。

一、开展专利权信托的意义

这种以金融信誉为资本、以专利产权为载体、以信托投资为纽带，把专利权人、信托机构、社会投资者的利益紧密结合起来进行专利转化的新机制，与传统的技术转化中介有着本质的区别。它通过发行专利投资收益权证的方式吸收社会投资人的风险投资，可以将专利转化的个人行为变为社会行为，从而加快专利技术的转化速度，尽快发挥其经济和社会效益。采用信托的方式将专利技术社会化，能使专利转化从专家筛选转化到市场筛选，实现金融资本与知识资本的对接、导入多种风险机制；能以政府职能部门提供专利管理及执法为保障，以新闻媒体的广泛宣传为手段；能弥补专利权人资金短缺、市场信息不准确、政策法规模糊、缺乏经营推广能力、不善管理等方面的不足。

我国是世界专利申请的大国，如何加快专利技术的转化工作，使之尽快发挥效益，是困惑专利界、实业界人士的一大难题。而专利权信托的出现，为我们开辟了一条新的渠道。这种全新的机制创新，在我国已加入 WTO 的今天，对有力推动我国专利事业发展、促进专利技术转化、加速经济发展具有十分深远而现实的意义。

二、我国专利权信托的实践

专利权信托的出现，源于《武汉晚报》2000 年 12 月 6 日，为拥有 40 余项专利申请而无力维持专利权的专利发明人撰文大声疾呼，并引起全社会强烈反响的报道——“前有认养孤儿，后有认领树木，如今有人请您认养专利”。武汉国际信

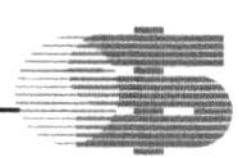

托投资公司受该报道的启发，产生了通过金融机构参与、引入风险投资机制和市场运作模式，使“认养专利”组织化、规范化，进而实现无形资产良性运营的构想。这一创新思维立即得到武汉市专利管理局和《武汉晚报》社的大力支持。他们一起经过近 10 个月的调研、论证、设计，联手协作正式在国内率先推出了专利信托业务。

这是我国首次将专利这种无形资产引入信托业务，在全国信托界尚属首创。其重要意义在于它第一次在国内为专利无形资产构建了一个资本运营市场平台，实现了无形资产和金融资本的有机嫁接，为专利技术物化注入了活水源头，也为金融市场注入了新的活力。专利权信托在金融资本与知识资本之间架起了一座桥梁，是风险投资业务的一个重要创举，是一件值得大力推广、认真做好的事情，也会有很好的市场前景。

三、专利信托在中国的发展前景

通过专利信托，首先有利于将分散的专利集中于信托机构，使专利转让的个人行为变为机构职能行为和社会行为，有助于弥补专利权人资金短缺、市场信息短缺、缺少经营推广手段等不足。信托机构可以利用其金融机构的优势，为专利转化引入风险投资基金，实现金融资本与知识资本的结合，推动科技资源的合理配置，大大提高专利向产业转化的转化率。但是，由于专利技术的专业性、技术性很强，涉及众多产业领域，信托公司的人才结构并不具有管理推广、经营专利权的优势，这项业务的市场前景如何也有待实践验证。对于大多数信托公司而言，开展专利信托业务并不具备优势条件。若不能规模经营就不具有经济上的合理性，专利信托将难以成为大多数信托公司的重要业务。

第五节　有价证券信托

有价证券信托是指委托人将有价证券移转或其他处分，使受托人依信托本意，为受益人的利益或特定的目的管理或处分信托财产的关系。其特点在于信托成立交付财产时，委托人交付给受托人的信托财产必须为有价证券；至于信托成立后，信托财产则未必保持有价证券的形式。

一、有价证券信托的种类

有价证券信托可分为管理有价证券信托和运用有价证券信托两种。

(一)管理有价证券信托

管理有价证券信托，是指以证券管理为目的的信托活动。其委托手续是：委托人将有价证券交付给信托公司后，按程序填写信托目的登记表，表示出管理信托的目的，然后办理由信托公司保管实物的“代管保护收藏”手续，欲对公债券、公司债券利息采取“少额储蓄非课税”方案时，则必须以“代管保护收藏”为条件。这是因为实物保管在公司内，对债券的取息、还本手续办理起来较方便，并在安全上比自我保管更有保证。“代管保护收藏”还有一个很大的优点是，假如财产所有人因某种经济案件受到查封、没收或拍卖处置时，根据信托法规定，投入信托公司的委托人或受益人的有价证券受代管收藏的保护，可以免受查封、没收或拍卖等处置。

一些国家信托法规定，受托人即信托公司可以以信托财产所有者的身份，对有价证券的利息分红作代办代收，亦代缴股份增资的股金，并行使股东大会上的表决权等。因此，信托业者可以对受托股票代替委托人行使与股票有关的一切权利，并且对上述事宜必须以忠实诚恳的态度去予以代理执行。而委托人也可以放心地信任信托公司，由其代管，同时提取分红、利息或股票的缴纳分配增资等事宜也非常繁琐，交由专门信托公司代办也便于提高工作效率。

(二)运用有价证券信托

运用有价证券信托，是指以受托人对信托财产以谋求利润为目的的信托活动。它与管理有价证券信托存在较大的不同：管理信托是单纯保管和承诺代收利息或红利，简言之，它只负以管理为目的的责任。而运用信托则除管理之外，还要运用受委托的证券为之生利，即证券的所有者将证券交付给信托公司，其委托目的除保管、收息、收红之外，还要运用这些证券来生利。再深入些说，证券的持有者在委托行为中，与信托公司所签订的合同条件是既享受利息、红利，又能从信托公司或信托银行将该证券加以适当运用的结果中获得一定比例的收益，例如将证券出租抵押。需要解释一下，证券出租抵押是指某公司到期应该纳税，但由于交不起税金而要求延期，税务机关就会要求支付一定的保证金（押金），此时该公司就可向信托公司租用有价证券代替保证金。当然该公司将来要支付一定的租金，委托人从中会获取一定收益。但是并非任何有价证券都能代替保证金，可以代替使用的只限于国库券、部分地方政府债券、金融债券以及经营业绩好的大企业债券等。由此也不难看出，股票无法作为出租抵押，因此也就没有股票的运用信托。

实际上，运用信托方法是将委托证券作双重利用来取得更多收益，按国外一些证券法的规定，个人或法人都可以委托利用“运用有价证券信托”这种形式。至于双重利用的方法，基本上有两种，一是信托公司把有价证券贷给第三者，又

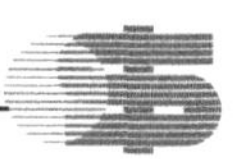

叫做赁贷运用；另一种是信托公司把证券作为担保品，从其他金融机关借款，把借来的款项再稍提高利率贷出或将此款项作其他证券投资之用，来获取比借款利息更高的差价利润，又称为担保运用。从目前世界各国的发展状况来看，担保运用这种方式呈逐渐减弱态势，主要是因为短期资金利率持续上涨，使之先担保取得短期资金，再贷出获利的难度越来越大，不便于开展此项信托方式。

二、有价证券信托在中国的发展前景

对委托人而言，将有价证券交付信托，由专业信托管理机构代为管理、运用及处分，更能达到效率管理、增加运用收益与处分交易的安全保障，也不用担心有价证券的灭（遗）失及随时须注意何时收益或到期等保管问题，并能结合财产交付信托的优点，照顾指定的受益人。但由于中国的有价证券近年已经基本无纸化，而且股票、国债、公司债的分红、派息工作均由交易所、证券公司通过电脑网络实现电子化操作，证券公司也早已开展新股申购、配股缴款的代理业务，因此，有价证券信托在中国的市场发展空间不大。

小　　结

1. 债权信托包括住宅贷款债权信托、人寿保险债权信托等债权信托品种。

2. 附担保公司债信托是一种在物的权利之上设定的质权或抵押权的信托关系。该关系以公司债发行企业为委托人，以信托机构为受托人，以公司债券的持有者为受益人。附担保公司债信托在中国的发展虽然尚欠缺政策、制度方面的支持，但前景可期。

3. 表决权信托是指公司股东作为委托人，与某个信托机构签订信托协议，由其代表股东集中行使股票表决权的一种信托形式。表决权信托尚有待政策层面的推动，但仍有相当的发展空间。

4. 专利信托是指专利权人将其专利权委托信托机构管理，由信托机构依信托合同的约定将专利权予以转让，以专利权出资入股其他企业，或通过其他方式实现专利项目商业化的目的。

5. 有价证券信托是指委托人将有价证券转移或其他处分，使受托人依信托本意，为受益人的利益或特定的目的管理或处分信托财产的关系。有价证券信托在我国市场发展空间不大。

第六章

特定目的信托

本章重点

特定目的信托是指信托的设立具有特定的目的，是为特定目的而设立的信托。这里所指的特定目的信托，是各种特定目的的信托的总称，主要包括为公共利益目的而设立的公益信托、为员工持股和管理层持股目的而设立的员工持股信托和管理层收购信托、为解决国有企业产权虚置等问题而设立的国有资产信托等。

第一节　公益信托

公益信托是指以公益事业和公共利益为目的，为将来不特定多数的受益者设立的信托。所谓公共利益，包括：救济贫困，救助灾民，扶助残疾人，发展教育、科技、文化、艺术、体育事业，发展医疗卫生事业，发展环境保护事业、维护生态环境，发展其他社会公益事业等。设立公益信托及确定其受托人，必须经有关公益事业的管理机构批准。未经公益事业管理机构的批准，不得以公益信托的名义进行活动。

一、公益信托的当事人

公益信托的当事人包括委托人、受托人、受益人和经营委员会。

（一）委托人

公益信托的委托人可以是个人，也可以是企业单位，凡是有志于社会公益事业的个人、家庭、社会组织都有权作为公益信托的委托人，设立公益信托。因此公益信托是一种个人和法人通用性质的信托业务。

（二）受托人

个人和法人均可成为受托人，但实际上，多是由信托机构（信托银行）作为公益信托的受托人。受托人除完成诸如信托财产的管理、日常的经营等一般私益信托共有的事务外，还有其特有的一些事务，如编制事业计划、收支预算和决算，募集赞助人，提供资助金，与信托管理人、经营委员会、主管部门联络，编制信托事务和财产状况的公告等。

（三）受益人

公益信托的受益人根据公益信托契约中规定的具体目的确定，但是信托契约只能规定受益人的范围，不确定具体的受益人。如奖学金信托的受益人只限于成绩优秀的学生，助学金信托的受益人只限于家庭经济困难的学生，但具体由谁获得奖学金、助学金，事先并不知道，只能在一段时期后才可获知。因此公益信托的受益人是一种“既定未定”的情况，既定的是受益人的范围，未定的是具体的受益人。公益信托的受益人只能笼统地说是将来的、不特定的、多数的社会大众。例外的情况也是有的，即存在指定的受益人，但必须有充分的理由证明其为公益信托——多半是以国家、地方公共团体、公共法人等作为受益人。

（四）信托管理人

鉴于公益信托没有特定的受益人去监督受托人活动，为防止受托人滥用权力、侵犯公益财产，不同国家都以不同的方式建立了公益信托受益人代表制度，由其代表公益信托的受益人行使有关监督包括诉讼的权利。信托管理人一般是由委托人在信托契约中事先确定的，有时也可由主管部门根据利害关系人的请求直接选任。

（五）经营委员会

经营委员会相当于公益法人的理事会或评议委员，是由与公益信托目的有关的各领域的有学识、有经验的人士组成的，经营委员会负责公益信托目的的把关，即主要负责向受托人提出最适合的受益人的意见。对经营委员会的名称、职务、委员人数等，根据公益信托的具体情况在信托契约中加以规定。经营委员会和信托管理人一样，原则上都不得取得报酬。

二、公益信托的特点

（一）与私益信托相比较

公益信托的运作主要是通过受托人对信托财产的管理活动和信托利益的分配活动进行的，有关信托管理的基本规则，如受托人的资格限制、信托财产的分别管理、信托财产的独立性、信托资金的投资限制、受托人的诚信义务、利益冲突的防范、违反信托的责任承担等一系列规定，既适用于私益信托也适用于公益信托。由于公益信托涉及社会公共利益，因此，在运作中具有许多不同于私益信托的特点。

1. 信托目的的不同

公益信托的日的是社会公共利益，而私益信托则完全为委托人自己或指定的受益人的利益。这是公益信托和私益信托的基本区别，也是公益信托名称的原因。

2. 公权力的介入

私益信托，除了少数特殊形态的信托如证券投资信托外，原则上公权力不介入其运作。但对于公益信托的运作。从一开始就置于公权力的严格控制之下，主要体现在两方面：① 设立公益信托必须事先经主管机关的审核批准或到有关主管机关办理登记手续，信托变更和终止时也如此；② 公益信托的运作必须接受主管机关的监督检查。

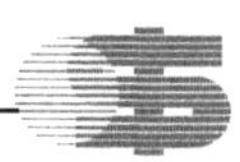

3. 受益人的不确定性

每一私益信托至少需要一名受益人，受益人特定化是设立私益信托的前提。公益信托是出于谋求社会公共利益而设立的信托，其性质使得公益信托不以特定的某个人或某些人为受益人，否则公益性质便不存在。公益信托的受益人只能是不特定的社会大众，实质上是整个社会，受益人不特定恰恰是设立公益信托的前提。受益人不特定原则，并不影响公益信托的委托人在信托条款中对受益人人数或类别加以限制，只要该限定的人数或类别在概念上构成社会的一部分，即便事实上被选定为受益人的人数极少，仍可认为具有公益性质。

4. 力求近似原则

私益信托的目的如果已经实现或者不能实现，信托即告结束，信托财产由有关的权利归属人取得。而公益信托所定的信托目的因各种原因不能实现或者实现后还有多余财产时，通常公益信托并不结束，而是由法院或主管机构决定将信托财产应用于与原公益目的尽可能相似的其他公益目的上，使信托继续存在下去。

（二）与公益法人相比较

公益信托与公益法人的目的都是为社会公益事业，但二者仍有很大区别：

1. 在设立的法源、方式及存续期间方面

公益法人须依民法成立，且除须经主管机关许可外，还需向法院为法人登记；而公益信托则依信托法设立，仅须经事业主管机关许可，因此在设立上比较容易。另外，公益法人成立后不得任意解散，但公益信托则无此问题，因此就不具永久存续性质的公益活动，公益信托提供较为弹性的选择。

2. 就财产的提供额度及运用而言

公益法人为确保其永续性，均规定有最低设立捐助的财产额，而且原则上仅能动用孳息，不得处分其捐助财产，因此营运上较受限制。而公益信托并无上述的问题，其成立及营运上较有弹性。

3. 就事务所及人员设置而言

公益法人须备主事务所，并设置专任的职员为法人管理，但公益信托的管理由受托人为之，可节省设备及人事等费用，可将更多财产用于公益目的。

三、公益信托的种类

公益信托按照不同的标准有不同的类型。按照具体受益对象的不同，可分为社

会公众信托和公共机构信托，另外，还有一种形式特殊的信托，叫慈善剩余信托。

（一）社会公众信托

社会公众信托是指委托人为一定范围内公众的利益捐赠款项，委托信托机构进行管理和运用而设立的一种信托。这种信托的委托人可以是捐款人本人，也可以是通过捐款组成的基金，受益人是特定范围内的所有公众，范围可大可小。由于受益人是特定范围内的不特定的人，为了保证委托人意愿的实现，维护尚未存在的受益人的利益，有必要设置一个专门委员会来负责对信托财产（本金和收益）进行有利于受益人的合理分配。社会公众信托的受托人是由信托机构招聘的，有时是一家（单一受托），有时是数家（共同受托）。但现在越来越倾向于由数家信托机构共同受托，可以增加基金的安全性。

采用公众信托的形式无论对公众还是对捐款人来说，都具有许多好处：① 可以帮助委托人更好地管理、运用信托财产，相比于捐款人自行运用，效率更高；② 委托信托机构管理和运用，可以保证其安全性，并使信托财产不断增加；③ 也便于政府进行管理，从而可以使这些资金合理地用于公益性事业，更好地为社会服务。

（二）公共机构信托

公共机构信托是指为了公共机构（如学校、医院和慈善组织）利益而设立的信托。公共机构信托的委托人一般来说就是公共机构，但是，个人为了某一公共机构的利益，也可以捐款设立公共机构信托，从而成为该信托的委托人。公共机构都有其自身的事业（慈善性事业），但一般缺乏管理和运用财产的精力和经营能力，因而，公共机构通常在接受社会公众的捐款后，将大部分捐款转移给信托机构，并指示后者按照信托协议的规定管理和运用这些捐款。采用信托方式，可以解除公共机构的许多管理和投资职责，提高公共机构的工作效率，也有利于资金的有效利用。该信托的受益人一定是从事慈善性事业的公共机构，公共机构信托也因此而得名。

公共机构信托的信托财产是这些机构所得到的捐款，随着社会经济的发展和人们对慈善公益事业的普遍关心，这种捐款的范围和数量越来越大。公共机构将这些捐款除用于正常开支外，一般都付诸于信托。信托机构作为公共机构信托的受托人，在符合公共机构的宗旨的前提下，可以灵活地运用信托财产。同时，受托人还必须经常与负责公共机构不同事务的各个部门保持良好的联系。

（三）慈善剩余信托

这是一种形式较特别的慈善性信托。慈善剩余信托的捐款者（委托人）在设立信托时，要求获得一定比例的信托收益以维持自身和其家庭的生活，而将其剩

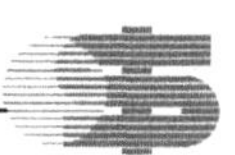

余部分全部转给某个特定的慈善性机构。一般情况为：捐款人有一大笔财产，只需要其中一小部分就可以满足自身及其家庭的生活开支，希望将其余部分捐献给慈善事业，因本人无力经营这笔资金，所以就要委托一家慈善机构代为管理。在这家慈善机构和信托部门订立的信托协议中规定，将信托财产的经营收益的一定比例交给捐款人，而将本金和剩余收益全部转给该慈善机构。可以享受免税待遇的慈善剩余信托有以下几种：

1. 慈善剩余年金信托

这种信托的受益人称为年金受益人，受益人是捐款者自己及其遗嘱中被指定的人。年金受益人可获得以年金形式的不低于信托财产 6%的信托收益，死后则信托财产（本金）和剩余收益归某一特定的慈善性机构。

2. 慈善剩余单一信托

这种信托是慈善性剩余年金信托的一个变体。所不同的是，它规定受益人（即捐款人）每年可得到相当于一定比例的（不低于 6%）按当年市价计算的信托财产的净值。慈善性剩余单一信托的目的是为保证受益人获得的信托收益不因通货膨胀而减少，使受益人的生活确实能得到保障。

3. 共同收入基金信托

它是指慈善机构将小额捐款集中起来，构成共同收入基金，并将它进行信托。每个捐款人生前得到一定比例的收益以维持生活，死后所有的信托剩余将转给该慈善机构。共同收入基金信托可以避免对小额捐款单独管理的不便。

四、公益信托业务要点

1. 设立公益信托的目的

为了救济贫困、救助灾民、扶助残疾人、发展教育的社会公共利益目的而设立的他益信托。

2. 设立公益信托的审批

设立公益信托、确定受托人应当经公益事业管理机构批准，未经批准不得以公益信托名义进行活动。

3. 公益信托监察人的设立和职权

公益信托应当设立信托检查，为维护受益人的利益，信托监察人有权以自己名义提起诉讼或者实施其他法律行为。

4. 对公益信托的监管

公益事业管理机构应当检查受托人处理公益信托事务的情况及财产状况。

5. 对公益信托受托人的监管

受托人未经公益事业管理机构批准不得辞任；受托人违反信托业务或者无力履行职责的，由公益事业管理机构变更受托人。

6. 公益信托的变更

发生设立信托设立时不能预见的情形，公益事业管理机构可以根据信托目的变更信托条款。

7. 公益信托受托人的义务

受托人每年必须至少一次做出信托事务处理情况及财产状况的报告，经信托监察人认可、公益事业管理机构批准后，予以公告；公益信托终止的，受托人应当及时将终止事由和终止日期报告公益事业管理机构；公益信托终止后，受托人应当做出清算报告。

8. 近似原则

公益信托终止后没有权利归属人或者权利归属人是不特定的社会公众的经公益事业管理机构批准，受托人应当将剩余信托财产用于与原信托目的近似的目的，或者转移给具有近似目的的其他公益信托或者公益组织。

9. 公益事业管理机构的责任

公益事业管理机构违反《信托法》，信托当事人有权向人民法院起诉。

五、公益信托业务流程

1. 提出设立公益信托申请

为了一定的公益目的设立信托，委托人、受益人均可以提出申请，以简化手续，方便当事人设立公益信托。委托人只有一人或者数人的，可以直接向公益事业管理机构提出设立公益信托的申请；委托人人数众多，或者是不特定的社会公众的，宜由受托人提出申请。

2. 信托资产转移

公益信托设立申请经公益事业管理机构批准后，信托财产由委托人转移给受托人，信托成立。

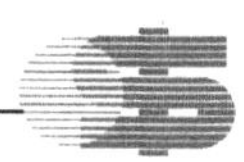

3. 信托财产管理与运用

基于对信托财产保值增值的目的，受托人管理运用信托财产，每年编制信托事务处理情况及财产状况的报告，经信托监察人认可、公益事业管理机构批准后，予以公告；按照信托文件规定将信托资产或（和）收益交给受益人。

4. 信托监管

信托监管包括对信托财产运用的监管和对受托人的监管，对信托财产的监管是公益事业管理机构有义务检查受托人处理公益信托事务的情况及财产状况；对公益信托受托人的监管包括：受托人未经公益事业管理机构批准不得辞任和受托人违反信托业务或者无力履行职责的，由公益事业管理机构变更受托人。

5. 信托终止

信托期满，公益信托终止，受托人应当及时将终止事由和终止日期报告公益事业管理机构；公益信托终止后，受托人应当做出清算报告。

六、中国开展公益信托的可行性分析

中国信托业恢复以来一直存在着体制上的缺陷，信托业几经沉浮的症结就在于无法可依、无章可循。在中国不断加强法治建设、不断深化改革、完善市场秩序的特殊时期，终于迎来了《信托法》的出台，信托法的实施标志着我国正式确立信托制度。这对于规范和健全我国信托制度，满足社会各方对金融创新和拓展财产管理制度，实现其特定目标的客观需求，具有十分重要的意义，同时也为公益事业的规范、健康发展提供了切实可行的管理方式。

《信托法》确立的信托制度作为一项财产权制度，迥异于现行法律框架内的财产权制度，其特殊性为保障公益事业财产的保值增值和规范管理提供了依据。

1. 名实分离的财产权制度

现行民法体系确立的是一种“名实合一”的财产权制度，谁在名义上拥有权利，谁就在法律上享受其利益。与此不同，信托是一种“名”、“实”分离的财产权制度，公益事业的信托财产由受托人拥有，但其利益却由受益人享受。信托的这种名实分离的法律安排，使其成为一种优良的财产管理制度，透过受托人的所有权集中和专业管理，可以大大提升公益事业财富的管理效益。

2. 自由分割的受益权制度

现行财产权的内容基本上是法定的，无论是财产所有权，还是债权，抑或是知识产权，其基本权能均由法律设定。但信托制度下受益人的受益权，其内容则由委托人自主设定，公益事业信托财产的利益，委托人可以自由组合其内容，由此信托可以提供深度的财产管理服务，满足多层次的需求。

3. 充分独立的信托财产制度

现行财产权的标的物是附属于权利主体的，本身并不具有独立的法律地位。但作为信托标的物的信托财产，则充分独立于信托当事人。信托设立后，信托财产的权利虽然由受托人拥有，但信托财产不属于受托人的固有财产；信托财产的利益虽然由受益人享有，但信托财产也不属于受益人的固有财产。信托财产实质上是一种目的财产，从属于信托目的。由此，信托能够安全地实现委托人的目标。

公益信托的目的是使社会公众受益，发展公益信托有利于发展社会公益事业，改善和提高社会中需要帮助的一部分人的物质和文化生活水准。在一定意义上说，公益信托客观上履行了政府的一些社会职能。因此，各国都鼓励发展公益信托，并制定相应的优惠政策，主要是对公益信托实行优惠的税收政策。例如，根据英国有关规定，公益信托的经营收入通常免征个人所得税、公司所得税；公益信托占用的土地减半征收继承税；公益信托出售捐赠而来的物品免征增值税；单位和个人向公益信用卡托捐献的款项免征继承税等。

国家征税需要支付一定的成本，税收收入中的一个相当大的部分实际上用于社会公益事业。因此，要依靠国家税收发展社会公益事业，必须首先征税，再支出，这样做必须支付一定的征税和管理成本。社会公众愿意通过设立公益信托的方式，直接将资金和物质用于发展社会公益事业，节省了国家的征税成本和相关行政管理费用。因此，对公益事业给予税收优惠，不仅减轻了政府行政管理事务和行政成本的压力，让更多的资金用于真正社会公益事业，也可以引导社会公众乐于通过信托方式，主动从事社会公益事业。

新出台的《信托法》明确写进了“国家鼓励发展公益信托”的条款，这对于我们开展公益信托业务无疑创造了良好的政策环境。

《信托法》中还规定了公益事业的管理机构对于公益信托的活动应当给予支持。

第二节　员工持股信托

员工持股信托是指将职工买入的本公司股票委托给信托机构管理和运用，退休后享受信托收益的一种信托方式；交给信托机构的信托资金，部分来自于员工的工资，另一部分由企业以奖金形式资助员工购买本公司股票。员工持股信托是

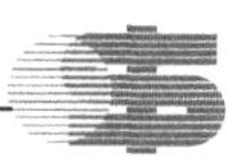

采取信托方式推行员工持股计划，也就是说，员工持股信托是指以职工持股会或企业为委托人，以信托机构为受托人，以购股资金及购买的股权为信托财产，以员工持有和管理股份或股权为目的而设立的信托。

一、员工持股信托发展路径

员工持股信托有两条发展路径。

1）员工为取得自己所在公司的股票，自行组成员工持股委员会，约定每月由参加者的薪金中（含年终奖金、红利等）提存一定金额，由员工持股委员会集中交付给受托人，或者由公司从税后利润中直接提取支付给受托人，信托公司依该信托之目的取得及管理该公司股票。

2）“员工持股会”（代表经营者与员工）自筹资金或通过融资取得股权，并作为委托人，以受让股权方式设立信托，将股权转移给有管理能力且值得信赖的受托人，信托公司依该信托之目的取得及管理该公司股票。

以上两条路径的员工持股信托，一方面将员工股权通过信托方式转移于非行政化的受托人名下，受托人为了员工利益行使表决权并收取股利，使员工股权有明确具体的、市场化的产权主体，并有权防止不恰当的行政干预；另一方面信托制度中委托人、受托人和受益人之间固定化、法律化的权利、义务和责任体系，又能充分保障受托人对于受益人（员工）利益的忠实，使员工利益得到维护。

二、员工持股信托运作流程

员工持股信托的运作流程一般分为三个阶段：筹资准备阶段、信托收购（或增资持有）股权阶段、信托管理阶段。

（一）筹资准备阶段

企业有进行员工持股的意向，并具备相应规模的股权来源，如原有股东转让、企业增资扩股等，进入筹资准备阶段。存在资金不足的，可以采取企业出一部分、员工（或管理层）出一部分、融资一部分的方式。融资可利用信托公司吸收社会上外来资金的功能，由信托公司将吸收的信托资金向员工（或管理层）提供融资，员工（或管理层）用股权进行质押担保。

（二）信托收购（或增资持有）股权阶段

企业员工通过“员工大会”成立“员工持股会”性质的社团法人组织（如员工投资管理委员会），充当员工的代理人，加入该组织的员工与该组织签订代理委托契约，并按契约约定的金额出资。随后，该组织代理员工与信托公司签订《信

托合同》，将员工出资再加上公司发给员工的奖金，一并交存给信托公司形成购股储存金，企业员工（或管理层）为受益人享有信托收益，并在《信托合同》中约定信托公司对信托资金的管理方式为收购或增资持有企业的股权，并与信托公司固有财产和其他财产分开来进行管理。

（三）信托管理阶段

1）信托公司按《信托合同》的约定对股权持有、管理。按照委托人——“员工持股会”性质的社团法人组织（如员工投资管理委员会）的意愿，信托公司以自己的名义，为受益人的利益持有、管理股权，并通过《信托合同》对股权的具体管理权限进行约定：如没有委托人的书面指令，信托公司不得对信托财产以任何名义设立任何形式的担保，也不得进行任何形式的处分，包括但不限于质押、转让、赠予等；如信托公司向企业推荐董事或就企业重大事项进行表决时，必须事先以书面形式通知委托人并征求其意见；如信托公司在参加董事会、股东大会后 10 日内，应向委托人书面报告会议内容，且保证报告内容的真实与完整等。

2）每年信托公司向企业收取股息及分红，首先用来偿还融资，随着融资的逐步归还，信托公司将所拥有的股权按事先确定的比例逐渐量化到员工（或管理层）个人设置的账户上。融资全部还清后，该部分股权即全部归员工（或管理层）所有，但仍然由信托公司管理。

3）出现信托终止的情形，信托公司将现金或股权归还给受益人。

三、员工持股信托费用

1）购买或增资持有股票时的手续费。

2）公司发放现金股利或股票股利时，由受托人依各员工持股数分配给员工，并按一定比率的税率代扣所得税。

3）员工在退出时如选择领取现金，受托人将出售该员工持股，并将扣除证券交易税及手续费后的净额交付退出员工。

4）受托人于每年按各员工信托金额计算并收取信托管理费及其他因处理信托专户事务所产生之费用。

四、中国员工持股信托的可行性分析及其前景

（一）中国员工持股信托的可行性分析

根据我国《信托法》的定义，信托是指委托人基于对受托人的信任，将其财产权委托给受托人，由受托人按委托人的意愿以自己的名义，为受益人的利益或者特定目的，进行管理或者处分的行为。信托与委托最大的不同便是信托是以受

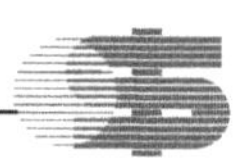

托人自己的名义办理受托事务，并且受托人必须是经有关部门批准专门从事信托业务的机构法人。根据这两点，受托人要以自己的名义进行集中投资，可突破成立有限责任公司不得超过 50 人的限制，从而解决了员工持股主体资格问题；而且对外投资的是信托公司，不受原公司净资产规模的制约，使得这种投资方式具有法律上的可行性。

另外，《信托法》对信托财产的独立性有着专门的规定，主要表现在：① 信托财产与委托人的自有财产和受托人的固有财产相区别，不受委托人和受托人财务状况的恶化、甚至破产的影响，委托人、受托人或受益人的债权人一般无权对信托财产主张权利，因此，信托财产的安全较有保障；② 信托设立后，信托财产脱离委托人的控制，让具有理财经验的受托人对信托财产进行有效管理，能够较好地保证信托财产的保值增值；③ 受托人因信托财产的管理、运用或其他情形而取得的财产，包括收益和损失，都归入信托财产，受托人不得以任何名义享有信托利益；④ 除法律规定的情形外，对信托财产不得强制执行。因此，信托计划是一种转移财产并加以管理的制度设计。它由委托人、受托人、受益人三方面的权利义务构成，这种权利义务关系围绕信托财产的管理和分配而展开。信托有效设立后，对委托人来说，他丧失了对该信托财产的控制权；对受托人来说，他取得了管理、运用和处分信托财产的权利；对受益人来说，他取得了信托收益的请求权，即信托受益权。维持这种关系的条件就是信托的存续性。

信托所具有的所有权与受益权相分离、信托财产独立性（即财产隔离）、有限责任及信托管理连续性等法律赋予的本质特征，逐一满足了员工持股计划所要求的融资贷款（信托可根据财产隔离属性为其设立资金信托计划进行融资）、股份集中托管（与信托公司固有资产相隔离）、专业理财、代行股东权利等多方面需求。信托虽然是一种民事关系，但通过信托设计可以有效地规范员工持股的市场行为，并保障受益人的利益。

《信托法》中还规定：受益人的信托受益权可以依法转让和继承，但信托文件有限制性规定的除外。该法认为受益人享有的信托受益权是受益人的一种财产权利，具有一定的经济价值，可以依法转让。在员工持股信托计划中，因为原有的员工股东身份已变更为受益人身份，因此受益人的转让可以依据信托合同或其他协议的规定，内部完成受益人的变更，从而减少了股东必须进行工商登记变更的繁杂手续，以及与《公司法》和现行有关法规的冲突，为员工持股制订合法的股权流动机制提供了法理依据。

（二）员工持股信托在中国的发展前景

结合国外的经验和我国国情，国内的员工持股信托一般提供如下服务：定期

向员工提供受托股权的最新数量；在股利发放日获得和记录所有受托股权的分红情况；将红利用于还贷，同时确认股份；在需要时（新员工加入、员工离职、员工升职等）通知员工进行股份的转换、赎回并做记录；定期向员工提供准确、简明的报表（总量、分红、还贷、获利等情况）；还贷结束后，将获得的现金红利通过短期金融工具投放于货币市场，以获取利润；根据信托合同的约定，代表员工参加公司各类会议并行使权利。

通过对员工持股信托的介绍和分析，可以看出在我国现行法律体系下，信托方式对员工持股计划而言是一剂良方，可以解决持股主体、融资、股权管理、预留股份、股份内部转让和继承等很多障碍、瓶颈。员工持股信托计划对员工持股计划来说是一个有重大意义的制度设计，这对于我国国企改革和国民经济发展都具有重要的意义。

第三节　管理层收购信托

管理层收购（management buy-out，MBO）信托是指目标公司的管理者或经理层通过信托投资公司借贷所融资本购买本公司的股份，从而改变本公司所有者结构、控制权结构和资产结构，进而达到重组本公司目的，并获得预期收益的一种收购行为。

管理层收购起源于20世纪70年代的美国，之后流行于欧美国家。作为一种企业并购的新方式、一种制度的创新，它在我国目前还处于刚起步阶段，面临着一些难题。以信托公司为发起人来设立MBO信托，其特点是以信托公司的融资功能为管理层收购筹集资金，以专家理财的眼光和手段进行运作，通过组合制度设计有效规避法律和其他障碍。这种方式不仅能充分发挥信托制度的集合资金、破产隔离、避税和专家理财功能，而且能有效防范和降低风险。

一、管理层收购信托的基本业务流程

1）信托公司对项目公司的情况进行审查，以确定项目公司的资产增值潜力、管理效率空间及是否具有较好的、稳定的现金流预期。

2）项目公司管理层与信托公司签订MBO协议，确定人员范围、收购资金的来源及融资计划、股权收购额度等事宜。

3）项目公司管理层可以以自己名义购买项目公司股权，并将股权质押给信托公司；或者项目公司管理层与信托公司签订《资金信托合同》，委托信托公司以自己的名义购买并持有项目公司的股份。

4）信托存续期内，信托公司依据《资金信托合同》的约定，按照项目公司管理层的意愿，以自己的名义行使股东权利，承担股东义务。

5）信托终止后，信托公司依据《资金信托合同》的约定，处理信托财产。

二、管理层收购信托运作过程中的几个关键要点

由于MBO行为本身的高风险，为了控制项目运作的风险，在设计MBO信托过程中，信托公司应注意以下几个关键要点：

（一）注意建立对拟实施MBO目标公司的筛选机制

由于MBO本身的高风险性，为了控制风险，国外对拟实施MBO的目标公司有严格的筛选机制，主要体现在以下四个方面：

1）目标公司处于成熟产业，有稳定的和可预期的现金流。

2）管理层经验丰富，有长期的行业经历和管理经验。

3）公司存在极大的管理效率提高的空间，预计净资产收益率远高于市场资金平均水平。

4）企业债务比例较低，有利于充分利用财务杠杆。

但在国内，除了以上四个筛选标准以外，信托公司还需根据现有的国情制定其他的标准作为补充，包括：

1）目标公司处于非垄断的竞争行业，国有资本愿意退出，规避可能的政策风险。

2）股权结构相对分散，有利于降低获取公司控制权支付的成本。

3）政府对目标公司的支持力度，一方面可以降低收购前的不确定风险，另一方面收购后控制权的变更可能丧失政府政策的优惠，使公司现有的经营环境发生不利变化，导致MBO失败。

4）管理层团队中需要有一个核心人物，维持管理层内部的团结和平息可能的利益纠纷，保证管理的连续性和稳定性。

（二）注意对管理层融资的财务结构安排

实施对目标公司的收购的资金来源主要有两个部分：信托公司通过资金信托获取的信托资金和管理层个人自有财产的出资。由于MBO行为的高杠杆性，主要的资金来源于信托资金，可能出现管理层“空手套白狼”的道德风险。为了督促其行为符合资金投入者的最大利益，管理层自有的出资比例不能太低，以便于信托公司以此超额部分作为风险抵押，通常这个比例不应低于10%。

信托公司对管理层的融资应该采取信托贷款和股权投资两种方式的混合来保证资金信托人的必要收益率。单纯采取信托贷款的方式，由于受人民银行贷款利

率浮动的限制，即最高不能突破30%的限制，并不能弥补MBO的高风险。采取股权投资的方式一定程度上可以实现风险和收益的匹配，在具体操作中可以要求管理层在完成收购后以收购价将部分股权转让给信托公司，当达到资金信托预定的收益率后，再由管理层按照一定的溢价回购。在这一过程中，信托公司对目标公司的未来盈利性和成长性的筛选至关重要。

（三）注意选择合适的融资期限

资金信托计划的期限通常与信托公司对目标公司的融资期限是匹配的，而对目标公司的融资期限取决于 MBO 后目标公司的经营状况，公司的净资产收益率成为了关键的指标，只有净资产收益率大于借款成本的公司才能偿还贷款本息，保证MBO最终的实现。通常各个公司的净资产收益率是不一样的，在设计MBO信托时必须根据不同公司的预期净资产收益率和贷款利率，测算合适的融资期限，保证目标公司有能力按时偿还所融资金的本息。假设一个信托计划，贷款利率为5%，偿还方式为每年付息，到期偿还本金，偿还来源于股东股息分配（不考虑所得税的影响），在确定的期限下，贷款利息的变动对净资产收益率的变动非常小，而在确定的贷款利率下，投资期限的变化对净资产收益率的变化影响非常大。这说明信托设计时，必须依赖目标公司的预期净资产收益率选择合适的融资期限，保证融资方案不对收购后目标公司的正常经营产生太大的压力，通常一个信托计划的期限在5～7年比较合适，既有利于降低资金提供者面临风险的期限，也不会影响公司的正常经营。

（四）注意制订信托公司处理利益冲突的协调条款

信托公司作为资金信托的受托人负有为资金提供者的最大利益处理信托事务的责任，同时信托公司作为管理层收购形成的信托财产的受托人，负有为管理层最大化利益处理信托事务的义务。二者在公司经营出现不利的情况下存在着明显的利益冲突：在公司经营出现波动，导致净资产收益率下滑的情况下，作为股权投资的部分有变现减少损失的要求，同时贷款部分有可能提出提前收回贷款的要求；但此时管理层要求给予期限宽限，以避免公司资金周转不灵导致经营陷于困境以及发生股权转移导致MBO失败的可能。在这种情况下，信托公司必须在事前制订相应的协调处理条款，根据不同的情况采取双方可以接受的方式避免两败俱伤的困境。

三、MBO信托——信托机制在MBO中的运用

MBO作为一种激励内部人积极性、降低代理成本、改善企业经营状况的有效方式获得了广泛的运用。鉴于我国关于管理层收购的相关法律尚待完善的状态，

现有的 MBO 面临着以上的法律风险，而市场又对 MBO 有着巨大的需求，寻求一种稳妥的方式来解决两者之间的矛盾成为了现阶段重要的议题。而信托工具的出现，一定程度上解决了 MBO 中出现的问题。

MBO 信托具有以下几个独特的优势：

1. 信托对收购主体合法性的保障

由于 MBO 本身的敏感性，使得管理层通常不愿意直接出面参与公司的收购。利用信托关系，可以由管理层与信托公司签订信托合约，委托信托公司出面收购公司股票。根据《信托法》的规定信托公司必须对信托事项保密，不能向外界透露委托人、受益人和所处理的信托事项，从而在收购过程中的信息披露中不会出现实际的委托人的信息，从而有利于隐藏管理层收购的真实意图。

另外信托公司是依法成立的合法的金融机构，作为收购主体不存在法律上缺陷，基于信托事项投资，而不是以有限责任公司的形式存在，没有投资比例的限制。对于采取员工持股计划实施收购的情况，信托可以接受员工的委托成立员工持股信托来实施收购，不存在法律漏洞。

2. 信托对融资来源合法性的保障

信托公司作为一个合法的金融机构，可以通过资金信托的方式为 MBO 筹集资金。因为根据《信托法》信托公司可以受托经营资金信托业务，即委托人将自己合法拥有的资金，委托信托公司按照约定的条件和目的，进行管理、运用和处分。具体的方式主要有两种：单独资金信托和集合资金信托。《信托投资公司资金信托管理暂行办法》对此作了具体规定：单独资金信托是指信托公司接受单个委托人的委托，依据委托人确定的管理方式运用信托资金的行为；集合资金信托是指信托公司接受两个和两个以上委托人的委托，依据委托人确定的管理方式运用信托资金的行为。

实际上无论是单独资金信托还是集合资金信托，信托公司作为一个金融中介，介入了原有民间借贷的过程，给这种借贷活动提供了合法的要素，使得原有的违规借贷行为纳入了合规的借贷行为之中。尽管借贷的合同是在信托公司和借款人之间签订的，但信托公司只要基于委托人的利益，按照“专业、谨慎”的原则运作信托资金，最终的贷款风险仍然是借贷双方来承担。信托作为监督者和管理者，收取管理费用而不用承担借贷风险。

3. 信托作为金融中介对整个信托活动的各方利益的保障功能

信托公司作为投资者和管理层信赖的中介，为双方提供专业服务，有利于维护各方利益。三方的权利和义务可以事先通过信托合约的方式来确定，比如在MBO执行后，信托公司负有管理管理层质押股权的责任，并督促管理层改善公司管理，定期偿还所欠的贷款本息。可以说信托关系一旦确定后，信托公司作为中介就有责任按照信托合同的规定来执行，并督促和监督各方执行。如果出现管理的失误，信托公司作为受托人要对任何违背合同的行为承担相应的责任，从而保证了整个信托活动参与各方利益的实现。

4. 在退出方式上，信托公司可以掌握更大的主动权

显然，管理层收购的巨额资金仅靠管理层的分红和奖金很难还清本息。更可行的方式是公司股权价值的升值。但管理层转让股权受制于证券法第70条和147条的规定，上市公司高管层作为“证券交易内幕信息知情人员”，“不得买卖所持有的该公司证券”，“经理人员在任职期间不得转让其持有的股份”等。在以信托公司名义持有时，则可以在法律上规避这一问题，直接以信托公司的名义进行转让，从而达到退出的目的。

第四节　国有资产信托

国有资产信托，是指以国有资产为信托财产，并以使受托人将管理和运用该国有资产所取得的收益交付给委托人或者其所指定的其他受益人为内容的信托。设立国有资产信托的目的，在于使国有资产的管理和运用效益最大化，确保国有资产保值、增值。

一、设立国有资产信托的重要意义

国有资产信托是理论界为国有企业改革设计的一种模式，目前尚处于理论探讨阶段。从理论上说，通过国有资产信托，将国有资产交付给信托公司管理，有利于在不改变公有制性质前提下从根本上解决国有资产产权虚置等问题，切实维护国家利益。其意义主要表现在以下几个方面：

1）当政府把国有企业的全部或部分国有资产委托给一家或数家信托投资公司时，可以优化或完善原有的只有政府一个委托人与企业的经营者之间所建立的国有企业委托——代理关系。原因如下：① 相对于政府，信托公司作为以营利为目的的商业机构，无须过多考虑政治和社会因素，基本的考虑就是商业因素，也就是体现所有者的原始委托目的，即国有资产的保值增值；② 政府是唯一的，而信托公司作为商业机构，却是具有竞争性的。政府对自己管理国有资产缺乏监督

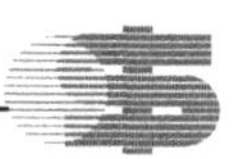

和约束手段，但政府作为委托人对信托公司却拥有足够的监督和约束手段。政府通过对国有资产信托契约的适当设计，可以把信托公司的信托报酬与国有资产的保值增值很好地结合起来；③ 引入信托公司后，可以建立不依附于政府的独立的严格按照商业规则运作的董事会，这样的董事会是国有企业建立规范的法人治理结构的基石。有了独立的严格按照商业规则运作的董事会，才会有按照商业规则运作的经理层。由此可以在某种程度上解决和健全法人治理结构的问题。

2）信托财产独立性的制度设计，可以避免政府以所有者身份对国有企业干预所引起的政企不分及有关政府官员的权力寻租问题。

信托财产作为信托法律关系的客体，在信托法律关系中居于重要地位。信托财产具体是指委托人通过委托行为将自己的财产转移给受托人，并由受托人按照一定的信托目的进行管理、运用并处分的财产。最初由英国衡平法所创设的信托，决定了信托的本质与法理基础是信托财产权的双重所有权性质，而不同于民法上的财产权。也就是说，在信托法律关系成立后，原由委托人所有的信托财产所有权转移给受托人所有，在信托法律关系存续期间，信托财产的所有权属于受托人。这种制度设计，可以使受托者能够承担起经营管理资产的责任，使受托者能够及时、灵活、有效且谨慎地处理委托事务，增大了受托者酌情办事的余地。但受托人在信托法律关系存续期间对信托财产的所有权又是不完整的，因为依据信托的目的，受托人只能为受益人的利益而支配信托财产，其支配信托财产所产生的利益只能由受益人享有，其行使权利要受受益人的限制，也即信托财产上的权利具有“所有权和受益权”二元并存的性质，表现为所有权与利益相分离。一方面，受托人享有信托财产的所有权，他可以像真正的所有权人一样管理和处分信托财产，第三人也都以受托人为信托财产的权利主体和法律行为的当事人，而与之从事各种交易活动。另一方面，受托人又不能为自己的利益而使用信托财产，不能将使用信托财产所生的收益归自己享用，其处分权也受到一定限制，不包含从物质上毁损信托财产的自由。与此相反，受托人必须妥善地管理和处分信托财产，并将信托财产的收益交给信托人指定的受益人。这种信托财产所有权由委托人转移给受托人，信托财产与委托人的其他财产相分离，受托人在信托法律关系存续期间对信托财产享有所有权，但信托财产的收益又归受益人的制度设计，就是信托财产独立性的具体体现。这种信托财产独立性的制度设计，将会在国有企业改革中产生积极的法律效果。主要表现为：

第一，信托财产独立性的制度设计，在政府与受托管理国有资产的受托人之间建起了一道防火墙。这对于解决长期以来政府对国有企业的过多干预所造成的政企不分、限制政府以所有者身份借助行政权力过多干预国有资产的经营管理具有非常重要的意义。

由于国有资产信托是以合同的方式确立委托人与受托人之间的权利义务关系，因而受托人因承诺信托而取得的国有资产，在信托法律关系存续期间是由受托人管理、支配的。政府作为委托人在受托人没有违反信托目的处分信托财产或者因违背管理职责、处理信托事务不当致使信托财产受到损失的情况下，仅享有了解其信托财产的管理运用、处分及收支情况，并要求受托人做出说明以及查阅、抄录或者复制与其信托财产有关的信托账目以及处理信托事务的其他文件的权利。政府无权干涉受托人根据法律规定和合同约定对国有资产的经营管理。

第二，信托财产独立性的制度设计，在信托国有资产与非信托国有资产之间、受托人和受益人与其债权人之间，建立一道破产、债权追索隔离墙，可以防止委托人、受托人及受益人财务状况的恶化甚至破产的影响。

根据信托财产独立性的要求，委托人、受托人及受益人的债权人一般无权对信托资产主张权利，只有这样，信托财产的安全才有保障。

第三，信托财产独立性的制度设计，能够使信托国有资产脱离委托人的控制，促使具有理财经验的受托人努力工作，实现对国有资产的最有效管理，保证国有资产的安全，并解决国有资产保值增值的问题。

在国有资产信托中，受托人作为国有资产的管理者，其最主要的义务就是按照信托合同的约定，为受益人的最大利益处理信托事务。受托人管理信托财产，必须恪尽职守，履行诚实、信用、谨慎、有效管理的义务。为防止受托人利用信托财产为自己谋取利益，法律通过将受托人所有的财产与信托财产相区别的制度设计，来保障国有资产信托中国有资产的安全和保值增值。

第四，由于受托人所处的竞争市场环境，信托财产独立性的制度设计，可以增加透明度，防止国有资产经营中的暗箱操作，解决有关政府机构及官员的权力寻租问题。

二、国有资产信托的种类

国有资产信托可根据国有资产的不同特点和需要采取不同的信托形式。

（一）国有专项资金的信托

这是针对国家财产管理所采取的一种信托形式。从稳定社会、促进改革的角度，建立全国社会保障基金是近几年我国政府所采取的一项重要宏观措施。让信托公司受托管理社会保障基金，能更好地实现其安全与增值的目标。

（二）国有股权信托

这是针对国家股权管理所采取的一种信托形式。国有股权信托是国有股减持的一个理想方式。政府或国有股持有单位作为委托人将国有股以信托财产的形式

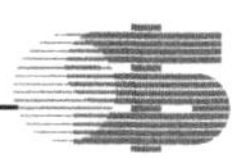

交付给信托投资公司，由信托投资公司进行处分，受益人则是全国社会保障基金。

（三）表决权信托

表决权信托是股权信托的一种特殊形式。作为一种利用信托控制经营的信托方法，它是指公司两个以上的股东根据他们与所指定的受托人之间缔结的信托契约，在一定期间，将他们所持有的股份转移给受托人，由受托人持有并集中行使股份上的表决权，以谋求表决权的统一行使。表决权信托是美国所发明的一种商务管理信托方式，本来是为了股份公司的中小股东，统一行使集合的股东权益来行使表决权以维护自己的利益而创设的，目的是取得在董事会的发言权，从而参与企业决策控制等。表决权信托对于股份制公司的法人治理结构的改善，特别是对于我国公司企业中国家股权的管理，有非常重大的利用价值。在表决权信托中，由国有资产管理部门作为委托人并自为受益人，以公司中的国家股权为信托财产，以信托公司为受托人。这种信托可以在国有企业公司化的改革中，解决国家股东漠视或没有能力关注企业剩余的问题。因为国家股权通过信托方式转移于信托公司名下，信托公司为了国家利益行使表决权并收取股利，使国家股权有了明确具体的产权主体，使国家股东通过信托公司尽职尽责的参与而真正享有股东权益。这与国家行政指派到国有公司行使股东权利的代表是有本质区别的。

（四）企业资产信托

企业资产信托是指信托公司受托管理企业资产。波兰政府为我们提供了这方面的经验，他们将国有企业资产委托给基金管理公司，基金管理公司受托全权管理，采取多种途径对企业进行重组和改造，取得了较好的效果。

（五）银行不良资产信托

对四大国有商业行而言，其不良资产解决的思路，目前主要是通过金融资产公司“债转股”方式进行。但金融资产公司“债转股”实践中所遭遇到的公司法、证券法、合同法及其他法律难题，使银行不良资产的处理陷入困境。银行不良资产信托倒不失为一种更科学并更有法律依据的消化模式。美国政府于 1989 年 8 月成立重组信托公司解决银行机构倒闭问题，取得较好成效。

三、国有资产信托的法律调整及完善

（一）国有资产信托的法律调整

2001 年 10 月 1 日生效的《信托法》和 2002 年 6 月 5 日生效的《信托投资公司管理办法》，为国有资产信托提供了法律法规上的保证。

1.《信托法》肯定了以国有资产为信托财产的信托关系的合法性

这在《信托法》第二条有明确规定。虽然《信托法》没有直接规定具体哪些财产可以作为信托财产，但由于《信托法》第六、七、八条中明确规定了信托设立的条件是“必须有合法的信托目的”、“必须有确定的信托财产，并且该信托财产必须是委托人合法所有的财产”并采取书面形式。因此，只要国有资产符合上述要求，不论其具体表现形态是动产还是不动产、是有形财产还是无形财产、是实物还是货币，均可作为信托财产来构建信托关系。作为《信托法》的补充，《信托投资公司管理办法》在第三章“经营范围”中，规定信托投资公司可以经营的信托财产包括资金、动产、不动产以及知识产权等财产、财产权。

2.《信托法》所确立的信托财产高度独立性制度，为国有资产通过信托的方式保值增值奠定了法制基础

《信托法》第十五、十六、十八条具体规定了信托财产独立性内容。另外，《信托法》还通过限制对信托财产的强制执行，保障信托财产的独立地位，如《信托法》第 17 条的规定。

（二）现行信托法律法规在国有资产信托方面存在的不足

应注意的是，上述信托法律法规，为国有资产信托业务的开展奠定了一定的法律基础。但由于我们在信托方面缺乏实践经验，再加上《信托法》作为信托法律体系中的基本法特性，其仅原则规定了信托制度，缺乏针对性，而《信托投资公司管理办法》作为部门规章效力偏低，不足也是非常明显的。因此，还需要通过制定一系列配套法律法规和实施细则细化、完善，以保障其实施。从国有资产信托的角度，我们注意到现行信托法律的不足与完善，主要表现在以下几方面：

1. 受托人的资格与能力问题

由于信托设立时信托财产要转移为受托人所有，因此，受托人的资格即信誉是应值得委托人相信的。由于国有资产信托的特殊要求，国有资产信托中的受托人只能是经过中央银行批准设立的信托投资公司，但屡遭整顿而信用极差的信托公司如何在央行的有效监管下开展国有资产信托业务便成为我们首要关注的一个问题。另外，为保障信托财产安全，《信托法》确立了对受托人的处分信托财产不当行为的撤销制度，但该制度所存在的局限性也是显而易见的。《信托法》第二十二条规定：“受托人违反信托目的处分信托财产或者因违背管理职责、处理信托事务不当致使信托财产受到损失的，委托人有权申请人民法院撤销该处分行为，并

有权要求受托人恢复信托财产的原状或者予以赔偿；该信托财产的受让人明知是违反信托目的而接受该财产的，应当予以返还或者予以赔偿。前款规定的申请权，自委托人知道或者应当知道撤销原因之日起一年内不行使的，归于消灭。”但是在实务中，由于受托人（从理论上）对信托财产的处分是得到了委托人许可的，在受托人将信托财产处分后的资金挪作他用时，国有资产的风险将增大。因此，如何监管受托人处分信托财产，便成为一个非常重要的问题。

2. 具体保障信托财产独立问题

《信托法》虽然规定了信托财产与受托人自有财产相分离，但由于对信托财产与受托人自有财产相混同的情形尚无明确的处理规则。因此，在受托人将信托财产所得收益与受托人自有资金混合后购买了价值大于信托财产的其他财产，如股票、设备等，那么国家作为受益人的收益权该如何行使，我国信托法并未对此予以明确规定。英国的判例是允许信托财产受益人对混合资金项下的财产享有物上担保权益。我国《信托法》没有考虑上述深层次的问题，这都需要将来的信托法制来完善。

3. 关于信托登记制度

由于信托财产的独立性，信托关系的效力对第三人利益的影响极大。如果不以一定方式公开信托事实，第三人则可能因为不知某项财产已成为信托财产而遭受意外损害。为保障交易安全，信托财产及信托关系应当向社会公示。为此，《信托法》第 10 条规定：“设立信托，对于信托财产，有关法律、行政法规规定应当办理登记手续的，应当依法办理信托登记。”但是，由于目前我国信托登记制度还缺少实务上的配套措施，使得受托人在办理不动产信托、机动车信托以及其他财产信托等业务时，面临不能登记的现实情况。比如在已实施的《土地管理法》、《城市房地产法》等法律法规中，对相关财产权只规定了转让、出让和变更时应办理登记手续，未明确规定信托法律意义上的财产权转移。因此，为促进《信托法》的有效实施，推动信托活动的发展，我们应借鉴国外信托登记的做法，结合我国已有法律规定，及时颁布有关特殊财产，包括国有资产在内的信托财产登记办法，将信托法规定的信托登记的内容落到实处。

4. 关于专门的国有资产信托法律

国有资产信托是我国国有企业改革的新的尝试，除专门的信托法律法规外，还应针对国有资产信托中的一些特殊问题，以特别法的方式进行专门规定。

（三）国有资产信托法律法规的完善

具体而言，我国国有资产信托的立法，应有以下几方面主要内容：

1. 国有资产信托的主体

国有资产信托的委托人具有唯一性特点，只有政府才有资格代表全民以所有者身份充当委托人；国有资产信托涉及的金额较大，且以国有资产的保值增值为目的，作为国有资产信托的受托人，在资金实力、专业管理、人才等方面应具备一定的条件，因而应以专业信托机构作为受托人。就目前而言，只有信托投资公司有资格从事信托投资业务。国有资产信托的受益人信托的目的不同而分类：若国有资产信托的目的是保值增值，则委托人自己（即政府）便可以作为受益人享有受益权；若国有资产信托是为其他特定目的设立，则委托人可以根据需要指定自己或其他人为受益人。

2. 国有资产信托的种类

由于股权信托、表决权信托、银行不良资产信托的特殊性，应针对国有资产信托的特殊性，就其与《中华人民共和国民法通则》（以下简称《民法通则》）、《证券法》的协调予以专门规范。

3. 国有资产信托合同

国有资产信托合同作为信托合同的一种特殊类型，在合同法、信托法的原则规定下，针对国有资产信托的特殊之处进行规范。

4. 受托人权利及义务

鉴于国有资产管理的业务特点，我国应在相关法律中增添对受托人在管理、运用国有资产效力等方面的法律内容。

小　　结

1. 公益信托是指以公益事业和公共利益为目的，为将来不特定的受益者设立的信托。公益信托分为社会公众信托、公共机构信托和慈善剩余信托。新出台的《信托法》为公益信托的开展创造了良好的政策环境。

2. 员工持股信托是指将职工买入的本公司股票委托给信托机构管理和运用，退休后享受信托收益的一种信托方式。员工持股信托对我国国企改革和国民经济发展具有重要意义。

3. 管理层收购信托具有独特的优势，可以在一定程度上解决在MBO中出现

的问题。

4. 国有资产信托是以国有资产为信托财产，并以使受托人将管理和运用该国有资产所取得的收益交付给委托人或者其所指定的其他受益人为内容的信托。设立国有资产信托具有使国有资产保值、增值的重大意义。

第七章

个人信托

本章重点

个人信托是在个人拥有财产的基础上产生的，以个人作为委托人而设立的信托业务。

本章学习重点为：个人信托业务中的遗嘱信托、人寿保险信托、监护信托的业务内容及其操作程序。

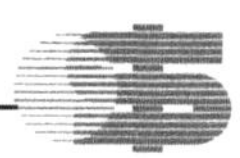

第一节　遗 嘱 信 托

当委托人以立遗嘱的方式把财产交付信托时，就是所谓的遗嘱信托。也就是委托人预先以立遗嘱方式，将财产的规划内容，包括交付信托后遗产的管理、分配、运用及给付等，详订于遗嘱中。等到遗嘱生效时，再将信托财产转移给受托人，由受托人依据信托的内容，也就是委托人遗嘱所交办的事项，管理处分信托财产。与金钱、不动产或有价证券等个人信托业务比较，遗嘱信托最大的不同点在于，遗嘱信托是在委托人死亡后契约才生效。

遗嘱信托一般分为遗嘱执行信托和遗产管理信托。遗产管理信托是指信托机构对遗嘱人遗留的财产进行管理的一种信托形式，它实际上是遗嘱执行信托的延续和扩展。

一、遗嘱信托的功能

透过遗嘱信托，由受托人确实依照遗嘱人的意愿分配遗产，并为照顾特定人而做财产规划，不但有立遗嘱防止纷争的优点，并因结合了信托的规划方式，而使该遗产及继承人更有保障。因此，遗嘱信托具有以下功能：

1. 可以很好地解决财产传承，使家族永葆富有和荣耀

通过遗嘱信托，可以使财产顺利地传给后代，同时，也可以通过遗嘱执行人的理财能力弥补继承人无力理财的缺陷。

2. 可以减少因遗产产生的纷争

因为遗嘱信托具有法律约束力，特别是中立的遗嘱继承人介入使遗产的清算和分配更公平。

3. 可以避免巨额的遗产税

遗产税开征后，一旦发生继承，就会产生巨额的遗产税，但是如果设定遗嘱信托，因信托财产的独立性，就可以合法规避该税款。

二、遗嘱信托的设立

遗嘱信托除符合信托法的基本要求外，还应当符合继承法的规定。一般说，遗嘱信托应当采取书面形式。遗嘱信托文件不同于一般的遗嘱，遗嘱信托文件应包括三个方面的当事人：委托人（被继承人）、受托人（遗嘱执行人）、受益人（继

承人）。遗嘱信托必须指定受托人（遗嘱执行人），遗嘱执行人一般选择具有理财能力的律师、会计师、信托投资机构等专业人员或专业机构。遗嘱信托的受益人可以是法定继承人的一人或者数人。公民可以立遗嘱将遗产受益人指定为法定继承人以外的人。遗嘱信托在被继承人订立遗嘱后成立，并应于遗嘱人（被继承人）去世后生效。公证的遗嘱在效力上高于其他方式的遗嘱。一般来说，遗嘱信托的处理程序有以下几个步骤：

1. 鉴定个人遗嘱

在遗嘱中必须明确以信托为目的的财产的同时，并明确表示用该财产建立信托的意愿，这是遗嘱信托成立的必备条件。

2. 确立遗嘱信托

首先，要确认财产所有权。信托机构作为遗嘱信托的受托人，首先要确知死者对于财产的所有权。其次，确立遗嘱执行人和遗产管理人。信托机构要成为遗嘱执行人或遗产管理人，必须由法院正式任命。第三，通知有关债权人和利害关系人。信托机构在被正式任命为遗嘱执行人或遗产管理人之后，应在报纸上刊登公告向死者的债权人发出正式通知，要求债权人在指定的期限（一般通知发出后的4～6个月）之内出示其对死者的债权凭证，据以掌握和清偿债务。同时，信托机构还要向死者的继承人和被遗赠人两种利害关系人发出正式通知。

3. 编制财产目录

受托人应在被正式任命后的较短时间内（通常为60天左右）与法庭一起完成对遗产的清理、核定。信托机构准备好一个登记簿，仔细地将死者的财产集中起来，并记录在登记簿上。

4. 安排预算计划

信托机构在受托管理遗产和执行遗嘱的过程中，会发生一系列的支付，为此，信托机构须拟订一个正式而详细的预算计划，将现金来源与运用逐项列示出来。若遗产的流动性差，现有的和可能的现金来源不足以支付债务、税款、丧葬费、受托人初期的管理费用等，则信托机构应制定一个出售部分财产的预算政策和计划。

5. 结清税收款项

信托机构应付清与遗产有关的税款，这些税款主要有所得税、财产税和继承税。

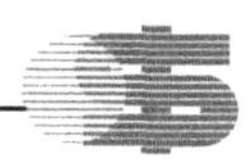

6. 确定投资政策

如果遗嘱中涉及为了受益人的利益而必须对财产进行再投资的条款的话，受托人在准备税收申报单的同时，应该制定适当的投资政策和计划，选择既安全灵活又盈利的投资工具进行投资。信托机构受托进行投资，要像对待自己的财产或投资一样进行决策，投资决策应合理、及时、谨慎，需经得起主管部门的定期检查。

7. 编制会计账目

信托机构编制的会计账目是在执行遗嘱或管理遗产阶段，即办理完各项遗产所得和债务、费用支付后所作的会计账目，这些会计账目必须上交法院，经其核定后，寄发给受益人若干副本，允许受益人在一定时期内向法院提出异议。若无异议，法院则批准信托机构的该种会计账目。

8. 进行财产的分配

上交法院的会计账目获准后，由法院签发一份指示信托机构进行财产分配的证书。信托机构在收到该证书后，视遗嘱信托办理的进度决定行使分配权。若遗嘱信托已经办完，则着手对财产进行分配；若仍有部分的投资或其他业务未结束，则等办完之后再行分配。

三、设立遗嘱信托应注意的事项

1）自书遗嘱信托或代笔遗嘱信托应避免以打字机或计算机制作完成，换句话说，遗嘱信托最好由自己亲笔书写或由代笔者书写。

2）代书遗嘱的遗嘱人最好以亲自签名或按指纹，避免采用盖印章的方式。

3）如果采用代书遗嘱的方式，最好除了代书人之外，应再经三人以上的见证人签名，以增加此遗嘱有效性。

4）前项见证人中应避免由遗赠人担任。

5）遗嘱信托中最好能考虑民法上有关“特留分”的因素。换句话说，不可将所有遗产信托给指定的某一人（身心障碍的孩子），而必须依民法上“特留分”的规定将一定比例的遗产给拥有继承权的人（如其他子女）和生前抚养人。

6）遗嘱信托中要明确信托财产的管理与运用的方式（如每月给付受益人多少钱），及信托终止后信托资产如何处理的方式。

7）遗嘱信托中最好指定“信托监察人”，以便监督受托人在管理与运用信托财产时，有无违反信托合同行为。

四、遗嘱信托的种类

遗嘱信托可分为遗嘱执行信托和遗产管理信托。

（一）遗嘱执行信托

1. 遗嘱执行信托的含义

遗嘱执行信托是指由受托人作为遗嘱执行人，按照遗嘱人的遗嘱，处理其身后事务和处分身后遗产的一种信托方式。它属于身后信托业务，是委托人（立遗嘱人）去世后才发生效力的信托业务。在此种信托关系中，立遗嘱人为委托人，遗嘱执行人是受托人，遗嘱指定的未成年人、禁治产人、继承人及其配偶或其直系血亲、其他受遗赠的法人团体和非法定继承人，都可成为受益人。立遗嘱人作为委托人，其目的在于谋求对其身后事务和遗产的处理过程中，达到能充分体现遗嘱中规定的意志，受托人的任务在于满足受益人的权益，使遗嘱中体现的意志完全实现。遗嘱执行人一般由遗嘱人指定，若遗嘱人没有指定，则可以由法院指定。遗嘱执行人可以由遗嘱人的亲属、朋友承担，或由信托机构担任，其主要职责是负责清偿遗嘱人遗留的债务，收取应有的债权，分割遗产，并向有关人士和机构交付遗赠物等。由于信托机构是一个独立法人，处于中立立场，精通业务、熟知与遗产有关的法律规定，经验丰富，因此，信托机构充当遗嘱执行人比其他人，如遗嘱人的亲朋好友充当遗嘱执行人效率更高。

2．遗嘱执行人的职责

（1）鉴定遗嘱，设立信托

信托机构接受指定，同意作为遗嘱执行信托的受托人后，首先要对遗嘱进行鉴定，对遗嘱的鉴定一般要由法庭实施，主要鉴别遗嘱的真实性和合法性。其次，要验证遗嘱人是否死亡，在本地医院死亡的，可直接由医院的死亡证明来证实，若是失踪等情况，则需进行推断证明。若遗嘱真实有效，遗嘱人确已死亡，法庭就可以正式任命信托机构为遗嘱执行人，设立遗嘱执行信托。

（2）清理遗产和债权债务

首先，要清理遗嘱人的财产，确定遗嘱人对财产的所有权。对财产所有权的确定方法，各国有不同的规定。如美国遗嘱法规定，不论是有遗嘱还是无遗嘱，死者的财产都必须经过具有司法权的遗嘱法庭处理，以确定遗嘱人对财产的所有权。如果法庭最后判定与遗嘱所列的财产所有权有出入，信托机构应该遵循法庭的判决；其次，要清理遗嘱人的债权。信托机构要调查遗嘱人是否办理了某些保险，如果有则应通知保险公司，领取赔款，同时还要调查遗嘱人是否还有其他债

权，如有，应及时收取。如有的欠款须让步索取，必须慎重地按当地习惯和法律进行，确保受益人的权益。最后，要清理遗嘱人的债务。信托机构在接受遗嘱执行人的正式任命后，就要马上公开告知遗嘱人的债权人，要求债权人在指定的期限内出示对遗嘱人的债权凭证，经过核实确定债权人的合法权利。若超过期限，债权将被视作无效。告知的方式多为在当地报纸上发布通知。

接着，信托机构要对遗嘱人的财产进行估价。一般来说，清理遗产的数量比较容易，而遗产价格的认定比较麻烦，通常根据财产的不同形式，采用不同的估价方法。对有价证券等金融资产的估价，可以按照遗嘱人去世时的市场价格，再加上遗嘱执行期间的应得收益，如股息、利息等来确定；对实物财产，如房屋、土地、汽车、首饰、艺术品等的估价，有时信托机构自己难以胜任，还要聘请估价专家来进行估价。

（3）编制财产目录

信托机构对财产进行清理和估价后，接着就要编制正式的财产目录单，详细记录财产的种类、数量和价值。在编制财产目录的同时，信托机构要将财产中的贵重物品妥善保管，如在此期间，财产遭受损失，信托机构要负责赔偿。但这种对遗产的暂时管理，重在保护，不在经营运用。

（4）安排预算支出计划

信托机构在遗嘱执行中会有一系列的支付，如医疗费用、税款、支付债务、葬礼费用、信托机构的管理费等。为此，必须制定一个详细的预算计划，列明支付的金额、时间，同时，信托机构还要为上述费用的支付安排相应的资金来源，并逐项列出。安排资金来源时，如果现金不足，可以出售其他遗产，再不足的部分，就要依据法律的规定，安排相应的关系人支付。

（5）支付税款、清偿债务

信托机构支付的税款是指与遗嘱人的财产有关的税款，一般来说，这些税款主要有所得税、遗产税和继承税等，信托机构在不违反税法的前提下，应尽可能地减少应付的税款，维护受益人的利益。

信托机构应根据核实的情况，对遗嘱人的债权人严格按照法律规定的程序进行支付，以便保证各个债权人的利益。信托机构在清偿债务时应注意以下几个问题：① 不得侵害优先权人的利益，即对抵押权、质权等债务要优先清偿；② 在各债权人报明之法定时间内，不能对任何债权人提前偿还债务；③ 在债务没有清偿前，不得对任何受遗赠人交付任何遗产。

（6）交付遗赠、分割遗产

交付遗赠、分割遗产是信托机构作为遗嘱执行人的最后一项职责。信托机构在进行这项工作时，要按照遗嘱的规定执行，并保证被遗赠人和继承人获得相应

的财产所有权。财产所有权转移完毕后，信托机构要将有关的单据交给相应的人员和部门，如律师、法院等，得到认可后，即可宣告此项信托业务的完结。

（二）遗产管理信托

1. 遗产管理信托设立的原因与意义

遗产管理信托，是指信托机构作为受托人以管理遗嘱人的遗产为目的而进行的一种信托形式。它与遗嘱执行信托的内容虽有交叉，但更侧重于遗产的管理，是为弥补遗嘱执行信托的不足而产生的，也可以说，是遗嘱执行信托的补充和延续。

需要设立遗产管理信托的原因有：① 财产所有者没有立下遗嘱，对遗产的管理、清理、处理比较困难，需要较长的时间；但在这期间，遗产不能无人管理；② 财产所有人虽立下了遗嘱，并确立了继承人，但继承人一时却找不到，继承无法落实，在这种情况下，遗嘱人的遗产也不能无人照管；③ 虽有遗嘱和确定的继承人，但因某种原因，继承人无法立即管理遗产、接受遗产，或者无能力管理，或者不愿亲自管理等。在以上情况下，设立遗产管理信托就可以有效地保护遗产的安全，解决继承人无力管理遗产的困难，利用信托机构的优势还可在各个方面为继承人提供利益。

2. 遗产管理信托的设立

遗产管理信托的设立可以分为两种情况：① 在遗产继承未定时，遗产管理信托通常是由法院或遗嘱人的亲属提出要求，信托机构受托对遗产进行管理；② 在遗产“继承已定”时，遗产管理信托的设立常常是由遗产继承人提出申请，信托机构接受继承人的申请，设立遗产管理信托。在这种信托关系中，原遗嘱执行信托时的委托人、遗嘱继承人都可以是委托人，所有委托人又都是受益人。

3. 遗产管理信托的程序

遗产管理信托的程序根据其设立的情况不同而有所区别。在继承未定时，遗产管理信托的基本程序如下：

1）接受并妥善管理。信托机构在接受委托后，要妥善保管遗产并按照信托契约的要求，对遗产进行管理经营。

2）发出公告。由于继承未定，要根据不同情况采取不同的方式公告继承人、债权人和被遗赠人，要求他们在规定的时间内提供有效证件，以便确定其合法身份。

3）偿还债务、交付遗赠物。

4）移交遗产。继承人确定后，信托机构就可按照遗嘱的规定或与有关人士商

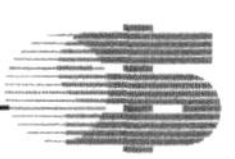

权后向继承人和被遗赠人办理遗产移交手续。遗产移交完毕，得到继承人、有关人员或法院的认可后，遗产管理信托便可以结束。继承已定时的遗产管理信托与一般的财产管理信托没有什么区别，信托机构的职责就是在信托期间，按照契约规定妥善的管理遗产，结束时交付遗产。

第二节 人寿保险信托

保险信托是将“保险”与“信托”相结合的一种金融产品，在国外信托市场上是一项比较成熟的业务，主要是指人寿保险信托业务。所谓人寿保险信托（也称保险金信托），是被保险人作为委托人将寿险保单在信托公司设立信托，以人寿保险金债权为信托财产而设立的信托。在保险事故发生或保险金给付时，由信托公司根据保单向保险公司申请保险金交付给委托人指定的受益人，减轻受益人理财的压力；或者领取保险金后继续留存在信托账户中加以管理运用，以达到保险金保值增值的目的。

一、人寿保险信托的功能及优点

（一）人寿保险信托的功能

寿险信托的功能主要是财务管理、融通资金和保全保险金。

1）财务管理是指金融信托机构接受保单所有者的委托，为其管理、处理保单或保险金。

2）融通资金则在于信托投资公司作为信用中介为市场需求筹措资金，表现在将保险金用于贷款、投资上。合同规定或委托人指定的受益人享有其收益（不同于银行的利息），同时，在受托人严格按照信托合同规定运用保险金时，受益人或委托人承担相应损失。

3）作为理财手段，寿险信托还是财产保全的一种方式。信托设立之后受益人对设立信托的财产可依法占有支配处置。对有效保单设立信托可以对保险金的所有权进行合法保全，以维持对受益人承诺的做法是国外遗嘱和债权信托中较常采用的方式。寿险信托设立可以通过信托公司为委托人照顾未成年子女和应尽赡养义务的长辈。另外，委托方还可在信托合同中列明信托财产管理办法，限制信托保险金的支出流向以尽可能保障受益人利益。

（二）人寿保险信托的优点

人寿保险信托的优点表现在以下几个方面：

1）发挥专业机构理财管理职能以降低个人管理成本。

2）法律法规保障人寿保险金的安全，防止非法挪用。

3）信托投资机构必须恪尽职守，履行诚实、信用、谨慎和有效管理的义务。

4）信托投资机构将自有资产和信托的保险金（或保费）分开管理，并对每一契约下的信托资金分账管理以保持独立和完整。

二、人寿保险信托的适用范围

参加保险虽然可以规避、分散保险事故发生的客观风险，但却无法避免因人为因素而使得受益人不能真正享有保险金利益的风险。当出现以下几种情况时，采用人寿保险信托方式，具有很强的适用性。

（一）受益人是未成年人或属于社会弱势群体（如心智障碍者）

如果当受益人是未成年人、心智障碍者，甚或是浪费成习惯的人时，就会出现无法妥善管理、支配保险金，或者挥霍掉保险金的情况，结果必然不能达到投保人的投保意愿。当投保人将寿险的保险金成立信托后，并于信托中限定子女仅能将信托财产用于教育费、生活费、医疗费等支出，除可避免保险金遭他人不当挪用，亦可使受益人最大限度地享受到保险金的利益。

（二）当保险金额较大，存在多个受益人时

因为信托财产具有其独立性特征，也就是说，一旦把保险金成立信托后，受益人就可依照信托的内容，享受信托财产的利益，任何人都不能再对信托财产强制执行。由此，在保险金额较大的情况下，投保人可以通过人寿保险信托，依照自己的规划，把保险金分配给各个受益人或是其下一代子孙，既可避免多个受益人之间因利益冲突而发生纠纷，同时可以确保各个受益人都可以享受到信托财产的利益。

（三）当投保人是企业经营者时

根据破产法的规定，债务人一旦不能清偿到期债务，往往启动破产程序，将债务人财产列入破产财产，以使债权人得到公平清偿。而信托具有保护受托财产不受委托者破产风险影响的机能，由此当身为企业经营者的投保人面临巨额债务风险时，基于信托财产的独立性，投保人的债权人无权对人寿保险信托财产强制执行，从而确保受益人应享有的权益不受影响。

三、人寿保险信托的种类

根据信托机构在人寿保险信托中的作用信托可以分为以下几种：

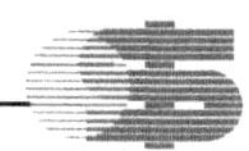

（一）保管服务型人寿保险信托

这种形式的人寿保险信托是指信托机构从投保人处得到保险单据，在保险期内代为保管，当被保险人出现意外时，由信托机构向保险公司索赔，并从保险公司领取保险金，然后将保险金支付给保险受益人。它又称为被动或消极人寿保险信托，因为信托机构的职责非常单纯，仅仅负责保管保险单，领取保险金并加以分配，交结受益人，不负担任何积极意义的职责。

（二）保管运用型人寿保险信托

它是指信托机构不仅负责保管保险单，领取保险金，并且管理、运用保险金的信托形式。它又被称为不代付保费或不附基金的人寿保险信托。在信托过程中，信托机构将运用保险金获得的收益交付给受益人，信托结束时，再将保险本金交付给受益人。

（三）代付保费型人寿保险信托

它是指委托人不仅将保险单交给信托机构保管，并且同时向信托机构交付一定金额的财产，由信托机构管理运用，用管理运用所获得的收益支付保险费的信托形式。在信托过程中，信托机构以财产运用的收益，代委托人按时交纳保险费。发生保险事故后，信托机构负责领取保险金，并将保险金连同原来的资金一起管理运用，将收益支付给受益人。信托到期时，信托机构将保险本金连同原来的资金一同交付给受益人。

（四）扩大累积型人寿保险信托

它是指委托人在向信托机构转交保险单的同时，还向信托机构转移一定的财产，其中除去交纳保险费外，其余部分由信托机构管理运用的信托形式。在信托过程中，若委托人去世，信托机构负责向保险公司领取保险金，连同上述超过保费部分的资金共同管理运用，将收益交付给受益人。信托期满时，信托机构将全部资金交付给受益人。

四、办理人寿保险信托应注意的事项

1）信托期间（即保险金交由信托机构管理的期间）可以以受益人的年龄来设定终止日，或约定一段期间。

2）信托财产的运用方式（即保险金该如何运用）可由委托人事先在信托合同中约定。运用范围包括存款、债券型基金、债券、保险及其他经主管机关核定的标的（包括国内、外上市股票、基金等）。

3）人寿保险受益人的更换。如果在投保时已经写明由信托机构代领保险金的条款，当然就不存在更换受益人的问题。但是一般是先办人寿保险，以后再办信托，所以常发生更换受益人的问题。如果在投保寿险时订立的保险契约已指定某人为保险受益人，此时由于要设定信托，必须将保险受益权（即领取保险金的权利）移转给信托机构。这样，信托机构在信托关系中是受托人，而在保险关系中变为保险受益人，原保险契约中指定的保险受益人已被更换，这就是人寿保险受益人的更换。

信托关系中的委托人要变更受益人，必须符合下列要求：

第一，投保人与保险人在订立保险契约时，有明文规定的，即变更、指定保险受益人，投保人要按规定办。若保险契约中规定授予投保人可以随时更换保险受益人的权限，投保人才有权更换。

第二，投保人与保险人在订立保险契约时没有明文规定可以随时更换受益人，则投保人如要更换保险受益人，必须先征得原保险受益人的同意。

4）人寿保险受益权的转让。一般来说，依法自己享受的利益才有转让权，一切代管、托管的利益均无转让权。人寿保险关系中关于受益权的转让也是如此。领取保险金的权利归保险受益人，转让这种权利的人也只能是保险受益人，投保人没有使保险受益权转让的权利。

五、人寿保险金信托契约

保险金信托契约的内容，随着信托种类的不同而不同。但就其基本内容来讲，应包括以下几点：

（一）关于保险单的说明

在信托契约中首先应当说明其所交存的保险单的编号、保险公司名称、保险金额等。如果委托人本身就是被保险人，且已向多家保险公司投保，则会有多张保险单；如果委托人为另外两个以上的被保险人投保寿险，也会有多张保险单。这些情况都应在信托契约中说明。

（二）信托财产的指定及说明

在人寿保险金信托中对于信托财产的运用方式，可由委托人事先在信托契约中约定，并要求附有运用范围，包括存款、债券型基金、债券、保险及其他经营机关核定的标的（包括国内外上市股票、基金等）的说明。

（三）受益人的指定

这里的受益人，是指信托关系中的受益人。这里的“特定人”，即信托关系中

的受益人，多数为委托人的家属，这不能不在信托契约中明确，否则就达不到信托的目的。

（四）委托人的权限

委托人在成立信托时，要在信托契约内声明有随时更换受益人及受托人的权利，并能随时收回保险单的一部分或全部，或变更管理及分配赔款的方法。还要声明所指定或转让信托关系的权利，仅是将来领受赔款的权利。

（五）受托人代付保费的责任

受托人或者有代付保费之责，或者不负此责，这都应在信托契约中详细说明。

（六）赔款分配的方法

如果是被动人寿保险信托，信托公司在领得赔款后，即分配给各受益人。如果是其他三种信托，则要先由信托公司代管该项赔款，以运用赔款的收益分配给受益人。过一段时间（信托期满）后，才将赔款本金分还给受益人。由于受益人的数量或多或少，分配的方法也可能不同，分配收益的时间也会随受益人的需要不同而有所差别。这些问题最好在信托契约中预先订明，以便信托公司在实施分配时有所根据。

（七）管理赔款的方法

信托机构管理赔款，或者投资于动产，或者投资于不动产，或者长期投资，或者短期运用，都应当在信托契约中订定。

（八）受托人的解职

受托人是否可以随时解职，应视委托人是否可以随时撤换受托人或终止信托而定。

第三节 监护信托

监护信托是信托机构接受委托人的委托，担任无行为能力人的监护人或管理人的一种信托业务。在监护信托中，信托机构作为受托人承担监护人的职责，受益人则是被监护人，委托人可以是被监护人的父母或亲友，也可以是法院指派的，还可能是被监护人自己。监护信托最大的特点是，既对人进行保护，又对物进行管理，但对人的责任重于对物的责任。大力开展监护信托，对于减轻人们的生活压力和社会负担、完善社会保障体系、提高社会文明程度都有十分积极的意义。

一、监护信托的产生

监护是指对无行为能力人的人身、财产及其一切合法权益加强监督和保护的法律行为。监护涉及两个关系人，即监护人和被监护人。在社会上，被监护的人即无行为能力人，一般包括两类：一是未成年人，二是法律上的禁治产人。对哪些人属于这两类人，各个国家的法律有不同的规定。

未成年人是指按照法律规定不足法定年龄而无民事行为能力的人。在法国、德国、前南斯拉夫、前苏联、罗马尼亚以及我国等都规定不满18周岁的公民即为未成年人。有的国家如日本、瑞士则规定不满20周岁的公民为未成年人。未成年人在法律上不具有民事行为能力，为了保护未成年人的健康成长，各国都从法律上规定了对未成年人的保护制度，其中之一便是对未成年人实施的监护制度。禁治产人是指法律上规定的丧失了独立掌握和处理自己财产的能力的人。例如特殊病人，由于无法独立地管理或经营自己的财产，法律上认定此种人是不具有民事行为能力的人，其财产就必须交由其监护人掌握，同时监护人对禁治产人本身也负有保护的责任。

对监护人的资格和条件，各国也都有明确的规定。监护信托的产生大都是由于法律规定的监护人，因某种原因不能履行监护人的职责而出现的。

未成年人监护信托的出现，主要有两方面的原因：① 未成年人的父母双亡，不得不寻找其他人对其子女进行监护；② 未成年人的父母虽然健在，但父母丧失了对他们的监护能力或由于种种原因无法亲自承担监护人的职责，也不得不寻找其他人对其子女进行监护。于是便可委托信托机构充当他们的监护人，这就出现了未成年人监护信托。禁治产人的监护人可以由法律上规定的具有监护资格的人来担任。例如，我国《民法通则》中就确定，禁治产人的监护人分别可以是：禁治产人的配偶、禁治产人的父母、禁治产人的成年子女、直系亲属、与禁治产人关系密切而且愿意承担监护责任的其他亲属或朋友。然而上述监护人中由于时间、精力、经验等方面的原因，可能无法承担作为监护人的职责，便可委托信托机构作为监护人，对禁治产人进行监护，这就出现了禁治产人监护信托。

二、监护信托的设立与结束

监护信托确立的形式可以是遗嘱（未成年人和禁治产人的父母或亲属可以在遗嘱中指定信托机构为监护人），也可以是法院的裁决书。后者是由于无行为能力人的父母没有留下遗嘱，监护人无法确立或应当是监护人的人不愿或因故不能承

担监护人的职责，只能由法院来指定监护人。或者监护人因某种特殊原因想尽监护人的职责，但无能力和条件，也可通过签订信托契约，即委托人同信托机构签订信托契约，委托信托机构代行监护人的职责从而确立监护信托关系。

被监护人达到法定年龄、被监护人死亡或身心康复，信托机构作为监护人均应结束监护信托，除非另有约定。监护结束时，信托机构应将信托财产及有关事务转交给有关人士。如果信托的成立是由法院裁定的，信托机构在将信托财产转交后，还应出具财产转移证明，由法院注销监护关系。

三、信托机构作为监护人的职责

信托机构作为监护人应尽的职责主要有两项。

（一）承担对未成年人的养育责任，承担对禁治产人的护理责任

这是监护信托中，监护人的首要职责，也是监护信托区别于其他信托的主要之处。具体的养育、护理工作，信托机构往往难以自己承担，一般要由信托机构用支付费用的方式，另行委托来处理，如由信托机构从信托财产及其收益中，出资把未成年人送入全托的幼儿所、学校或把禁治产人送入养老院等。

（二）对无行为能力人的财产进行管理

对未成年人或禁治产人的财产进行管理，首先要保证其财产的安全，以保障他们应有的经济利益，同时应尽可能妥善管理信托财产，使其不断增值。在监护期间，负责从信托财产中向未成年人或禁治产人提供生活费用、教育费用和护理费用等，以保护未成年人健康成长、促使病人早日康复。对信托财产的管理运用，一方面是信托机构的职责，同时也是更好地履行第一项职责的条件。信托机构要定期向委托人或法院提交关于信托财产运用的会计资料和报告。监护结束时，信托机构将财产转交给有关人士。

小　　结

1. 遗嘱信托是委托人以立遗嘱的方式把财产交付信托，分为遗嘱执行信托和遗产管理信托。

2. 人寿保险信托是指被保险人作为委托人将寿险保单在信托公司设立信托，以人寿保险金债权为信托财产而设立的信托，其功能主要有财务管理、融通资金和保全保险金。

3. 监护信托是信托机构接受委托人的委托，担任无行为能力的监护人或管理人的一种信托业务。信托机构作为监护人有两项主要职责：一是承担对未成年人的养育责任，承担禁治产人的护理责任；二是对无行为能力人的财产进行管理。

第八章

房地产信托业务

本章重点

随着我国房地产经济的振兴，金融业的房地产信托业务也得到了恢复和发展。这一业务的开展不仅是我国房地产经济发展客观需要，也是金融企业搞活自身经营、拓展服务领域等逐步发展的需要。

本章主要介绍了房地产信托业务特点及各类业务内容。

第一节　房地产信托业务简介

一、房地产信托的概念

信托是一种以信任为基础由受托人按照委托人的特定目的和要求，使用和控制财产的金融性活动。房地产信托是指房地产拥有者将房地产财产委托给信托企业，并要求信托企业按照委托人的目的和要求，对房地产进行经常管理和处分的信托业务。在房地产信托业务中，人们把如代收地租或房租等不动产信托，称为管理信托；把出卖土地或建筑物等不动产的信托称为处分信托。

房地产信托业务主要包括房地产信托投资、房地产信托存贷款、房地产代理集资信托、房地产信用担保等。它属于中间性房地产金融业务。

二、房地产信托关系成立的必备条件

在开办房地产信托业务过程中必然要涉及到委托者、受托者和受益者三方围绕信托财产而产生的使用关系。信托业务正是从委托者、受托者、受益者之间的经济利益和信用关系的产生过程中发展起来的。因此，明确信托关系各方的地位和责任，将有利于房地产信托业务的顺利开展。

（一）明确房地产信托业务中有关各方的地位

任何一种信托关系的成立，都必须有三方的关系人，即委托人、受托人、受益人。这里的委托人必须是拥有土地使用权，或房产所有权，或者能独立支配的人，其在整个房地产信托关系中处于主动的地位；受托人（信托公司）是接受并承办房地产信托要求的人，它是根据委托人的要求对信托房（地）产进行经营管理和处分。而受托人对信托房（地）产的管理和处分的经济效果直接决定了房地产信托关系的成败。因此，在房地产信托关系中，受托人的行为是关键；受益人即是接受到信托财产利益的人。一般情况下，委托人即是受益人称为“自益信托”，如委托人非受益人则称为“他益信托”。

（二）应有说明房地产信托关系成立的依据

1）办理房地产信托必须由委托人与受托人双方订立契约（或称合同、协议），也可使用章程、条例、委托书形式来明确信托关系。这是使信托业务在法律上被承认、生效的首要条件。

房地产信托合同的内容包括：信托房（地）产所处的地点、面积、名称；现

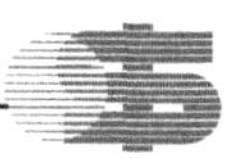

值、信托起讫时间、受益对象、委托人要求的事项和达到的目的、信托房产或地产及其收益的处理方法、手续费如何支付等。由委托人与受托人双方签字盖章有效。

2）发布房地产信托公告。对信托的房（地）产产权按照法定手续到房地产行政管理部门进行登记注册后就信托房（地）产发布公告。这样做的目的是为了保证信托房地产的独立性所采取的必要措施。如受托人接受了一项信托房产，但委托人对某企业负有债务，在某企业要收回债权时，他只能对委托人的固有财产强制执行，而不能对信托房产提出要求。

（三）有明确的信托目的

房地产信托关系的设立应有明确目的。如有的是以房地产产权转移为目的（房地产出售、交换等）；有的是以房地产增殖为目的（房地产出租、收取租金等）。

三、房地产信托业务特点

（一）信托房产所有权与地产使用权具有转移性是房地产信托关系成立的前提

信托房地产的委托人必须是该房地产的所有者（支配者），受托人才能接受这项信托，信托行为才能成立，受托人才能替代委托人行使该项房地产的财产权。了解和掌握这一特点，有利于加强受托人营运、管理或处分信托房地产的责任，提高收益。

（二）办理信托的房地产有独立性

为了保障受益人的权利，信托房地产同受托人本身固有的财产在法律上因其性质不同而应区别对待。这是因为，信托制度是为受益人的利益而由受托人管理财产。虽然信托财产所有者名义上是受托人，但实际持有信托财产权利的是受益人（或委托人）。因此，不仅信托的房地产要与受托人固有财政区别对待、分开核算，就是在信托房地产中一项信托财产与其他信托财产也要加以区别、分开核算。因为它们属于不同的受益人，是各自独立的信托财产，这就是信托房地产的独立性。

（三）房地产信托的收益分配具有特殊性

受托人是按照委托人的意愿，为了受益人的利益而管理处分其房地产，而不是为了受托人本身的利益。受托人不能占有信托房地产的收益，只能从委托人或受益人那里得到信托合同所约定的信托报酬，即手续费。所以，为了保证受益人充分离开有信托利益，受托人必须信守合同，公正地履行其职责。同时，按照经营的实际效果计算房地产信托收益。信托机构只按照委托人意愿和要求，对办理信托的房地产进行管理和处分，就经营管理的实际状况做出核算，得到的收益归受益人享受。如有亏损由受益人或委托人负担，信托机构在本身没有过失的情况下，不承担损失风险，并可向委托人索取处理信托事务所发生的费用以及补偿费用或因委托人的过失而出现的损失。

（四）房地产信托业务方式具有灵活性

房地产的开发经营需要巨额资金，而房地产信托业务形式多样，如房地产委托投资业务、代理买卖房地产业务、代理房地产租赁、房地产信托存贷款、代理买卖或保管房地产有价证券等均可办理。所以通过开办房地产信托业务，可以更广泛地筹集资金、更灵活地调节和运用资金，以适应房地产生产、流通、交换、消费等多方面的要求。

四、房地产信托的职能与作用

（一）房地产信托的职能

1. 财务管理职能

财务管理职能是房地产信托的基本职能，“受人之托，代人理财”是信托企业的主要经营原则。如信托机构接受某投资人的委托，向某房地产开发企业发放房地产委托贷款，信托机构不仅要按委托人的要求，审查该房地产开发企业的偿还能力，担保人的信誉和照约定的贷款金额、期限、利率去发放贷款，而且还须监督贷款的使用，考核其经济效益，并督促借款人到期偿还本息。

2. 金融职能

金融职能是指筹集资金和融通资金的职能。开办房地产信托业务，主要目的在于搞活房地产开发资金，在国内为发展和加快房地产业的建设筹集长期、稳定的资金；在国际上，着眼于吸引外资，引进国际资本开发国内的房地产业。这些都属于其金融职能。

3. 信用服务职能

房地产信托，无论对个人、企事业单位或团体等都根据实际需要提供内容丰富、形式多样的信用服务，如为房地产开发企业代理发行股、债券、代理催收欠款、信用签约、履约担保和项目咨询等；另如代理房产出租、代办房产保险费的缴纳和领取、代办会计事务和投资顾问等。可以说，房地产业有什么需要，信托机构就可以办理相应的信用服务项目。

（二）房地产信托的作用

1. 促进了金融体制改革，开拓了金融业的业务领域

房地产信托业务的兴办，突破了银行业的一些过时的老框框和单一的信用方式，促进了专业银行向商业银行的转化。长期以来，我国房地产金融业务是由中国建设银行一家办理，而房地产信托业务的兴办，打破了这一局面，有利于开展合理的竞争、搞活资金和改进服务。

2. 开辟了房地产业筹资、融资的新渠道，沟通了横向联系，促进经济协作

由于房地产开发具有投资额大、投资期限大、风险大、收益较高等特点，所以通过房地产信托方式，以房地产信托存贷款、代理投资、发行房地产企业股票债券等形式筹措国内外资金。

在房地产的生产和流通过程中，房地产企业将与社会其他部门发生广泛地协作及经济联系，这种经济联系有时是两方，有时是多方；有的发生在本地区，有的发生在外地或者跨省、市，甚至国外；有的需要房地产开发资金，有的需要开发技术。这样多方面的协作，其经济关系和财务核算都是十分繁复的，如果没有一个专业的信用中介机构介入，则很难保证有关协作承诺的正常履行。这样复杂的多边信用，一般银行也难以承担。而信托则是理想的联系纽带。信托的多种功能和业务经营的灵活多样，使它具有沟通横向联系，促进经济协作的能力，为跨地区、多方面的合作牵线搭桥。例如，信托机构承办异地房地产委托贷款和投资、促进建材和开发技术的交流、协助沿海经济中心城市的资金和技术向内地转移、支持内地房地产产业的发展。同时，保证发达地区又可从内地取得本身紧缺的建材和物资作为补偿。

第二节　房地产信托存、贷款业务

一、房地产信托存款

房地产信托存款，是在特定的资金来源范围内，由信托机构办理的与房地产业务发生密切联系的存款。

（一）房地产信托存款的范围

1. 开发企业主管部门委托投资或贷款的信托资金

开发企业主管部门委托投资或贷款的信托资金是指开发企业主管部门可自主

支配和有偿使用的资金，如经费节余、以“拨改贷”的资金、统筹的各种专用基金等。

2. 劳动保险机构的劳保基金

劳动保险机构的劳保基金是用于职工病、退休、待业、伤残等情况下支付各种费用的准备金。

3. 科研单位的科研基金

科研单位的科研基金是指科研单位在科技开发创收中用于科技发展的基金及科研事业费节余部分。

4. 各种学会、基金会的基金

各种学会、基金会的基金是各种社会学术团体、群众团体、福利机构为了进行学习活动、兴办福利事业及其他有益于社会活动而接受的政府资助、社会赞助和捐赠形成的基金。上述存款后三项基金实际上是一部分社会后备、社会发展和社会公益基金。它们的共同特点是，都是以货币资金形态存在，并游离于生产和流通环节之外的非常经营性资金，都有保值的需求，其管理单位均有权对其行使支配权。

（二）办理房地产信托存款的意义和作用

1）从房地产信托存款的范围可以看出，这些存款的资金来源既不是社会生产和流通资金中暂时闲置部分，也不是国家预算内资金，而是存在于生产流通之外的一部分社会闲置和可自主支配的资金。这部分资金具有分散性和流动性。通过信托方式将它们集中起来，可以在不影响社会生产和流通的正常进行的情况下，使这部分资金集中投入房地产行业，从而发挥金融信托机构的聚财功能。

2）房地产信托存款不具有强制性。由于金融信托机构的业务经营灵活多样，可供客户选择的余地较大，这样，既充分尊重了客户的自主权又由竞争机制促使信托机构提高自身经营管理水平。

（三）房地产信托存款的办理程序

1）存款企业提出存款的要求，并说明存入金额和期限，经信托机构经办人审查其资金来源需在规定范围内，向有权批准人汇报。

2）由信托机构的法人代表或授权委托代表与存款企业签订《房地产信托存款协议书》。

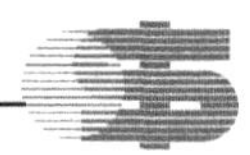

资料

房地产信托存款协议书

（　　）房信存字第　　号

甲方：××企业（团体）

乙方：××信托投资公司

经甲方双方商定下列条款共同遵守：

① 甲方以自主使用的_____资金_____万元存入乙方，在转入乙方账户后由乙方签给____号房地产信托存款定期存单，存取款能通过转账结算。

② 定期为　　年　　个月，自　　年　　月　　日起至　　年　　月　　日止。

③ 存款年利率为______%。

④ 存款未到期，不得提前支取，甲方如遇特殊情况急需用款，经乙方同意后可凭存单向乙方办理抵押贷款或贴现。存款到期未办转期、逾期按银行同期活期利率计息。

⑤ 甲方在存款时应在存单留底卡片上预留印鉴。存款到期甲方持乙方开给的存单，并在存单背面加盖预留印鉴方能办理提款手续。

⑥ 本协议正本一式二份，甲乙双方各持____一份、副本份由____方存查。

⑦ 未尽事宜，双方经协商同意后可另定协议作为补充，共同执行。

甲方（公章）	乙方（公章）
负责人（代表签章）	负责人（代表签章）
地址:	地址:
电话:	电话:
开户银行:	开户银行:
账号:	账号:

3）存户在信托机构开立房地产信托存款账户，并预留印鉴。

4）存户将存款划入信托机构账户。

5）存款入账后，信托机构向存户开出“定期信托存单”一式三联（如图 8-1 所示）并从款项入账日起开始计息。

6）存户到期提取存款时，交回存单（第二联），经核对预留印鉴无误后由收受存款的信托机构将款项本息一并划回原存户银行账户（存款于转出当日不计息），存款协议书同时终止。

__________信托投资公司

房地产信托存款贷方传票　　　　协议书号码______

日期______

户名：__________________　　账号_________

金额（大写）___________小写（¥）__________

定期________到期日______利率________

会计分录：借：

会计　　复核　　记账　　　　贷：

第一联

__________信托投资公司

房地产信托存款存单　　　　　　协议书号码______

日期______

户名：__________________　　账号_________

金额（大写）__________小写（¥）__________

定期________到期日______利率________

支取日_________本息合计：_______________

（信托公司）有效签章___________

第二联

__________信托投资公司

房地产信托存款（卡片）账　　　协议书号码______

日期_____

户名：____________________账号_________

金额（大写）__________小写（¥）__________

定期________到期日______利率________

支取日_________本息合计：______________

会计　　　复核　　　记账

存户预留印鉴
Specimen Signature

第三联

图 8-1　定期信托存单

二、房地产信托贷款

房地产信托贷款是金融信托机构运用吸收的房地产信托存款、自有资本金和筹集的其他资金向房地产领域发放的贷款。

（一）房地产信托贷款的对象及其条件

1）由于信托机构吸收的房地产信托存款是社会闲散和流动性资金，加上信托

机构都是独立核算、自负盈亏，在经营上拥有充分自主权，所以房地产信托贷款选择对象比较广泛。凡从事房地开发经营的企业，确有需要、用作合理、符合国家房地产产业政策等均可作为房地产信托贷款对象。

2）申请房地产信托贷款条件。包括：① 具有法人资格，即需依法注册登记；建设部颁发的房地产开发企业技术资质证书；② 企业必须实行独立经济核算，内部管理制度和财务制度健全；③ 必须拥有符合国家规定比例的自有资金；并具有一定的承担风险的能力；④ 在银行开立账户；⑤ 经过保险的房地产作抵押，主要有土地使用权，房产所有权，在抵押时还须到房地产管理部门登记；⑥ 在符合国家房地产政策的项目建议书和项目任务书；⑦ 申请的项目已经有关主管部门（如计经委）同意立项，并已纳入当年建房计划，并已具备开（施）工条件；⑧ 在房地产信托贷款的贷款合同中除一般银行借款合同条款外，还应注明企业自筹资金渠道、借款使用后的经济效益、还款计划，并附上房地产投资项目的可行性报告；⑨ 房地产信托贷款利率可以在国家统一规定的贷款利率上下一定的幅度内浮动，利息可按季收取，也可利随本清。

（二）房地产信托贷款的特点与作用

1. 灵活、方便、及时

这是房地产信托贷款的一大特点，贷款对象可由信托机构自主选择；同时，信托机构在经营上决策自主，审批程序简便、迅速。随着社会主义市场经济的发展，房地产信托贷款显然有较强的适应性。

2. 增强了房地产经营、开发企业的竞争机制

房地产信托贷款提供了一条新的资金供应渠道，而且信托贷款对象限制较少，利率也有一定的灵活性。因此，在选择贷款对象方面，可以优中选优，这样就可为经营管理好、效益高的房地产开发、经营企业提供更多的必需资金，使之在竞争中有更好的生存环境。

第三节　房地产信托投资

房地产信托投资是金融信托投资机构用自有资金进行的投资，按现行规定，用于房地产投资的金额不能超过信托机构的资本总额。同时，房地产信托投资仅指以投资者身份进入直接投资，而不包括房地产委托投资。

在房地产信托投资过程中，信托机构直接参与投资企业经营成果的分配，并承担相应的风险。

一、房地产信托投资的种类与方式

（一）房地产信托投资类型

1. 直接投资

即将资金直接投入房地产业，参与房地产的开发、经营。

2. 间接投资

即证券投资，是信托机构用自有资金购买房地产开发经营企业的股票、债券等有价证券借以获取收益的行为。证券投资在西方国家已成为主要的房地产投资方式。我国目前证券业正处于起步阶段，但随着社会主义市场经济的发育状大和我国房地产业的发展兴旺，房地产证券的发行量必将越来越大，房地产证券投资是大有前途的。

（二）房地产信托直接投资的方式

房地产信托直接投资方式可分为两种：① 参与经营的方式，称为“股权式投资”，即由信托机构委派代表参与对投资的房地产企业的领导和经营管理，并以投资比例作为分配利润或承担亏损责任的依据；主要有两种形式：一是隶属于信托公司，拥有开发经营权，实行独立核算的房地产公司即全资子公司；二是信托机构以合资形式投资房地产企业，拥有部分股权，并参与经营管理，即合资公司；② 合作方式，称为“契约式投资”，即仅作资金投入，不参与经营管理；这种方式的投资，信托机构投资后按商定的固定比例，在一定年限内分取投资收益，到期后或继续投资，或出让股权并收回所投资金。

上述两种形式，前一种承担风险较大，后一种相对稳妥一些。目前金融信托机构在投资房地产开发企业时主要采用以下几种方式：

1. 长期合作投资

信托机构在投资时，不需事先与合作者商定投资回收期，而作为投资企业的长期合作者，只要投资的房地产企业经营正常，投资合作关系就一直存在。合资各方实行共同投资、共同管理、共享利益、共担风险。投资各方可以定期（一般按会计年度）根据投资比例，从合资企业分取利润或承担相应的经济损失。这一方式适合于资金实力雄厚，对房地产业的开发、经营较为熟悉，有专职人员从事

房地产业的信托机构。

2. 定期合作投资

定期合作投资是投资各方事先商定投资期限，即投资回收期，一般为2~6年；在合资期间，投资各方按投资比例分享收益、承担经济风险；投资期满后投资各方收回所投入资金。定期合作投资方式适用于见效快、收益大的房地产开发项目，如开发城市中某一幢写字楼等。这一投资方式比较灵活，目前各地金融信托机构大多采用这一方式参与房地产的开发、经营。

3. 信息分红投资

保息分红投资是信托机构在投资时事先商定由房地产合资企业在投资期间，按照信托机构投资资金额定期（一般按季）支付利息，年终再参与一定比例分红。从严格意义上讲，保息分红投资不能算作真正的投资，而是对于投资与贷款之间的一种融资形式。这一方式适用于对预期销售情况较好、收益稳定的房地产合资企业。对投资信托机构和房地产企业来说，这一方式较受欢迎。

从信托机构来讲，除了不承担风险而收取利息（固定收益）外，还可参加分红，从而获利高于利息的收入；对房地产合资企业来讲，支付给信托机构的利息可计入成本，经济收益较稳定。

以上几种投资方式，在实际使用时各有利弊，同时也可相互转换。如经过投资各方协商，定期合作投资项目完成后，只要有关条件许可，可转换为长期合作投资；反之长期投资也可转换为定期投资。

二、房地产信托投资的特点

（一）投资的政策性与计划性

在社会主义市场经济条件下，国家虽然放宽了一些产业的投资政策，但房地产投资属于固定资产投资，房地产开发具有综合的经济效益、社会效益和环境效益，国家必然要从宏观上加以调控。因此，随时了解国家的宏观经济政策，把房地产信托投资业务和国家利益、全局利益挂起钩来，及时调整投资方式，应作为信托机构在选择房地产投资项目时考虑的主要因素之一。当前，全国的房改工作已全面展开，房地产投资信托投资就要向旧城改造及加快住宅生产建设倾斜，为支持各地的房改做出贡献。

鉴于房地产开发建设所具有的特性，房地产信托投资的项目必须纳入各地的固定资产投资计划，不能超计划投资。并且要严格地履行必要的审批手续。

（二）投资资金使用的长期性

用于房地产信托投资的资金，一般没有固定的归还期，这些资金在合资房地产企业里是作为自有资金不断地用于开发经营活动而长期周转使用的，只要合资企业不发生关、停等情况，合资各方投入的注册资本是不能随意收回的。它与一般银行贷款有本质的区别。银行贷款不论数额大小、期限长期都有确定的期限，到期必须归还。

（三）投资的风险性与收益的不稳定性

所谓风险性，是指房地产投资者在投资过程中不能获得预期收益，造成投资本金损失。我们知道，任何投资都要承担一定的风险，由于房地产具有固定性和专用性特点，房地产投资也是如此，房地产投资收益越大，其风险越高。对房地产投资信托主要存在的风险有购买力风险和期末风险。

购买力风险是对房地产投资最具有威胁力的风险。房地产销售存在着出售和出租两种形式。在出售房地产商品时，如果房地产商品的售价或租价过高会使市场需求量降低，房屋空置率增加，使房地产投资者的收益降低；如果房地产商品售价或租价计得过低，又会影响房地产投资者按期收回资金。

期末风险是指投资者拥有的房地产在期末时的价值。在房地产投资者在对期末房地产价值进行评估时，存在着某些不断变化的因素，使得评估的房地产价值与期末实际情况有所差距，一旦评估发生较大失误，房地产投资者将蒙受损失。

房地产信托投资收益不具有稳定性，它直接与合资企业的开发经营状况和市场需求相联系。企业开发经营的好坏、房地产市场销售价格涨跌，都会影响投资者的收益大小，一旦出现亏损，必须按投资比例承担损失。所以投资收益的不确定性是绝对的。

三、房地产信托投资的条件

房地产投资一般具有投资额大、投资期长、风险大等特点，在做出信托投资决策时，应严格掌握下列条件。

（一）有拟投资项目的可行性研究报告

项目切实可行是房地产信托投资决策的前提条件，因此，必须做好可行性研究。房地产投资项目的可行性报告格式如下：

1. 总论

包括：① 项目名称；② 项目主办单位各方情况及项目负责人；③ 项目前期

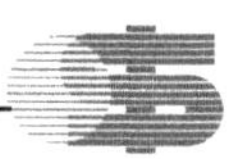

工作情况；④ 合营方式；⑤ 投资总额及合营各方投资比例；⑥ 合营期限；⑦ 拟建项目的经济意义和投资的必要性；⑧ 确定项目的依据。

2. 需求的预测和拟建项目的规模

包括：① 市场需要量预测；② 商品房购销情况分析；③ 合资开发企业的生产能力；④ 销售预测，包括销售方式和促销方式；⑤ 拟建项规模、动迁户数、占地面积、建筑面积、征地补偿费等（如购买土地使用权的，一般情况下由出让土地使用权方负责动迁和征地）；⑥ 说明上述预测使用的方式、方法。

3. 资源和设施情况

包括：① 土地面积、地质条件；② 开发建设所需建筑原材料等物资来源、需求数量和质量分析及供应方式（如实行建筑施工项目招标的，则只要说明招标方式即可）；③ 拟建项目所需公用设施的数量、供应方法及条件；④ 项目所在地交通运输情况分析。

4. 设计方案

包括：拟建项目构成范围、技术来源和开发方法；开发建设项目地址选择；工程量估算。

5. 环境保护分析

主要是绿地面积、排污、项目布局、空气清新度、安静程度。

6. 工程实施进度

主要是工程开、完工时间的估算。

7. 投资估算和资金筹措

包括：① 分别注明拟建项目的主体工程与配套工程的投资量估算；② 资金来源、筹措方式（指投资总额减去注册资本部分）。

8. 投资效益估算

包括：① 工程项目总投资预算；② 财务评价，主要有：销售收益测算；投资回收年限；国民经济评价（投资利税率、全部投资新增国民收入测算、投资收益率）。

（二）有批准立项文件

根据我国现行的固定资产投资管理体制，凡投资的房地产项目都必须按照项目审批程序和审批权限，根据项目的投资规模，报经国家或省、及相关的上级主管部门等机关审批同意后方可兴建。

房地产建设方的报批程序如下：

1）首先向有权机关报送“项目建议书”提出项目的设想，初步分析项目建设的必要性及技术上、经济上、财务上的可行性。

2）有权机关根据国家和地区的城市发展规划和有关产业政策，进行综合平衡后，下达是否准予进行可行性研究或设计任务书的批文。

3）进行详细可行性研究。并将研究报告报送有权机关审批。待有权机关批准后，下达准予开工文件。信托公司凭有权机关批准立项的文件，作出投资决策。

（三）有落实的全部投资

房地产信托投资项目的投资预（概）算要正确（一般情况下允许误差为±15%），全部投资要落实到位，不留缺口。特别是企业合资各方的注册资本必须按合资合同及时到位，房地产企业注册资本的投入方式一般有以下两种：

1. 现金投资

现金投入可以是人民币，也可以外币。当注册资本以人民币表示时，投入的外币可按合资企业收到该笔外币资本当日的外汇牌价折算成人民币。

当注册资本以某种外币表示时，则以收到第一笔注册资本（人民币），按当日外汇折算成相应的外币；以后收到的注册资本（人民币）也按此汇率计算。这里需说明一点，如投资的房地产企业属于中外合资的，则外方投入的必须是外币现汇。

信托机构对合资房地产企业注册资本的投入一般为现金投入。

2. 场地使用权（土地使用权）投资

按我国宪法规定：我国境内的土地属国家所有。因此，投资企业或项目对土地只有使用权，而没有所有权。信托机构在对其他投资方以土地使用权投资时，应到国家土地行政管理部门进行咨询，并到现场察看以防不实。

（四）有良好的投资环境

这里所讲的投资环境主要指投资项目所在地的地理环境、自然环境、经济环境和社会环境的总和：① 地理环境主要指：项目地理位置优越以及铁路公路、港口、机场等交通条件；② 自然环境主要指：周围污染少、空气清新、噪声小等；③ 经济环境主要指：项目新基地的经济发展良好、基础设施好、资金渠道畅通；④ 社会环境主要指：文化教育水平高、邮政通讯事业发达、环境保护设施良好等。

良好的投资环境，对房地产开发项目的经济效益起着重要作用。

（五）有较可靠的投资效益

可靠的投资效益是信托机构投资房地产产业的原则，它的中心就是投入少、产出多、风险小、收益大，即以最少的投入获得最大的产出，以最小的风险获得最大的收益。

四、房地产信托投资与开发的程序

（一）投资程序

房地产信托投资业务程序一般依次分为投资项目的筛选、评估、谈判、确立、执行和终止六个阶段。这些程序是房地产信托投资过程中各项工作的先后顺序，是投资进程的反映；投资的每一个阶段都以上一阶段的工作为前提，并为下一阶段做好准备。各阶段的工作一环扣一环，相互连接，不可分割。

下面介绍项目投资程序各阶段的内容。

1. 房地产投资项目筛选

由于房地产项目一般投资额都较大，资金占用长、收益与风险同在。因此，要把信托机构有限的资金用在进行房地产投资，并把风险降至最小、增加收益率，就要求对投资项目进行筛选。经过初步的筛选，把好的项目留下来，根据信托机构的房地产信托投资计划和财务，作进一步的评估。

2. 投资项目的评估

信托机构为做出正确的房地产项目投资决策，要对拟建的房地产项目进行更深入、细致的分析评估，其评估内容主要包括对房地产项目进行的技术、经济、财务等方面的评价。

3. 项目谈判

房地产投资项目的谈判工作是在评估报告中提出的项目可行性意见基础上进行的。通过投资各方的协商谈判，不仅为签订合同做好准备，而且还为投资各方相互了解、进行长期合作起到促进作用。

房地产投资项目谈判主要包括以下内容：

（1）投资方式、金额和期限

即投资各方根据项目的可行性研究结果，就采取何种合资形式、投资金额数量、投资期限长短进行谈判协商。一般来说，属于投资少、见效快的项目采用契约式投资，即投资各方的投资金额、投资期限、利润分配、承担的责任、义务在合同中明确规定。契约式投资的最大特点是利润分配比例不等于投资比例。而投资额大、期限长的房地产开发项目，一般采用股权式投资方式，即通常所说的“合资”。由于房地产投资的技术性较强，目前金融信托机构开办房地产投资业务时间不长，工程技术人员缺乏，所以，为了调动其他投资方的积极性、信托机构的出资比例一般不高于注册资本的50%。

（2）利润分配方法、分配比例和承担的风险

投资各方应对利润分配方法和分配比例进行充分协商。这是项目谈判阶段投资各方最关心的问题。契约式投资的利润分配比例是根据投资各方的谈判来确定的，一般有固定红利、保息分红、到期还本等方法，分红比例经过谈判确定后在投资合同中明确规定。一般来说，信托机构所分得的利润（利息+分红）应不低于市场利率平均水平。股权式投资，是以投资各方的出资比例来确定利润分配比例的，即利润分配比例等于投资比例。

（3）合资房地产企业的组织、管理方式

在确定投资方式后，还要就投资企业或项目的组织形式和管理方式进行协商，主要包括董事会的成立、董事长、副董事长及董事的名额分配、企业的经营管理等内容。

4. 项目的确立

项目的确立是通过签订合营合同来实现的，签订合同的过程就是项目确立过程。即在起草、签订房地产投资合同过程中要对合同各条款进行逐一研究、协商，最后投资各方无异议后，由各方代表签订投资合同。投资合同一经签订，就具有法律效力，投资各方必须依照执行。因此，投资各方的权、责、利要在合同中逐项阐述清楚，用词要准确，不能有含糊的表述。

由于我国的社会主义市场经济正处在逐步发展和完善时期，各项经济制度也正在向国际惯例靠拢，下面就以中外合营房地产企业投资合同的内容为例作一说明。

根据《中华人民共和国合营企业法实施条例》和经济合同法规，合营房地产企业投资合同应包括以下内容：

1）合营各方的名称、注册国家、法定地址和法定代表人的姓名、职务、国籍。

2）合营企业名称、法定地址、宗旨、经营范围和规模。

3）合营企业的投资总额和注册资本（一般情况下投资总额大于或等于注册资本）、合营各方的出资额、出资比例、出资方式、出资和缴付期限以及出资额欠缴、转让的规定。

4）合营各方利润分配和亏损分担的比例。

5）合营企业董事会的组成，董事名额分配以及总经理、副总经理和其他高级管理人员的职责、权限和聘用办法。

6）建筑项的招标方式。

7）商品房销售及促销方式、在中国境内和境外销售比例。

8）外汇资金收支的安排。

9）财务、会计审计的处理原则。

10）有关劳动管理、工资、福利、劳动保险等事项的规定。

11）合营企业期限、解散及清算程序。

12）违反合同的责任。

13）解决合营各方之间争议的方式和程序。

14）合同文本采用的文字和合同生效的条件。

合营企业合同的附件与合同具有同等效力。在签订房地产投资合同时，应根据合营各方的实际情况（如与境内企业合营或与境外企业合营），不一定按上述合同所有内容和顺序确定，可根据需要适当增减内容。在签订房地产投资合同过程中，首先要注意投资各方的权利、义务的明确性和对等性；其次要坚持互利平等、协商一致的原则，共同投资、共同经营、共负盈亏；再次要坚持投资合同的合法性，不论中外合营还是内资合营，只要合同的履行地在中国境内均需遵守中国的法律。

5. 项目执行

在房地产投资项目确定后，投资各方都应按合同规定，将认交的投资交足，投资项目进入执行阶段。作为合资企业，应将企业成立的合同与有关文件的副本报送有权审批机关；同时，办理工商、税务注册登记（中外合资的还要向外汇管理部门报送外汇资金收支计划）。

作为信托机构，在这一阶段的主要工作有以下几个方面：

1）派出所有企业管理经验的领导和代表，参加董事会或者联合管理机构，出任董事长、副董事长、董事等职。

2）将认交的投资款在规定期限内足额划入合营企业账户，并监督其他投资方的投资款划拨情况。

3）监督投资项目的资金使用情况，使投资项目按时开工、按时竣工、按时销售，使项目尽快实现经济效益。

4）参与合营企业的经营管理活动。

5）参与合营企业的财务管理以及劳动、人事管理等。

6）参与合营企业的利润分配，若发生亏损，则要承担损失。

7）对合营过程中出现的问题既要坚持原则又要进行友好的协商，不推诿、扯皮。

6. 项目终止

项目终止是房地产信托投资程序的最后阶段，合营企业可能在以下情况下终止：

1）房地产建设项已完工并已销售完毕，这一情况一般指为某个房地产开发项目而专门成立的房地产项目公司，在项目结束后，投资各方又无意延长期限重新开发新项目，则合资企业自行解散。

2）合资企业发生严重亏损，或某投资方不履行合义务以及发生不可抗拒的灾害，不能继续经营的。

3）合营企业未达到经营目的，又无发展前途。

4）合同规定允许的股权转让。

合营企业的解散实际上可区分为两种不同的情况，即完全解散（上述 1）～3）种）和产权转让（第 4）种）。所谓完全解散，是指合营方无意或无力继续经营而停止清算；所谓产权转让，则是指合营企业在某一投资方在合同期满后，把产权转给原其他投资方继续经营。

合营企业在宣告解散时，董事会应提出清算的程序和原则，组织清算委员会，报合营企业的政府主管部门（审批机构）审核并监督清算。清算委员会的人选一般由投资各方在企业里的董事与聘请的在中国注册的会计师、律师担任。审批机构认为有必要时，也可派人进行监督。

以完全解散为例，清算委员会的任务是：

1）对合营企业的财产、债权、债务进行全面清查，编制资产负债表和财产目录。

2）根据清查结果，提出财产作价和计算依据，制订清算方案，并报告董事会。

3）按照董事会讨论通过的清算方案，处理财产物资、收回债权、缴纳应交税金、清偿债务、妥善解决各项遗留问题；如发生诉讼，清算委员会将代表合营企业起诉或应诉。

4）按照合营各方的出资比例分配剩余财产（如为契约式投资的，则按契约规定的比例分配）。

在产权转让的情况下，清算委员会的任务，一般仅限于 1）、2）两项。

清算工作结束后，应由清算委员会提出清算结束报告，提请董事会审议通过后，报告原审批机构（计经委或外经委）；同时向原登记管理机构（企业所在地工商行政管理局）办理注销登记手续，撤销营业执照，并且向当地税务机关办理注销税务登记。

合营企业作为有限责任公司，以其全部资产对其债务承担责任。在完全解散

时，一切债务将优先清偿。清算期间发生的清算费用（包括注册会计师和律师的顾问费、注册会计师审查证明清算报告的公费、有关合营期满清算的公告费用等）和清算委员会成员的酬劳也将优先支付。如清算过程中发生清算收益，在扣除清算费用和清算损失后，其净额应视同利润依法缴纳所得税。外方合营者分得的资本净额或剩余财产超过出资额的部分，在汇往国外时，应缴纳10%的所得税。

企业的完全解散是因某一投资方不履行合同规定义务致使企业无法继续经营的，在宣布合营企业完全解散的情况下，不履行义务的投资方应对合营企业由此造成的经济损失负赔偿责任。

（二）房地产开发程序

信托机构与其他投资方将注册资本缴入合营房地产企业账户后，便可进行房地产的开发。

所谓房地产开发是指在国家统一规划范围内，组织建设地段的土地加工和房屋建筑的投资建设、经营等一系列经济活动，包括新区开发和旧区改造再开发两个方面。

房地产开发的形式一般有以下三种：

1. 土地开发

指单纯从事建筑地段的开发，包括征地、拆迁、基础设施建设、土地平整及地段使用权批租与转让。

2. 房屋开发

指在承担已建成的建筑地段（购买土地使用权），按照城镇规划要求组织房屋的规划设计、建筑施工以及房屋的出售与出租。

3. 房地产综合开发

指对城镇的建筑地段和房屋进行综合性的规划、设计、施工以及经营。从横向上看，它所包含的有工业用户、住宅以及配套的商业服务、文教、卫生、行政机关用房、市政、公路、交通、绿化等项目；从纵向上看，包括规划、设计、征地、拆迁、基础建设设施的完成、土地平整、建筑施工、验收交付使用以及房屋经营的全过程。

房地产开发的具体程序包括：前期准备阶段、前期工作阶段、施工组织阶段、验收经营阶段等四个阶段（见图8-2）。

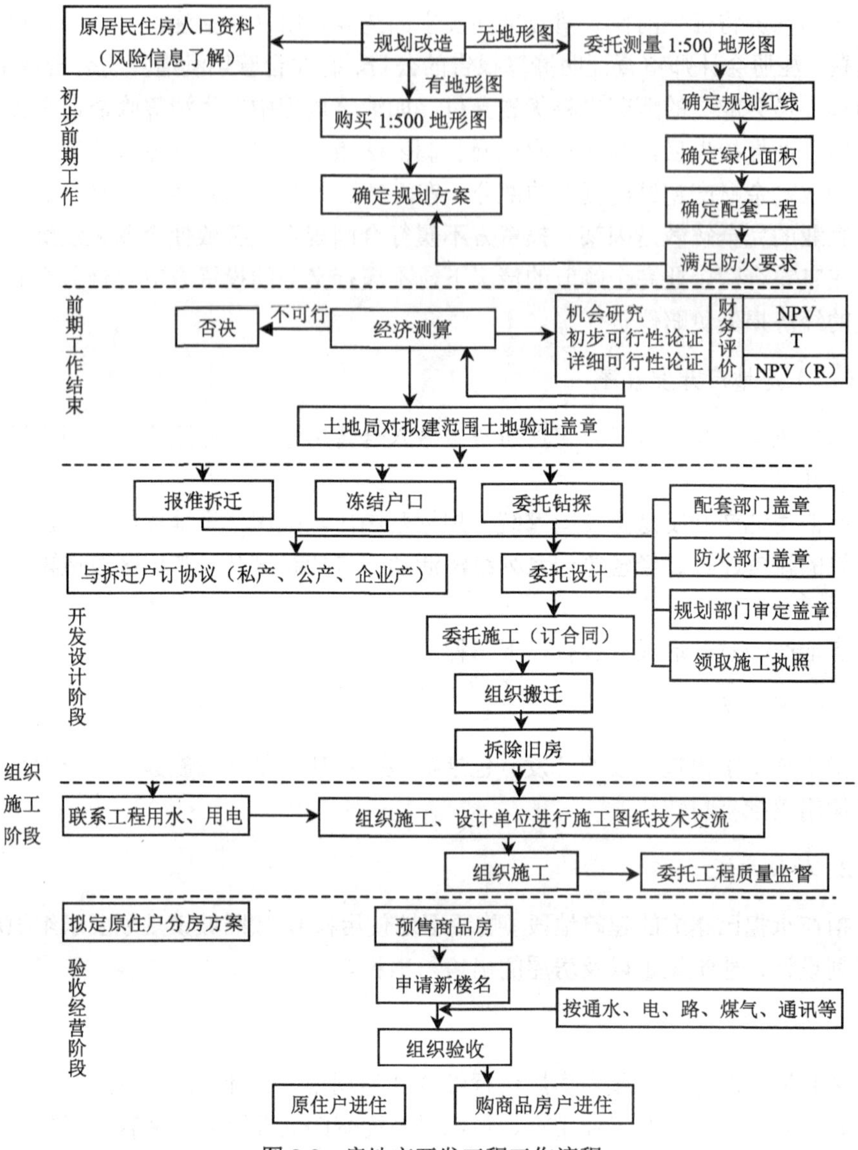

初步前期工作

原居民住房人口资料（风险信息了解）
规划改造
无地形图
委托测量 1:500 地形图
有地形图
购买 1:500 地形图
确定规划红线
确定绿化面积
确定规划方案
确定配套工程
满足防火要求

前期工作结束

否决
不可行
经济测算
机会研究
初步可行性论证
详细可行性论证
财务评价
NPV
T
NPV（R）
土地局对拟建范围土地验证盖章

开发设计阶段

报准拆迁
冻结户口
委托钻探
配套部门盖章
与拆迁户订协议（私产、公产、企业产）
委托设计
防火部门盖章
规划部门审定盖章
委托施工（订合同）
领取施工执照
组织搬迁
拆除旧房

组织施工阶段

联系工程用水、用电
组织施工、设计单位进行施工图纸技术交流
组织施工
委托工程质量监督

验收经营阶段

拟定原住户分房方案
预售商品房
申请新楼名
按通水、电、路、煤气、通讯等
组织验收
原住户进住
购商品房户进住

图 8-2　房地产开发工程工作流程

1. 前期准备阶段

首先是申请立项，具体工作如下：

1）拟定项目申请报告。

2）拟定意向书。

3）拟定项目建议书，包括：① 项目简介；② 项目意向；③ 项目名称；④ 项目性质；⑤ 项目范围；⑥ 项目年限；⑦ 项目资本总额；⑧ 项目开发计划；⑨ 项目协作条件；⑩ 立项目的；⑪ 首期开发项目；⑫ 结论。

其次进行规划设计，包括：

1）编制开发项目所处地形图（一般为1:500的比例）。

2）编制规划方案。

3）进行土地征用。

2. 前期工作阶段

主要包括：

1）进行勘察设计。

2）组织拆迁（如购买土地使用权则例外）。

3）清理场地，做到项目建设现场“三通一平”，即水通、电通、道路通和场地平整。

3. 施工组织阶段

主要包括如下内容。

1）招标、投标、定标。一般房地产企业不拥有施工队伍，因此，首先必须向社会上的建筑施工企业进行公开招标。即按设计要求先确定标底，然后邀请有关施工单位参加应标。其次，由施工企业进行投标，即由应标的施工企业参加房地产开发企业召开的招标会，进行技术交流，查看建筑场地，限期投标。最后进行开标，由开发企业组织评标委员会确定开标日期，并对投标单位的投标书进行全面评审，确认中标单位，与中标的建筑企业签订施工合同，完成定标。

2）进行建设期的施工管理。主要包括：① 建立土建、开发工程指挥部，人员以房地产开发企业的工程技术人员为主，并吸收施工企业负责人、当地建筑行政管理机构负责人参加；② 划分和调节施工场地；③ 控制调节施工进度；④ 进行质量监督，根据国家有关建筑行业质量管理规定：较大开发项目要委托国家质量监理站负责监理；中等开发项目要委托城乡建委或有关局质量监督站负责；小型开发项目由开发企业委托当地技术监理委员会进行监理。

3）按工程进度支付工程价款。

4. 验收经营阶段

主要包括竣工验收和经营两方面。

1）组织竣工验收。主要内容有：① 由施工单位报送竣工报告；② 开发企业与施工单位进行现场验收；③ 召开验收会议，开发企业与施工单位双方代表在验收书上签字，并按施工合同规定结清工程款。

2）经营。完成后的房地开发项目经营时包含两方面的内容：① 房地产的出售和出租；② 进行售出服务，包括保修和有偿代理室内装修。

五、房地产信托投资项目管理

房地产信托投资项目管理是在信托机构直接参与投资的房地产企业（项目）成立后对该企业（项目）所进行的管理，一般包括项目的资料管理、经营管理、监督管理和总结评价四个方面的内容。

（一）项目的资料管理

对房地产信托投资项目成立过程中的原始资料、投资项目成立后的资料进行收集和积累，进行系统化、科学化的整理和归档，并逐步应用电子计算机使资料管理手段现代化，就是项目的资料管理。

项目的资料管理要做到系统化、日常化、科学化。所谓系统化，就是要把项目资料分门别类，加以系统整理。一般按项目成立的时间顺序进行分类管理，如按项目成立时的合同编号（一般情况下，合同编号包含了时间因素）等；同时按项目的内容进行分类，如按房产开发投资、地产开发投资、房地产综合开发投资等。所谓日常化，就是要对项目成立前后所有资料在平时工作中就要加以收集、积累。做到的投资项目成立一个、整理一个、立档一个。这要作为日常工作的基本组成部分。所谓科学化就是要对收集的项目资料进行科学地分析，“去伪存真”，提高项目资料的参考价值。

一般来说，房地产投资项目的资料管理主要内容如下：

1. 原始资料

即房地产投资项目成立过程中的资料，主要包括项目建议书、可行性研究报告或设计任务书、投资项目评估报告、有权机关批准的立项文件、合营合同及章程、投资收据或股权证明、经会计师事务所签署的验资证明及其他原始资料。这些是房地产投资项目资料管理的基础。

2. 项目成立后的资料

包括从项目成立到终止的所有资料，主要有合营房地产企业董事会会议纪要、董事会的通报和决定、各级管理人员变动的情况、项目日常经营情况、各种月、季、年度会计、统计报表、年度总结、项目终止总结评价报告等。对这些资料的管理，可随时掌握项目在经营过程中的发展动态，有助于发现新情况、新问题。

3. 其他资料

主要包括国家或房地产行业投资的政策性文件，国家有关房地产投资的法律、法规、制度，国内外房地产投资与市场动态、专业性报刊、杂志和书籍及其他与房地产信托投资有关的资料。对于这些资料的管理，可以及时掌握国家宏观经济政策和有关法律，了解房地产投资动态。对于及时调整房地产投资方向有积极而重要的作用。

（二）房地产投资项目的经营管理

信托机构按合营合同规定按期足额划拨投资资金后，就成为房地产投资项目主体的组成部分，与合营企业的成败联系在一起。信托机构作为投资者参与企业经营管理的主要内容有以下三项：

1）根据投资股份的大小，选派董事长、副董事长和董事，通过董事会参与合营企业的经营管理。一般来说，由合营企业投资股份最大的投资方担任董事长，董事的名额分配也根据股份来分配。在合营企业里董事会的职权是按照合营企业章程，讨论决定企业的一切重大问题：如企业发展规划、经营活动方案、收支预算、利润分配、劳动工资计划、停业以及总经理、副总经理、总工程师、总会计师、审计师的任命或聘请及其职权和待遇等。

董事会在处理重大问题时，应由合营各方根据平等互利原则协商决定。同时，董事会会议应有三分之二以上董事出席方能举行，对下列事项应由出席董事会会议的全体董事一致通过，才能作出决议：① 合营企业章程的修改；② 合营企业的中止、解散；③ 合营企业注册资本的增加、转让；④ 合营企业与其他经济组织的合并。

2）选派人员到合营企业担任领导职务，直接参与经营管理。一般来说，合营企业合同和章程都规定了企业总经理、副总经理等领导职务，既可以从社会上招聘，也可以由投资各方委派。信托机构可以利用自身联系面广、经营管理水平较高等优势，向合营企业选派具有一定管理经验的人员去任职，如担任总经理、副总经理、财务经理等。

3）为合营企业发展提供帮助。由于信托机构改革联系广泛、信息灵通、业务客户多，可以不断地向合营企业提供信息。同时，在合营企业遇到资金困难时，信托机构可根据自身的规模和财力提供临时性的资金融通。

（三）房地产投资项目的监督管理

信托机构在合营企业成立后，再深入现场调查研究，对投资项目经营过程中的各项工作进行严格的监督管理，以保证工作质量，及时完工、及时销售，使其

达到或超过预期的盈利水平。如果该项目评估是投资决策前的工作，那么对项目的监督则是决策后的工作，直到项目终止。因此，监督管理贯穿于项目的确立、执行、终止的全过程。它主要包括以下内容：

1）监督投资各方是否按合营合同规定的期限，定额划拨投入股本。

2）监督房地产投资项目是否按时开（施）工，是否按计划进度施工，工程质量是否达到设计要求，工程竣工决算与概算是否相符，工程能否保证按时竣工，工程价款是否按进度拨付等。

3）监督投资项目能否按期销售，是否达到计划销售量，实现预期盈利。

4）监督合营企业的利润分配方案是否按合营合同执行。

（四）房地产投资项目的总结评价

由于房地产投资项目的期限较长，因此，在项目执行的某个阶段或投资项目终止前后，信托机构应对项目进行阶段性总结评价和综合性总结评价。通过分析，找出不利因素，根据实际与计划、本期与上期对比写出总结评价报告，作为改进房地产信托投资工作的参考。

所谓阶段性总结评价，就是对项目的某一阶段或时期工作进行评价。如项目从竣工到销售完成这一阶段，是否按原计划进行？促销是否顺利？销售额是否达到计划要求？对这些问题进行评价就是阶段性评价。所谓综合性评价就是对信托机构所投资的房地产项目从筛选到终止过程中一系列工作进行综合评价。

房地产投资项目总结评价的主要内容包括：

1）项目概况和评估经过。

2）项目实施情况，包括设计、施工等情况（招标的还要说明定标过程）。

3）项目完工后的市场销售情况与可行性报告和评估报告中预计情况对比分析结果。

4）项目的技术评价、将完工后项目达到的级别（如国家级优秀工程、省级优秀工程或市级优秀工程）与可行性报告和评估报告中的预计级别进行对比。

5）项目的财务和经济评价。

对于房地产信托投资项目的财务和经济评价是项目管理中的重要内容。通过对投资项目某一阶段或综合性评价，可以及时发现项目经营管理中存在的问题和先进因素，以使尽快采取有效措施、实现预期投资效益（具体的评价方法参见第四章房地产项目评估）。

六、房地产信托投资的会计处理

这里介绍的是专业银行信托机构本身的合营企业的会计财务处理方法。

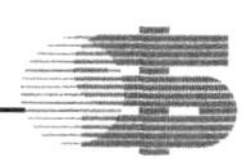

（一）银行信托机构的会计处理

当前，专业银行信托机构开办的房地产直接投资业务虽然有“长期合作投资”、“定期合作投资”、“保息分红投资”等多种方式。但投资业务发生的资金关系、需设置的账户及账务处理程序则是基本相同的。

1. 账户设置

根据中国人民银行总行关于信托投资公司会计科目设置要求，信托机构在办理房地产信托投资业务时应在有关科目下设置如下账户：

1）在“投资”科目下设置“房地产直接投资”账户，用于核算信托机构运用信托基金，办理房地产投资。借方记入向合营企业投入的资金数额；贷方记入收回投资；余额反映在借方。

2）在“营业外收入”科目下设“投资收益”账户，用于核算合营企业根据合同规定划来的利润（如划来的是税后利润，则在填写有关报表时加以说明，以免重复计税），贷方记入划来的利润，余额反映在贷方。

3）“银行存款”账户，用于核算信托机构在银行的存款及资金往来，借方记入存款增加数，贷方记入存款减少数，余额反映在借方。

2. 会计处理程序信托机构以自有资金直接向企业投资会计处理程序

此部分以下例来说明。

【例1】某信托机构在1992年2月向某房地产开发企业直接投资200万元（占总投资的4%），根据合营合同规定，投资款在1993年底返回，利润根据经营情况按比例分配，1992年不分利。到1993年底，该合营企业税后利润（已提取有关专用基金）为30万元。按分配比例，信托机构应得利润120万元，合营企业按规定分别将投资与投资利润划入信托机构银行账户。

会计处理如下：

1）向企业投入的会计分录。

借：“投资”——房地产投资××企业200万元

　　贷：银行存款200万元

2）收到合营企业交来的投资利润

借：银行存款——120万元

　　贷：营业外收入——投资收益——××企业120万元

3）收到合营企业归还投资：

借：银行存款200万元

　　贷：投资——房地产投资——××企业200万元

以上账务处理程序如下：

营业外收入		银行存款		投资——房地产投资××企业户	
借	贷	借	贷	借	贷
	②120 万—2）	②120 万 ③200 万	① 200 万	1） ① 200 万	③200 万

（二）合营企业的会计处理

根据 1993 年 7 月 1 日起实行的《企业财务通则》与《企业会计准则》，各类合营企业对投资的会计处理和原则程序基本相同。现以《外商投资企业会计制度》为例，简单介绍如下。

1. 账户设置

根据《外商投资企业会计制度》规定，地产合营企业应设置如下科目。

（1）“实收资本”科目

用于核算企业投资人按照合同、章程、协议或企业申请书中所规定的注册资本及其所占比例实际缴付的出资额。贷记收到投资人投入的现金，余额反应在贷方。

（2）“已归还投资”科目

用于核算企业按合同规定在合作期间归还投资人的投资。归还投资时，借记本科目，余额反映在借方。本科目的期末余额在资产负债表中作为“实收资本”的减项反应。

（3）“未分配利润”科目

用于核算企业利润的分配和历年利润分配后的结存余额，借方记入付给合资方的利润，余额反映在贷方时为结余，反映在借方时为未弥补亏损。

除用以上三个科目外，企业在核算中还要使用“银行存款”、“应付股利”、“储备基金”、“企业发展基金”、“职工奖励及福利基金”等科目。

2. 会计处理程序

1）收到合资方投入的出资额（假设为 1000 万元），会计分录为：

借：银行存款 1000 万元

　　贷：实收资本——××投资人 1000 万元

2）归还到期投资，会计分录为：

借：已归还投资××投资人 1000 万元

　　贷：银行存 1000 万元

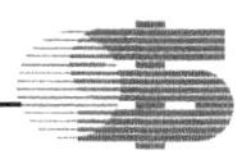

3）按合同付给合资方股利时（假设为 300 万元）的会计分录：

① 借：未分配利润——300 万元

　　贷：应付股利——××投资人 300 万元

② 借：应付股利——××投资人 300 万元

　　贷：银行存款 300 万元

以上账务处理程序如下：

实收资本

借	贷
	①1000 万

银行存款

借	贷
①1000 万	
	②1000 万
	④300 万

已归还投资

借	贷
②1000 万	

应付股利

借	贷
	③300 万
④300 万	

未分配利润

借	贷
③300 万	

3. 利润分配的核算方法

房地产合营企业对于实现的利润，一般只按合营合同规定，按一定的分配方式和比例进行分配。下面实例介绍按投资额比例分配利润的方法。

【例 2】 某合营企业由三方组成，其中甲方投资 500 万元，乙方投资 300 万元，丙方投资 200 万元。年终结算税后利润 400 万元，根据合同规定，需分别计提 5％的职工奖励及福利基金、10％的企业发展基金、10％的储备基金会，余 75％。甲、乙、丙三方按投资比例（5:3:2）进行分配，利润分配见表 8-1。

表 8-1　利润分配表　　单位：万元

项　目	金　额	说　明
未分配利润	400	交纳所得税后利润
职工奖励及福利基金	20	400×50％=20
企业发展基金	40	400×10％=40
储备基金	40	400×10％=40
应付甲方股利	150	300×50％=150
应付乙方股利	90	300×30％=90
应付丙方股利	60	300×20％=60

会计分录：

借：未分配利润 400 万元

贷：职工奖励及福利基金 20 万元

企业发展基金 40 万元

储备基金 40 万元

应付股利——甲方 150 万元

乙方 90 万元

丙方 60 万元

第四节　房地产信托其他业务

为适应房地产经济发展的需要，目前我国金融信托机构还开办了房地产信用担保，代理买卖、保管房地产有价证券，不动产信托等业务。

一、房地产信用担保

房地产信用担保是金融信托机构向房地产客商提供的一种信用保证服务。在房地产买卖（特别是预售“楼花”）业务中，由于房地产开发经营企业往往很难了解每个交易对象的资金能力和信用状况，为了避免和减少经营风险，常常要求购房人提供信用担保，以保证购房人按期足额地支付购房价款。信托机构可在审查合格的基础上出具保函满足这种需要。目前，信托机构一般只向购销双方均是法人的企业提供信用担保服务。

1）信用担保的具体办理程序如下：购房人向信托机构提出要求信用签证担保时，应向信托机构提出正式的书面申请，并提供房地产预售合同及有关资料（如准予购买商品房批文等），填制“国内金融担保签证申请书”（以下简称申请书）。

资料

××市信托投资公司国内金融担保签证申请书

______年_____月_____日

申请人（全称）______________（公章）

法人代表____________________（签章）

对方签约人（全称）____________________（签章）

交易内容：＿＿购买××商品房＿＿＿＿

附：①商品房预售合同　②有关资料　　申请担保

签证金额（大写）人民币______________

结算方式_________付款日期_____年____月_____日

开户银行意见：______________________　（签章）

2）信托机构接到申请书后，进行审查。在办理过程中要做到以下几条：① 要坚持担保条件，必须有符合有关法规的经济保证，即要求申请人（购房人）落实反担保措施，或提供相应的抵押物，并收取一定的担保金，以达到安全可靠；② 要严格执行有关法规，做到担保业务依法成立。

3）信托机构同意担保后，出具“保函”，并在保函上加盖“担保签证专用章”和法人代表章。

资料

××银行××市信托投资公司国内金额担保签证保函

编号：

我市____××购房人_________（开户银行及账号）按________号商品房预售合同购买______（坐落地点）_________m^2建筑面积，商品__________（套、间）等计__________元，约定____年___月____日付款。经付款人申请，开户银行同意，我公司决定给予担保签证，到期保证付款。特此签具保函

此致

收款人_____________

××信托机构（签章）

经理：

年　　月　　日

4）信托机构根据信用签证提供的信用担保程度和有关情况，与委托人（申请人）协商签证担保手续费，一般情况下，手续费不超过担保金额的1%。

二、代理买卖、保管房地产有价证券

房地产有价证券包括房地产股票与房地产债券。

房地产股票是房地产企业为筹措长期资金而公开发行的一种有价证券，是股份制房地产公司发给股东作为投资入股的征收和领取股息、红利的凭证，房地产股票作为一种有价证券可作为买卖对象在市场上流通。

房地产债券是房地产企业为筹措资金用于房地产开发经营，经有关部门同意后直接向社会发行的一种有价证券，是表明债权、债务关系的一种凭证。它的利率是事先规定的，并保证到期归还本金。

房地产债券允许转让和买卖。凡经中国人民银行批准可以兼营证券业务的信

托机构，均可从事有关证券交易业务。代理买卖、保管房地产有价证券是信托机构办理房地产证券业务的主要内容。下面以房地产债券为例说明操作方法。

（一）代理买卖房地产债券

1. 房地产债券的上柜交易条件

1）符合交易点的规定，即向社会公开发行的房地产债券，经中国人民银行金融管理部门批准上市后，在规定的证券柜台和交易点交易。

2）可以上市交易的房地产债券须符合下列条件：① 其发行章程说明可以转让；② 可以向社会公开发行；③ 发行债券的房地产企业必须有经济效益；④ 已经中国人民银行批准发行。

2. 房地产债券代理买卖方式

一般房地产企业债券代理买卖方式为委托买卖，即由委托买（卖）者标明券种、数量、报价挂牌；证券部门按“价格优先、时间优先”的原则，代理买卖双方配对、成交；同时向买卖双方各收取委托额3‰的手续费。操作程序如下：

（1）委托卖出

1）填写委托书，主要内容包括房地产债券名称数量和最低要价。

2）交验身份证件（企业为书面证明）。

3）交出房地产债券，取得临时收据。

4）交易点挂牌。

5）成交，通知结算，收回临时收据，收取手续费，开成交单，付给卖方价款。

6）若到期（一般委托有效期为1个月）未成交，可继续办理委托；如停止委托，则收回临时收据，退还委托债券。

（2）委托买入

1）填写委托书，主要内容包括房地产债券名称、数量、最高出价。

2）交全额保证金，开保证金临时收据。

3）交易点挂牌。

4）成交，通知交割，办理清算，收取手续费，收回保证金临时收据，交给房地产债券和多余额，开给成交单，记名债券凭以过户。

5）若未成交，可继续办理委托，或撤销委托，收回保证金临时收据，退还保证金（不计息）。

（二）代保管房地产债券

信托机构开办代保管业务的目的，主要是为解决房地产债券持有人对其持有的债券在保管上的困难，防止丢失、偷盗等事故的发生，以避免不必要的损失。

1. 代保管手续

1）由委托保管的企业或个人填写委托代保管申请书，写明保管期限、债券金额、张数号码，一式三份；两份交保管机构，一份由委托人收存。申请书上应盖申请人印章，以备提取时核对用。

2）债券经信托机构清点后，出具保管证，然后将债券入库保管。

3）客户的名称、地址如有变动，或需更换印章时，应及时向信托机构办理变更手续。

4）委托保管的客户提取债券时，应出示信托机构发给的保管证、单位证明或个人身份证，经信托机构核对无误后，方可提取。如全部提取，应将保管证注销；如部分提取，信托机构应收回原保管证，注明提取日期及金额，按其剩余数开具新的保管证给客户。

2. 收费标准

目前，委托保管债券的收费标准，一般以年计算，按委托代保管债券金额收取 3‰的保管费，一次收缴，中途提取者不予退回；保管期满后，如客户要求继续保管的，则需重新交纳保管费。

3. 代保管责任

债券保管期间属于信托机构的人为因素造成的损失，由信托机构负责赔偿，如非人力所能控制的因素导致损失时，信托机构不负赔偿责任。

三、不动产销售业务信托

不动产销售信托是在房地的买卖过程中，由于买方资金不足或卖方对买方信用不够了解，将房产所有权或土地使用权转移给受托人（信托机构），并从受托人处获得融资或信用担保，最终实现房地产销售的业务。

（一）不动产销售信托方式及信托关系

在卖方需出售自己的房地产，而买方暂时无力支付价款，卖方又对需方信用情况不清楚的情况下，卖方将拟售房产所有权或土地使用权转移给受托人，则受托人为买方提供信用担保，然后将房地产交付买方，并由受托人督促买方按期偿付房地产价款或代收欠款。如卖方急需资金，或由受托人给予融通，但代收的价款优先偿还受托人向卖方融通的资金。

当买方选定其所需的房地产后，暂时无力付清款项，而且其信用情况不为卖方所了解，于是买卖双方约定将房产所有权或土地使用权转移给受托人，并由受

托人提供融资或信用担保，然后买方得以对房地产进行使用或经营（如出租等），并从获得的收益中清偿卖方的价款或受托的贷款。下面通过两个实例来说明在上述不动产信托方式中所形成的信托关系。

【例 3】 甲方有一座标准厂房闲置，乙方正需要标准厂房，但暂时无力支付价款，需生产出产品销售后才能支付。甲方将厂房所有权转移给受托人，由受托人承诺在一定时期内若乙方不能还款，代乙方偿付厂房价款的保证；受托人在出具保证前对乙方进行详细的调查，确认乙方在担保期内有足够的偿还能力，并由乙方对厂房验收合格，三方于是签订协议，信托关系成立。

【例 4】 甲方有一块已经开发的土地需出让，乙方急需土地建造商品房，但因资金紧张，一时无力支付地价款，经与土地出让方商妥，决定向信托机构（受托人）申请融资或信用担保，并将土地使用权转移给受托人。经受托人对乙方的商品房开发可行性调查研究后，确认开发的商品房有广阔的销售前景，还款有保证后，可同意为乙方融资或提供担保，由甲、乙方和受托人签订协议，信托关系成立。

不动产销售信托关系要通过信托关系各方签订的协议或合同建立。签订三方协议的要点如下：

1）载明房地产的名称、面积、规格、质量状况（结构）、新旧程度、所处地点、价格。

2）明确买方对房地产的使用或处理方式、还款来源、还款计划和还款方式。

3）写明受托信托机构提供融资或担保的金额、期限、利率或担保费率。

4）明确买方到期不能还款或违反协议规定处理房地产时，受托人的权力。

5）明确如房地产发现质量问题时卖方的责任。

6）约定房地产保险事宜和发生保险事故后，保险赔偿金的归属。

（二）受托信托机构的做法及责权

当达成一项房地产销售信托时，信托机构作为受托人应具有以下责权。

1）审查买卖的房地产估价是否准确。如例 1 中的厂房，应有专业部门的估价文件，必要时须经公证以作为提供融资或担保的可靠依据，受托的信托机构应对此给以严格的审查。

2）按有关贷款审查方式，严格审查买方的还款能力，落实担保或反担保，以减少融资或信用担保风险。

3）监督买方按协议规定用途使用或处理房地产。如例 2 中若协议规定用途是在土地上建造商品房，其商品房销售收入偿还债务，则买方就不能将土地抵押他人，或改变用途，否则，信托机构有权收回土地使用权，进行处理；又如在例 1 中如果协议规定买方买入厂房后用于生产，在未清偿债务前既不能将厂房拆除，

也不能改建，否则，信托机构有权收回厂房。

4）督促买方按期还款。如受托人向买方提供融资，偿债期到后，可及时向买方收回款项。如果是为买方提供信用担保，在债务到期前，应督促买方及时向卖方还清价款，或代理卖方直接向买方收取价款。

5）若买方到期不能偿还债务，信托机构有权收回房产所有权或土地使用权。对信托期间已形成的损失，应要求买方补偿。若买方已按协议处理房地产，而买方只是临时困难不能还款，可提供临时融资以保证偿债。如已提供融资的，可适当延期。但如买方出现偿还风险或无正当理由不还债时，则应采取追索措施，直至提起法律诉讼。同时，应按期履行所承担的担保责任。

（三）买方责权

1）买方应向信托机构提供证明自己偿债能力的文件（资料）。

2）买方有根据协议使用、处理和妥善保管信托房（地）产的权利和责任。

3）如信托房（地）产与协议规定的质量、新旧程度等不符，买方有权向卖方退换，如因此造成损失，有权向卖方索赔。

4）信托机构提供的融资或担保到期，买方应主动偿还债务。

5）在信托期间，买方应定期向受托人报告信托房（地）产使用、处理和收益情况。

（四）卖方责权

1）卖方应根据协议的规定按斯是供信托房（地）产；如因拖还造成买方损失，应负责赔偿。

2）卖方应对提供的房地产质量负责，如提供的房产质量不符合协议的要求，应负责修复等；对因此而造成的损失，应予赔偿。

3）卖方提供房（地）产应无所有权（土地使用权）争议，如因其提供房（地）产的产权争议给受托人或买方造成损失的，卖方应负责赔偿责任。

4）卖方在受托人对其提供的房（地）产担保到期后，如买方不能偿还价款，有权要求受托人履行担保责任。

（五）信托房（地）产的财产保险

1）由买方办理投保手续。其原因是，买方是财产的使用人，有维护财产安全完好的责任，但由于受托人对信托房（地）产拥有所有权，所以买方应以受托人的名义投保，并支付保费。

2）如发生保险事故，保险赔偿金归受托方所有，如保险赔偿金高于或低于受托方向买方提供的融资或担保金额，则由双方协商补偿。

第五节　国外房地产信托业务

国外的房地产信托业务种类型繁多，特别是在西方国家里更是形式多样，在房地产的投资、生产、流通、消费等各个领域都有信托业务的存在。这里介绍目前在西方国家比较常见的房地产信托业务。

一、房地产投资领域的信托业务

（一）房地产投资信托

房地产投资信托是美国房地产所有权法律实体之一，一般由信托基金管理公司经营，是信托的一种特殊形式。房地产投资信托允许小投资者在多样化的房地产有价证券上进行投资。在美国，房地产投资信托的主要好处是能得到一个“税收利益”，即它不需要支付公司所得税。因此，至少能将其将收入的 95%分给它的股份持有人，即投资人（也称受益人）。但每个股份持有人必须按其所分得的收入额交纳个人所得税。由于具有这样的特点，房地产投资信托要受到有关法令的严格限制。其中最主要的有两条：房地产投资信托基金的所有权必须为 100 个或 200 个以上的人拥有，其中 5 个人所拥有的所有权不能超过 50%；房地产投资信托的总收入中至少有 75%必须来自经营房地产，如出租房地产收取租金、投资房地产收益等。

房地产投资信托是一种间接投资，在美国是房地产投资的方法之一。如果投资人认为自己直接进行房地产投资有风险，投资人可以将投资购买“信托基金管理公司”的股票（类似于我国的“共同基金”），信托基金管理公司（以下简称公司）运用这些基金进行投资。主要有两种方式。第一种比较典型的投资方式是公司在买进一栋大楼时，只交付头期款的 30%～40%，其余的部分再以贷款形式分期付款。如一切顺利，盈余会以股息的方式分配给投资者，这样的方式所赚的钱当然不会比投资者自己直接投资来得多、来得快，但是投资者仍旧能够分得盈余，并且享受房地产涨价的实际利益。当房地产价格上涨时，相对地是“信托基金”股价上升，加之房地产投资信托享有免税权利，因此，这各股票的收益率要高于普通股票的平均收益率。

另一种类信托投资方式是用信托基金进行房地产贷款信托投资。这种基金不

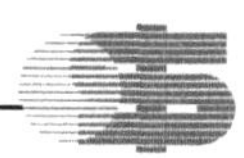

直接买进大楼，而是将钱贷给房地产开发企业，或是买进别的贷款权。这样的方式，造成既高又稳定的收益率，并且间接地将投资人带入银行界的业务中。这种方式的唯一缺点是不能享受因通货膨胀而上涨的利率收益。

（二）日本的住宅贷款债权信托

日本的住宅贷款债权信托是日本信托银行1973年6月以来开办的一项信托业务。它的主要做法是委托人（债权人或称投资者）把自己所持有的资金交给受托人（信托银行）管理和处理，信托银行在承受信托而成为债权人后，为受益者对资金进行代理、保全、偿还本钱、支付收益等业务活动。

日本信托银行开办这项业务的背景是当时日本经济高速发展，个人收入逐步提高，物质比较丰富，但住房仍然很短缺，因而人们对住宅的需求大大增加。1970～1972 年，民间住宅施工进度很快，每年建房 140 万～150 万套。在这种情况下，1971 年 6 月，经大藏省批准，日本先后成立了 8 家住宅金融专业公司。它的母体是日本的金融机构，与金融界无论在人事上还是在资本上都保持密切关系，但它不能像银行那样吸收存款，它的主要任务是对个人住房贷款。这些公司成立后，民间住宅发展更快，1973 年建了 180 万～190 万套住宅。按日本每户平均 3.5 人推算，如果一年建 200 万套住房，搬进新房的就有 600 万～700 万人，约占全国人口的 6%。住宅金融专业公司遇到的一个大问题是资金短缺。因为对个人的住宅贷款一般为 20 年，采取本利均等偿还方式。每年收回的本钱不多，周转缓慢，一发生资金困难就不得不向银行贷款。而在银根紧的时候，往往不容易借到钱。这就导致了设想把住宅贷款债权资金化。1973 年 6 月，日本信托银行开办了住宅贷款债权信托，由于受益权证书可以转让，发挥了金融职能，解决了住宅金融专业公司的资金周转问题，从而满足了社会对住宅的需要。

1. 日本住宅贷款债权信托的结构

住宅贷款债权信托是委托者（住宅金融专业公司）将发放的利率、期限等条件相同的住宅贷款的债权集中在一起，向信托银行进行信托。比如住宅贷款对象为 100 人，集中在一起信托，必须在利率、期限上是相同的，这样才好办理。信托银行作为受托者承受了住宅贷款债权的信托后，发给委托者受益权证书。委托者（即最初受益者）住宅金融专业公司拿到受益权证书后，通过指名债权转让方式（即指名对象），可以转让给第三者（如年金基金等法人）收回资金。这样，住宅贷款债权信托就带有长期金融的性质了。信托银行将一部分信托事务又回过头来委托给委托者（住宅金融专业公司）办理，由委托者向住宅贷款债务者收取本息，然后转给信托银行，由信托银行分别支付给第一受益权（如年金基金等）应

领部分。住宅贷款债权信托的结构如图 8-3 所示。

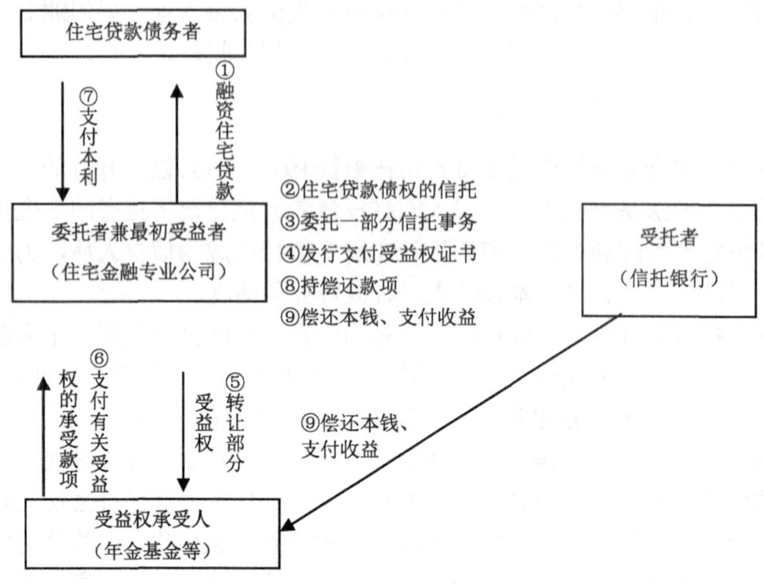

图 8-3　住宅贷款权信托结构

图 8-3 中有两个问题需要说明。

1）在委托者（住宅金融专业公司）把住宅贷款债权信托给信托银行后，受托者（信托银行）为什么又把一部分信托事务委托给委托者办理呢？这是因为，委托者把很多笔（如前面所讲 100 人）住宅贷款债权信托给信托银行后，其中有很多事务性工作，如债务人需要改变些内容，以及有关代收和管理等，手续比较复杂。而住宅金融专业公司对申请贷款购买住房的债务人则非常熟悉，在这种情况下，信托银行为了减轻一部分事务负担，根据《日本信托法》第二十六条“受托者除信托行为另有规定者外，只限于迫不得已的情况下，可让别人代替自己处理信托事务”的规定，委托受托者办理一些事务。委托办理上述事务，要在双方签订信托合同时加进委托的内容，主要有信托债权的代收和管理事务。

2）在办理住宅债权贷款信托过程中，各方的经济利益问题。在住宅贷款的债务人向住宅金融专业公司申请贷款时，年利率为 9.72%，住宅金融专业公司把住宅贷款债权信托给信托银行时，年利率也是 9.72%。信托银行把收的利息分为三份，其中付给住宅金融专业公司委托办理一部分信托事务手续，占 0.963%，付给受益权的承受人（住宅金融专业公司和年金基金等）8.4%（这属于长期优惠高利），信托银行本身得到 0.36%的报酬。概括地讲，是住宅金融专业公司得到资金融通，解决了资金紧张的困难，而信托银行得到了信托报酬，受益权受益人（如年金基

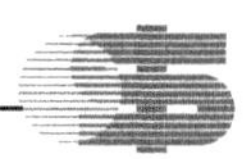

金等投资人）得到了长期的高利收入。

2. 住宅贷款债权信托的特点

住宅贷款债权信托有三个特点：① 是用一笔信托合同把为数众多的住宅贷款债权集中在一起进行信托；② 是为了防止受益权转让人（住宅金融专业公司）资金运用效率下降，将受益权划分为第一受益权和第二受益权：第一受益权就是在信托期内付给委托者住宅金融专业公司拥有的那部分受益权的本息；第二受益权就是在信托期内，信托银行将分期付款所得的收入，减去第一受益权者应得的部分后付给受益权承受人的利息；这样做，有利于促进资金流动，同时，在信托期内，第二受益权的债权本金不会变化，也便于再次转让；③ 信托银行把部分管理性事务委托给委托者去办。

二、房地产流通领域的信托业务

房地产流通领域的主要内容是房地产的买交易，由于房地产的价值较高，所以买卖双方在从事这项交易时都特别慎重，一般都要求有资信良好中间人（信托机构）来作信用担保。

（一）美国的房地产代理协议

美国的房地产代理协议是房地产商委托经纪人（信托机构）代理出售房地产的一种形式，这里信托机构（经纪人）处在代理人的地位。代理人代表委托人（房地产卖主）同第三方（房地产买主）打交道。经纪人与委托人的关系是一种信托关系，代理关系是通过签订房地产代理协议建立的。在代理协议中，委托人的义务包括：给予代理人报酬、支付代理人费用、补偿代理人在代理过程中发生的损失。代理人的职责包括：要对委托人忠诚、谨慎地履行其职责，对委托人的财产和资金负有会计责任，向委托人报告有关的重要事项。房地产卖主（委托人）同房地产经纪人订立的代理协议一般还包括以下内容：

1）双方姓名。

2）经纪人提供的服务。

3）房地产情况说明。

4）卖主出价及其他重要销售条件。

5）佣金数额及支付条件。

6）协议种类与期限。

7）双方同意协议条款后签名。

美国的房地产代理协议包括以下几种：

1. 公开协议

房地产卖主通知经纪人以一个规定的价格出售房地产，如该经纪人找到一个符合卖主规定条件的买主，他将有权取得佣金，但有些卖主会坚持在销售合同签字或产权转让后才会支付佣金。公开协议是一种单务合同，卖主承诺支付佣金的条件是经纪人找到买主，在经纪人找到买主前，卖主可随时取消要约。

2. 独家代理

卖主授予经纪人独占权。但卖主自己出售了房地产，他就不必支付独家经纪人佣金，独家代理协议是一种双务合同，协议期限通常为90天，在该期限内，卖主不能随便撤销协议。卖主一般因难以出售房地产而使用独家代理协议。

3. 独家经销权

它与独家代理只有一个重要原则：即使卖主自己赔了房地产，也要向独家经纪人支付佣金。

4. 多个销售代理人提供服务协议

一般适用于大型房地产出售，在由经纪人取得独家经销权协议后，通知一个服务中心，以通过另外分代理人来出售其他代理人的协议中的房地产，分代理人可以取得一部分佣金。

（二）日本的房地产买卖介绍

房地产买卖介绍在日本信托银行业务中占有较大的比重。在日本，由于人口众多、土地资源贫乏，因此房地产的价格一直较高。如20世纪80年代初东京居民住宅土地每3.3平方米，要卖100万日元，商业区的土地则卖到1000万日元。到了90年代，东京的土地价格更高到每平方英尺40万美元。所以在房地产买卖中，买卖双方对对方是否能付清价款、买到的土地各方面条件是否符合要求等都要进行全面、详细的了解。但日本没有专门的房地产市场，对房屋、土地等不动产的正确估价和对买卖双方情况的了解，就需要有专门从事此项工作的人员来进行。收集有关买卖各方的情况为双方作介绍，这在日本叫做“媒介”。媒介人（信托银行）只作中间介绍，并不参与买卖合同的订立。

除上述的业务以外，西方国家的银行经营房地产信托业务主要方式还有如下形式。

1. 经营管理房地产

即银行接受房地产业主委托，双方签订经租合同，明确双方权、责、利；房地产出租时，银行依照委托人约定的租金数目办理，与承租人订立“租屋合同”

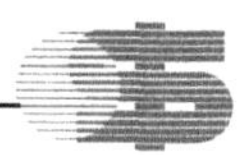

按期收取房地租金，扣除应收手续费后再定期汇交委托人。

2. 代理买卖房地产

凡需购买或出售房地产的客户均可委托银行物色适当的卖主和买主，成交后，银行收取一定的手续费；银行还兼办房地产的过户等事宜。

3. 房地产执业信托

银行受房地产业主的委托，全权代理执业管理产业，收取一定的手续费。

小　　结

1. 房地产信托是指房地产拥有者将房地产财产委托给信托企业，并要求信托企业按照委托人的目的和要求，对房地产进行经常管理和处分的信托业务。

2. 房地产信托业务特点有：信托房产所有权与地产使用权具有转移性是房地产信托关系成立的前提；办理信托的房地产有独立性；房地产信托的收益分配具有特殊性；房地产信托业务方式具有灵活性。

3. 房地产信托投资是金融信托投资机构用自有资金进行的投资。分为直接投资和间接投资。

4. 房地产信托其他业务还包括房地产信用担保，代理买卖、保管房地产有价证券，不动产信托等。

5. 房地产投资信托是美国房地产投资方法之一。住宅贷款债权信托是日本的一项信托业务。

第九章

信托业及信托机构的定位

本章重点

本章主要介绍了信托公司的经营方式及范围、信托公司的组织结构、信托公司与金融同业的竞争优势等内容。

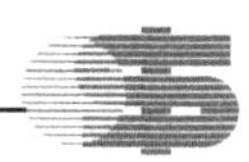

第一节　信托业的定位与金融同业的比较

一、信托业的定位

基于《信托法》的定义，信托是指委托人基于对受托人的信任，将其财产权委托给受托人，由受托人按委托人的意愿以自己的名义，为受益人的利益或者特定目的，进行管理或者处分的行为。

信托的功能从需求看，体现在两个层次上：① 基本的制度功能，即财产转让和管理功能，信托的基本作用是为社会提供一种方便、灵活、专业化的财产管理制度；② 派生的社会功能，即信托因履行财产管理功能所产生的社会效果或社会作用：第一，通过资金信托业务，融通中长期建设资金，促进经济发展，因此，信托业又被称为一种中长期金融机构；第二，通过以年金信托为中心的雇员利益信托业务，促进社会福利事业的发展；第三，通过公益信托业务，促进教育、文化、科技、艺术、慈善等社会公益事业的发展。

联系到我国的国情，从供给方面来看，我国有三类日益发展的财产需要通过信托这种外部管理制度加以运用：① 个人和机构财产。改革开放以来，个人和机构财富拥有量日益庞大，而且资金运用由储蓄保值型向投资增值型转变，但社会分工的细化使得多数个人因时间、精力、经验的限制无法自身运作管理，迫切需要借助信托这样的外部机构来满足投资需求；② 国有资产。伴随国有产权改革，国有股权需要明确的代表来行使并管理股权，可以将这部门资产委托给信托公司管理，以达到投资增值的目的；③ 目的财产，即用于特定目的的财产，主要是专用于资助社会公益事业的各种公益基金和专用于各种社会福利支出的社会保障基金。如美国的信托财产主要就以养老金为主。这些目的财产在我国目前普遍遇到两个问题：一是缺乏有效的监督机制而滥用、挪用；二是因缺乏有效的管理方式而难以保值增值，如能引入信托制度，可以大大促进我国社会保障事业的发展。

按照我国目前的法律框架和制度设计，信托投资公司的核心业务是“受人之托，代人理财”，以手续费、佣金为收入的中介服务机构。信托业、银行业、证券业、保险业实行严格的分业经营、分业管理，一起成为金融行业的四大支柱。

二、信托公司的经营范围和经营方式

信托以“受人之托，代人理财”为核心业务，在现实的信托业的发展中，与银行、证券、保险、基金等金融行业经营既有区别，又有联系。尤其是目前金融混业经营的趋势，使得各种金融机构通过金融创新，开展了越来越广泛的合作。因此有必要将各金融行业比较，对经营范围进行界定，明晰信托业与金融同业的联系和区别。

（一）信托公司的经营范围

根据 2002 年修订后的《信托投资公司管理办法》，对信托投资公司的经营范围给出了明确规定。

1）受托经营资金信托业务。即委托人将自己无法或者不能亲自管理的资金以及国家有关法规限制其亲自管理的资金，委托信托投资公司按照约定的条件和目的，进行管理、运用和处置。

2）受托经营动产、不动产及其他财产的信托业务。即委托人将自己的动产、房产、地产以及版权、知识产权等财产、财产权，委托信托投资公司按照约定的条件和目的，进行管理、运用和处置。

3）受托经营国家有关法规允许从事的投资基金业务，作为基金管理公司发起人从事投资基金业务。

4）公益信托业务。

5）其他业务。包括：经营企业资产的重组、购并及项目融资、公司理财、财务顾问等中介业务，受托经营国务院有关部门批准的国债、企业债券承销业务，代理财产的管理、运用与处分，代保管业务，信用见证、资信调查及经济咨询业务，以自有财产为他人提供担保，中国人民银行批准的其他业务。

由此可以看出，信托公司的主营业务也即信托业务包括前四项，资金信托、财产信托、基金发起人业务、公益信托。其他为附属业务，附属业务又包括：① 投行业务，包括企业资产重组、并购、项目融资、公司理财、财务顾问等中间业务，国债、企业债的承销业务；② 中间业务，包括代保管业务、信用见证、资信调查及经济咨询业务；③ 自有资金的投资、贷款及担保业务。

（二）信托公司的经营方式

信托投资公司的经营方式与经营范围是两个不同的概念。信托经营方式是指在业务范围确定的情况下，信托投资公司可以运用的开展经营活动的各种方式。根据《信托投资管理办法》二十二条规定：信托投资公司管理、运用信托资产时，可以依照信托文件的规定，采取出租、出售、贷款、投资、同业拆借等方式进行。

信托投资公司是一类十分独特的金融机构，其经营既可以采取银行使用的贷款的方式，也可以采用各种投资方式，包括股权投资、债权投资、证券投资及投资收益，还可以采用一般企业的出租、出售的方式。从资金的投向来看，既可以

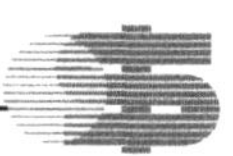

从事证券投资基金信托业务，又可以从事产业项目的贷款资金信托业务和股权投资资金信托业务及其他各类投资、融资租赁的方式的资金信托业务；既可以从事资本市场的交易，又可以从事货币市场业务；既可以从事本币业务，又可以从事外币业务。

由于信托公司经营方式的灵活性，历来是金融创新的重要基地，金融品种层出不穷。美国信托法专家斯考特曾说："信托运用的范围可以和人类的想象力相比"，这也是为什么信托在发达国家迅速发展的原因。

三、信托公司与金融同业的竞争及优势

（一）信托公司与金融同业的业务竞争

基于信托公司具有经营范围广泛和经营方式灵活的特点，不可避免地和金融同业在经营范围上有交叉性、经营方式的重合性或相近性、业务产品的同质性或类同性、客户市场的统一性，因此和金融业三大同行存在着明显的竞争关系，从信托公司的业务范围角度分析，表现在如下方面：

1）在资金信托和财产信托方面。在此方面面临着证券公司、基金管理公司、银行、保险公司、地下私募基金的竞争。在资金信托方面，证券公司的资产管理业务是一种和财产信托类似的业务。从历史上看，投资基金源于信托制度，从基金运作的法理上看，契约型基金、公司型基金均是以信托法或者信托制度为基础并受信托法理制约的，因此基金是准资金信托业务，由此信托机构面临基金管理公司和私募基金的竞争。根据《商业银行法》，银行取得了委托贷款业务，而委托贷款业务本质上是信托业务，使信托公司在资金信托业务方面面对商业银行有力的竞争。而保险公司推出的分红保险、投资连结保险和万能保险，都带有信托产品的影子。在财产信托方面，信托公司面临四大国有资产管理公司的竞争。

在基金业务领域，信托公司面临着证券公司、基金管理公司的竞争。证券公司和信托公司一样，拥有基金发起和管理经营权。

2）在公益信托方面。公益信托包括救济贫困，救助灾民，扶助残疾人，发展教育、科技、文化、艺术、体育事业，发展医疗卫生事业，发展环境保护事业，维护生态环境，发展其他社会公益事业。在发达国家信托财产主要由社会保障基金组成。目前在中国公益基金包括医疗、住房、养老等社会保障资金基本上属于行政管理体制下，很少市场化，而且缺少信托机构参与管理的政策支持。

3）在投资银行业务领域。面临着证券公司和四大国有银行资产管理公司的竞争，主要竞争领域在有价证券的承销、公司重组与并购、财务顾问业务等方面。

4）在财产托管、代保管、咨询等中间业务领域，主要面临商业银行的竞争。

5）信托公司的竞争优势。尽管信托公司与其他金融机构在业务上有交叉，竞争激烈，但信托公司具有独特的功能与制度优势。

第一，具有财产隔离的独特制度优势，还具有规避政策限制、避税等功能。尤其是对财产管理来讲，信托是其目前唯一实现资产隔离的有效途径，只有信托公司可以用“信托合同”的形式受托管理资产，提供信托财产独立性所体现的“隔离”功能。

第二，信托机构是唯一能够综合利用货币市场、资本市场、产业市场的金融百货公司，是连通产业与金融市场的机构。几乎囊括吸收储蓄外的其他金融、投行业务，其应用范围可以与人类的想象力相媲美。金融机构中只有信托公司可以为委托人提供包括贷款、拆放、投资等全面组合运用资金的理财服务。同时，信托公司可以利用信托功能介入诸如资产证券化、企业激励机制的实现，包括MBO、员工持股计划、雇员福利计划（企业年金信托）等。资产证券化中，信托公司天然地就具有SPV的功能，资产出让方完全不必另外再造一个SPV。信托公司能够真正实现组合投资和组合运用资产。

第三，具有独特的全功能投资银行的业务优势，可提供全程金融服务。信托公司在投资银行业务方面除了股票承销外，其他包括国债、政策性银行债、企业债券承销、企业并购重组、公司理财、财务顾问等中介服务都可以开展，并且信托公司在从事投资银行业务时还可以与拥有自身的信托功能相结合。

第四，独有的对外投资优势。信托公司可以用自有资金对外投资，《信托投资公司管理办法》第25条规定，信托公司的自有资金可用于投资，具体的投向并无具体限制；而在银行、保险公司、证券公司和基金公司中，除保险公司可以对基金投资不超过15%外，其余都不允许对外投资。

第五，灵活有弹性，可随时调整利率。目前，国家规定的业务范围中，信托公司在金融机构中可以说是最为广泛的。实际上，信托投资公司目前多数自身都拥有投、控股公司，其中包括投资基金管理公司、租赁公司、证券公司、商业银行等金融机构和上市公司等，与各大集团公司有众多直接或间接的资产关系。

第二节　信托公司的组织结构

依据《信托投资公司管理办法》，信托投资公司是指依照《中华人民共和国公司法》和《信托投资公司管理办法》设立的主要经营信托业务的金融机构。信托业务，是指信托投资公司以营业和收取报酬为目的，以受托人身份承诺信

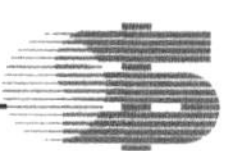

托和处理信托事务的经营行为。信托业务的主要形式在前已经详细论述，在此不再赘述。

一、信托公司的组织结构

组织结构指按照一定的目的和程序组成的一种职责权利的安排，包含三个相互联系的方面：管理层次的划分、部门的划分、职权的划分。信托公司的组织结构按照部门划分的依据不同，表现为以下两种形式（各种信托公司根据自身特点有不同的组织结构，这里主要介绍典型的信托公司结构）。

（一）按照职能分工划分部门所形成的信托公司组织结构

其结构见图 9-1。

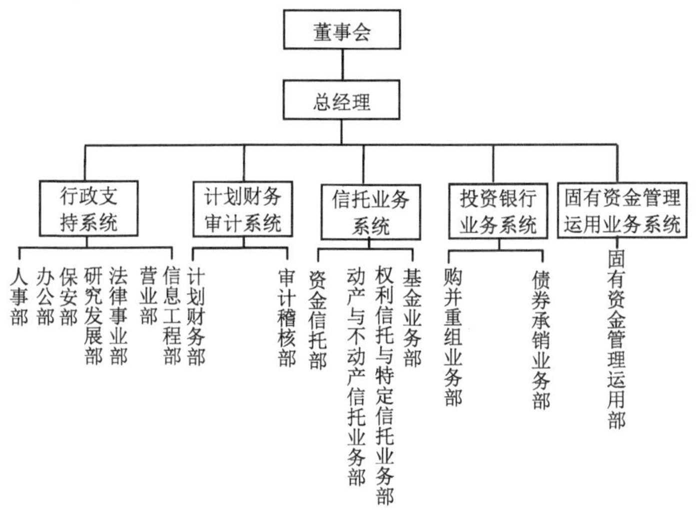

图 9-1　按职能分工划分部门的公司组织结构

1. 行政支持系统

职能是为各大业务系统、部门提供行政事务的支持，具有协调、管理、监督、信息传递等功能。

2. 计划财务审计系统

职能是负责公司的业务会计核算、财务管理、审计稽核与风险控制。

3. 信托业务系统

从事信托业务规划、管理、操作的业务部门，包含以上四个部门。资金信托目前是信托公司最重要的信托业务部门，而动产与不动产信托业务部门主管房地产投资信托、土地开发信托，也是信托公司重要的业务部门。权利信托与特定目的信托目前只有房产抵押债权信托、MBO信托，如果公益信托与特定目的财产信托，如社会保障资金信托被大范围地引用到信托的经营中，会有很大的发展前景。基金业务部门主要负责发起设立证券投资基金、产业投资基金、基金管理公司等，并负责基金管理公司的设立、运作、管理等有关工作。

4. 投资银行业务系统

承担企业资产重组、并购及项目融资、公司理财、财务顾问及投行业务，并承担国债、银行债券、企业债券的承销业务。

5. 固有资金管理运用业务系统

根据中国人民银行的相关规定，信托公司将信托业务与自营业务严格分开，固有资金管理运用业务系统负责信托公司所有者权益项下的固有资金、固有资产的管理、运用及基于固有资产基础上的担保业务运作的业务系统。主要业务包括运用固有资金进行贷款、进行股权投资或证券投资、担保业务。

按职能分工的组织结构优点在于专业分工、各司其职，只有两个管理层次。但是在实际中，这种组织结构也有其弊端：任何一种业务或一项业务的操作，都需要多个部门的协作才能完成，但部门之间的协调常常会遭遇障碍，有损于业务开展的效率。对于规模较大的公司，这种弊端更加明显，因此出现了按业务种类和产品类别划分部门的组织结构。

（二）按业务种类和产品类别划分部门的信托公司组织结构

该组织结构相对于第一种形式，特点为原隶属于行政支持系统的行政管理、协调、服务职能、财务会计和管理职能一部分留在公司直属部门，一部分分解给各业务部门总部，各业务部门拥有了相对独立的行政支持系统，可以根据自己的需要，配置行政服务资源。公司总部的职能部门仍对各业务部门的对口部门行使管理权和监督权，形成集权—分权相结合的管理体制。如果说以前是一维垂直组织模式，这种模式是二维的偏平组织模式（见图9-2）。

这种模式克服了个部门间协调困难的弊病，有利于效率的提高；缺点是增加了管理层次、每个业务部门均设立办公室、财务部等行政支持系统，导致人力资源的重复配置。

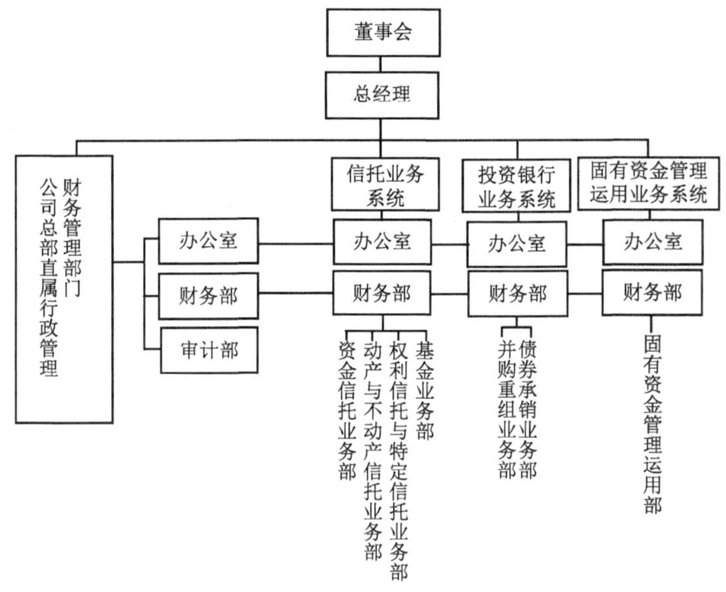

图 9-2　按业务种类和产品类别划分部门的信托公司组织结构

二、目前中国信托公司概况

我国的信托机构经过第五次整顿后，由人民银行审批合格，将一批质量好、实力雄厚的信托机构保留下来，完成重新登记工作。截止 2003 年 12 月 31 日，全国已经完成重新登记的信托公司为 59 家，有报表汇总统计的有 57 家，其中有 46 家由于原公司资产质量比较高或者进行了增资扩股，获得单独保留资格；其余 11 家则是由多家信托公司合并而成（公司名称参见附录）。

从业务范围定位来划分，可以分为专业主导型、综合全能型、金融控股公司型。

（一）专业主导型

信托公司的业务专注于某一个领域，所发行的信托产品全部或大部门都集中于这个领域，并以此领域的信托业务为主导，带动整个公司信托业务的发展。如上海爱建信托投资公司，2002 年 9 月推出第一个真正信托产品的“上海外环隧道资金信托”，从此专注于基础设施建设和房地产。

（二）综合全能型

信托公司实力强大，发行的产品涵盖多个领域。例如，上海国投的业务涵盖房地产、证券投资、股权投资、项目融资、租赁等多个领域。

（三）金融控股公司

这些信托公司参股或控股了多家金融机构，包括证券公司、基金管理公司，或者隶属于某一个金融集团。金融控股公司型的信托公司的目标就是向大型化、集团化、国际化的方向发展。例如，中信集团的前身为中信国际信托投资公司，是中国恢复信托业以来第一家信托公司。目前中信集团旗下包括44家子公司，涉及金融业及实业投资，金融子公司包括中信信托投资有限责任公司、中信实业银行、中信证券股份有限公司、中信国际金融控股公司、诚信人寿保险有限公司等，具有强大的集团优势，形成了国内具有影响力的金融控股集团。

小　　结

信托投资公司经营范围：

（1）受托经营资金信托业务。

（2）受托经营动产、不动产及其他财产的信托业务。

（3）受托经营国家有关法规允许从事的投资基金业务，作为基金管理公司发起人从事投资基金业务。

（4）公益信托业务。

（5）其他业务。如：投行业务，公司理财、财务顾问等中间业务，国债、企业债的承销业务，中间业务、自有资金的投资、贷款及担保业务等。

信托公司的竞争优势：

（1）具有财产隔离的独特制度优势，还具有规避政策限制、避税等功能。

（2）信托机构是唯一能够综合利用货币市场、资本市场、产业市场并连通产业于金融市场的机构。

（3）具有独特的全功能投资银行的业务优势，可提供全程金融服务。

（4）独有的对外投资优势。

（5）灵活有弹性，可随时调整利率。

信托公司的组织结构按照部门划分的依据不同，表现为按职能分工的组织结构、按业务种类和产品类别划分部门的组织结构两种形式。

我国信托公司从业务范围定位来划分，可以分为专业主导型、综合全能型和金融控股公司型。

第十章

租赁业务概述

本章重点

现代租赁业务已成为与人们日常生活、生产密不可分的经济活动。现代租赁将融物与融资有机地结合，形成一种独立的信用方式，已成为一种企业可选择的融资渠道。

本章主要介绍融资租赁的涵义、特征、作用及我国融资租赁的业务种类。

第一节　租赁的产生及发展

一、租赁的概念

租赁是指以特定物体为标的，物体的所有者以收取报酬为条件，让渡物体使用权的经济活动。租赁在人们的日常生活中广泛存在并具备信用的基本特征，即物的所有权和使用权的分离。作为一种特殊的信用形式，在租赁要素方面具有其鲜明的特点。

二、租赁的基本要素

（一）租赁当事人

租赁活动有两个最基本的当事人，即出租人和承租人。出租人是物体的所有者，在任凭业务中拥有物品的所有权，并将物体出租给他人使用，收取报酬。就租赁当事人的法律资格来看，出租人必须是说承租人是物体的使用者，租用出租人所有的物品，并向出租人支付一定的费用。承租人可以是法人，也可以是自然人。在复杂的出租人与承租人之外，还要涉及到其他当事人，如在融资租赁、杠杆租赁等交易中的销售商、贷款人、受托人等。

（二）租赁标的

租赁标的指的是租赁物体是在租赁合同中当事人权利和义务共同指向的对象。从租赁行为让渡的是物体的使用权这个意义上讲，可以转让使用权的物体，都可以是租赁标的。但是在各国的法律中都有对租赁标的的限制条款《国际会计准则第 17 号租赁会计》对租赁标的做出了限制性规定：“租赁标的不包括石油、天然气、木材、金属和其他矿产等自然资源的开采权，以及电影、录像、剧本、文稿、专利和版权。”《国际金融租赁合约》规定租赁标的物指的是不动产、场地或某种设备。我国《金融租赁公司管理办法》每十九条中明确规定：“适用于融资租赁交易的租赁物为固定资产。”

由此可以认定租赁标的必须具备以下性质：

1）租赁标的必须是有形实物资产；无形资产不可介入租赁活动。

2）租赁物体被使用后，仍能保持其原有的物理、化学形态。

3）租赁物体应能够相对独立地发挥其自身的效用，而不必依附其他物品。

（三）租金

租金是承租人在租期内为获得租赁物品的使用权而支付的代价。租金的计算一般是按照租期的长短而确定，而不依使用资金数作为租金计算依据。租期越长，出租人收取的租金数额越高。租金的构成因素有：出租物件的购置原价贷款人利息和为租赁物品所花费的所有开支、出租人确定的利润收入。

（四）租期

租期是指出租人出让物品给承租人使用的期限。租期的长短与租赁标的性质及租赁业务类型有关，由出租人与承租人商定，金融租赁的租期一般为5～10年。

三、租赁的产生与发展

（一）租赁的产生

租赁是一种古老的信用形式，其产生的历史渊源可追溯到公元前2000年前的西亚古巴比伦地区的船只租赁活动。根据公元前20世纪以楔形文字撰写的《苏美尔法典》中关于租赁内容的记载，公元前1792～1750年古巴比伦的《汉漠拉比法典》，对土地、房屋、船舶、牲畜、车辆等租赁作了详尽规定，其中甚至包括了对顺流之船和逆流之船的租金的规定；公元前5世纪中叶著名的《十二铜表法》对租赁也有记载。

租赁产生的基础是物品所有权与使用权的分离，在不必让渡物品所有权的前提下，人们对闲置物品的使用权的交换。

随着社会经济环境的发展及变化，租赁的形式也得到不断更新。其发展阶段大致经历了传统租赁与融资租赁两大阶段。

1. 传统租赁

传统租赁的产生是基于19世纪初期的资本主义社会化大生产时期的历史特征而发展起来的，其基本特征为以租赁设备为主、租赁期限较短、租赁行为受契约约束、报酬相对固定。

在现代社会的生产和生活中，人们仍保持着对传统租赁业务的需要，专营各类物体的出租服务的企业仍具有良好的生存空间。

2. 融资租赁

融资租赁是指出租人根据承租人提供的租赁标的物的规格及所同意的条件与租赁标的物的供货商签订合同，并与承租人租订租赁合同。在约定的租期内，出租人对租赁标的物享有所有权，承租人以支付租金为条件对租赁物件享有占有权、

使用权和受益权的租赁，融资租赁是典型的现代租赁。

融资租赁是将融资与融物有机的结合为一体的租赁活动，融资租赁起源于第二次世界大战后的美国，当时的“收益来源于财产的使用而非拥有”的观念成为美国企业家的经营理念，并逐渐推动了融资租赁业务的发展。

融资租赁具有融物与融资的双重属性，在各国已得到普遍的运用和发展。

四、租赁的功能

融资租赁在其发展过程中，充分体现出金融与贸易两大功能，为租赁的当事人和社会经济发展都具有重要作用。

（一）租赁的金融功能

融资租赁带有鲜明的金融属性，为承租人融资融物，在当今发达国家已经发展为一个重要的行业。其对出租人和承租人都具有投融资功能。

1. 对出租人的功能

（1）可扩大产品销路

对出租设备的生产企业而言，运用租赁形式可以达到扩大产品销售的目的。因为通过分期支付租金可缓解客户的资金支付压力，使资金不足的潜在客户变为现实客户；同时由于租赁可以规避国际贸易中的关税和贸易壁垒，利用承租人所在国的税收优惠，对设备需用客户具有较强的吸引力，从而也带动了企业产品及配套设备的销售，有利于拓展产品的国际市场。

（2）可降低投资风险，扩大投资规模

在发生融资租赁过程中，由于租赁物体的所有权始终归出租人所有，如承租人不能支付租金，出租人可以收回租赁物；在租赁期内，出租人直接向供货商购买设备，并租给承租人，不会发生挪用信贷资金的现象。因此，对投资者而言，使用租赁方式投资比采用货款方式投资更能有效地降低投资风险，扩大投资规模。

2. 对承租人的功能

（1）融通资金

融资租赁是承租人获得中长期融资支持的重要渠道。在融资租赁业务过程中，由于出租人能按照承租人对标的物的需要通过融资购置并将其出租给承租人使用，承租人通过租赁获得租赁标的物（如大型机器设备等）的使用权，同时也解决了购置租赁标的物的资金短缺问题。由此，融资租赁已成为我国解决中小企业困境和提升设备更新改造能力的有效手段。

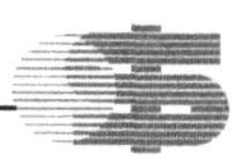

（2）减少投资风险抵御通货膨胀

由于租赁合同事先签订以原有的价格来计算租金，以后年度一般按原定标准支付租金。通过融资租赁，承租人可以避免通货膨胀的影响，减少投资风险。

五、融资租赁的发展趋势

自20世纪50年代开始融资租赁业进入了加速发展时期，并在业务规模、业务创新融资额度等方面都得到空前的发展。

（一）融资业务日益国际化

随着科技进步的加速和资本输出的增多，发展中国家引进外资和国外设备的技术需求日益增长，发达国家的融资公司在国外更多地增设分支机构，参与国际市场竞争。随着融资租赁业务范围的广泛，发达国家租赁业已占有世界租赁的市场份额中的绝大多数比重。

（二）融资租赁业务多样化，纵观国际融资租赁市场

融资租赁业务的种类不断增多，出租的物品不断丰富，国际上许多融资租赁公司以金融租赁为主业，同时开展租借、贷款、风险投资、动产信托等多种经营，当今融资租赁已成为仅次于银行信贷的第二大融资方式。在贷款、融资租赁、债券、票据几种融资方式中，融资租赁总量居第二位，仅次于贷款。

第二节　融资租赁业务类型

随着金融业务领域的拓展，融资租赁业务范围日益广泛，其业务方式和种类创新增多。

一、融资性租赁的特点

1）融资性租赁将融物和融资有机地结为一体，出租人在开办融资性租赁业务的同时也为承租人提供了融资性服务。

2）在融资性租赁过程中当事人之间会呈现“三方两合同”的状态。三方指当事人至少要涉及出租人、承租人和供货人；两合同指出租人和承租之间要签订承租合同，出租人和供货人之间要签订购货合同。

3）融资性租赁租期较长，主要是租用标的物的专用性较强，技术性能高，所租用期限都接近。

二、融资租赁与经营租赁的区别

（一）租赁的当事人不同

经营性租赁上涉及两方当事人，即出租方和承担方，在一个完整的租赁过程中可需签订一个合同租赁合同；融资性租赁需要涉及二方当事人，即出租人，承租人。和出卖人在租赁全过程中，需要签订两个合同即租赁合同和购买合同。

（二）租赁物的不同

经营性租赁的标的物，一般由出租人事先购置，再进行出租，在融资性租赁业务中，租赁标的物是由出租人根据承租人指定的特定设备而购进的。

（三）租金的构成因素不同

经营性租金包含了租赁标的成本以及设备保养、维护、技术服务等项目；融资性租赁租金不仅要包括购置租赁物体的成本，还要包括出租人购置物件融资所计利息、租赁手续费、财产保险、预计租赁货物件残值及利润构成。

（四）租赁的作用不同

经营性租赁主要是为承租人解决对设备的短期临时之需，融资的作用不明显；在融资性租赁过程中，承租人为进行长期性生产经营，而承租机器设备等租赁标的，需要的租赁标的作为载体在融物的同时进行融资。

（五）对合同的约束条件不同

经营性租赁中，在租期内承租人可中止合同，发生退租或解约行为；在融资租赁中由于承租人租用的物件具有专用性，并涉及多方当事人所签订的合同。因此，融资租赁是一种不可撤销的合同，承租人租赁合同不可撤销。

（六）租赁期限不同

经营性租赁大多属于短期租赁，而融资性租赁的期限一般接近租赁资产有效使用寿命的70%～80%。

（七）租赁标的期来处理方式不同

在经营性租赁业务中，租赁合同到期后，承租人如不需续租，就应将租赁物件返还出租人；融资性租赁合同到期后，承租人可优先留购租赁物件，获得所有权。

租期结束时，租赁标的物的残值已经极少。

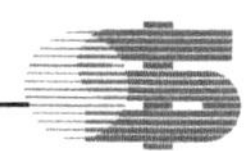

三、杠杆租赁

（一）杠杆租赁的含义

杠杆租赁是出租人运用杠杆原理，只需提供拟出租设备购置款的20%～40%的投资，带动其他债权人对该项目60%～80%的款项提供无追索权的货物。出租人以拥有的租赁标的所有权向贷款人抵押，以转让租赁合同和收取租金的权利向贷款人作担保的一种租赁交易。

（二）杠杆租赁的当事人

杠杆租赁是一种关系复杂的租赁交易，整个业务过程要包括双方当事人。

1. 物主出租人

负责提供购买设备的最初款项（约占租赁标的 20%～40%的投资），为了分散风险，物主出租人多由数字公司与银行共同形成，杠杆租赁中的租赁资产的产尽可能分属于多个大公司、大银行。

2. 承租人

由于杠杆租赁中的贷款是无追索权的，所以杠杆租赁中的承租人多为实力雄厚的大中型企业。

3. 制造供应商

负责向承租人交付租赁资产，并通过合同受托人取的贷款。

4. 物主受托人

杠杆租赁中的租赁资产的所有权分属于多个大公司、银行，为便于经营管理，通常委托一个物主受托人经营管理租赁资产。物主受托人是杠杆租赁的核心，具有三重身份：出租资产法律上的所有者、承租人的出租人、债权人的供款人。

5. 债权人或贷款人

在杠杆租赁中，债权人一般由多家银行组成，由于物主受托人持有的租赁标的物具有还贷保证性质，所以，贷款人无需向物主出租人追索债务。

6. 合同受托人

由于杠杆租赁业务中，通常同时存在着多个债权人，所以一般设立一个合同受托人，负责代表债权人与物主受托人联系。物主受托人把出租资产、租赁合同

和收取租金的权利转交给合同受托人，使其在该项财产上有权利行使担保。

7. 包租人

包租人（经纪人）在承租人和出租人之间充当中间人，负责安排起草租赁合同，寻找贷款来源，安排、促成租赁合同的签署等，从中收取佣金，包租人一般由租赁公司、投资银行或经纪人担任。

（三）杠杆租赁涉及的合同

杠杆租赁由于关系人多、交易复杂，因此需要签署多个合同文本，主要包括以下协议：

1. 参加协议

即由杠杆租赁所有当事人签署执行的文件。其中规定当事人承担的责任和义务，并载明成交的先决条件，即提出事实说明、保证事项，以及证明说明和保证属实与合法的律师意见书。还规定了各当事人的赔偿义务、贷款证书和信托证书。

2. 购买和制造协议

指承租人与制造销售厂商之商的协议。先由承租人签字，再由物主出租人签字，协议内容包括出租资产的货价、规格、交货期以及保证承租人能转让合同等条款。

3. 转让协议

由承租人与物主受托人签订；规定承租人把购买协议项下的权利，即从厂商购买设备的权利，包括获得服务和培训的权利以及制造销售厂商对资产的各项担保所产生的权利，转让给物主受托人，但不转让责任，以达到为筹资建立担保的目的。

4. 信托协议

由产权参加者与物主受托人之间签订的协议，规定由物主受托人代表产权参加者执行一切协议和文件，列明授权限度和活动范围，以及受托人责任。产权参加者把购买出租资产的出资款项交给物主受托人，后者承担前者购买出租资产的责任，前者把出租资产以及租赁合同项下的租金作为信托财产交给后者管理。此外，还规定了由物主受托人签发证书以及报酬标准。

5. 合同信托协议

包括信托合同和抵押契据两项文件，由物主受托人与合同受托人签订。规定

物主受托人把出租资产、租赁合同以及租赁合同项下的租金抵押给合同受托人作为贷款的担保，由合同受托人代表贷款人持有抵押、担保利益。还规定物主受托人应向债权人签发债权证书，载明还款责任、利率和支付方式。

6. 租赁合同

由承租人与物主受托人签订，规定由承租人选定出租设备与厂商后由物主受托人购买，同时还规定了日期、租金金额和承租人使用租赁资产的各项费用、支付方式，以及保险类别与保险金额，承租人应支付的各种补偿金。

7. 保证协议

除上述各种协议外，可能有各种保证协议，如承租人为子公司时，则由其母公司签订保证协议。

（四）杠杆租赁的交易程序

杠杆租赁的交易过程包括筹备阶段和正式进行阶段。

1）筹备阶段：① 承诺，即包租人与未来承租人联系签署一项具有承诺性质的委托书，提出几项主要条款（如每期支付的租金和每期租金的间隔时间等）；② 包租人寻找股权投资人和债权人，包租人（往往是投资人之一）与承租人签署委托书后，一边与其他未来投资人联系安排进行“股权承诺”；一边与未来债权人联系贷款，如果设备的交货期较远，有关的借款则可推迟到交货前才进行安排；③ 寻找物主受托人和合同受托人，由物主出租人与承租人共同选定一个物主受托人，若有多个债权人则选定一个合同受托人；④ 上述当事人签署一项参加协议。

2）正式进行阶段：① 物主出租人（即产权参加人）与物主受托人签署信托协议，以确定产权参加者所同意预付的现金投资比例和金额；② 物主受托人与合同受托人签订合同信托协议，以确定贷款人在设备总投资中的贷款比例；③ 物主受托人和债权人分别把投资现金和贷款款项交付合同受托人；④ 物主受托人根据信托协议规定，正式向股权人、债权人签发股权信托证书、借据作为设备产权和设备物主的凭证和债权凭证；⑤ 物主受托人代表物主出租人与承租人签订租赁合同；⑥ 物主受托人与合同受托人签订担保契约，规定把设备物权、租赁合同和收取租金的权利抵押给合同受托人，以此作为对债权人提供无追索权贷款的担保，规定合同受托人交付货款后，由物主受托人接受厂商转交的设备物权；⑦ 承租人与厂商签订购货协议；⑧ 在购货协议基础上，承租人与物主委托人签订购买协议转让书，规定承租人将其购买设备的权利，包括获得服务和培训的权利都转让给物主受托人；⑨ 合同受托人向厂商交付货款；⑩ 根据担保协议规定，厂商将设备物权交给物主受托人；⑪ 厂商向承租人直接发货，承租人向物主受托人签发租赁物件收据，至此，租赁正式开始；⑫ 承租人向合同受托人交付租金；⑬ 合同受托人收到租金，按贷款协议规定，向债权参加者偿付到期的债务本息，并在扣除信托费等费用后将租金余额交给物主受托人；⑭ 物主受托人将收到的租金金额先扣除信托费等费用，再按出资比例分付给每个产权参加者。杠杆租赁交易结构见图 10-1。

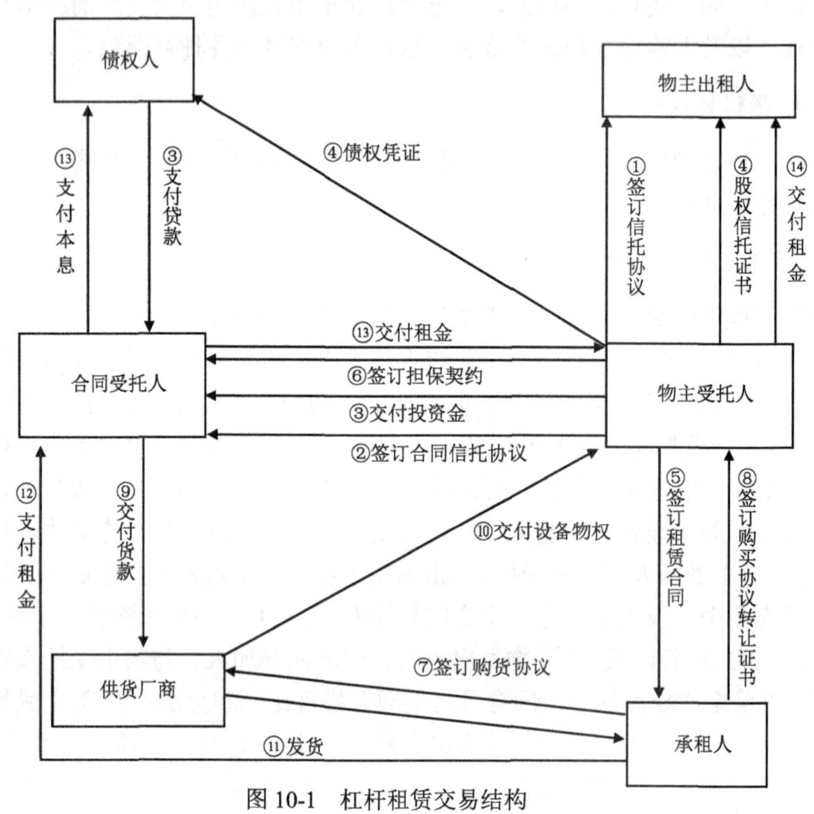

图 10-1　杠杆租赁交易结构

四、直接租赁、转租赁、回租

（一）直接租赁

直接租赁是由出租人用从金融市场筹措的资金向供货厂商购买设备，然后直接租给承租人，设备所付款项是由出租人自行筹措的。

直接租赁一般包括两个合同：一个是租赁合同，由出租人与承租人签订；一个是购货合同，由出租人与供货商签订。直接租赁交易结构见图 10-2。

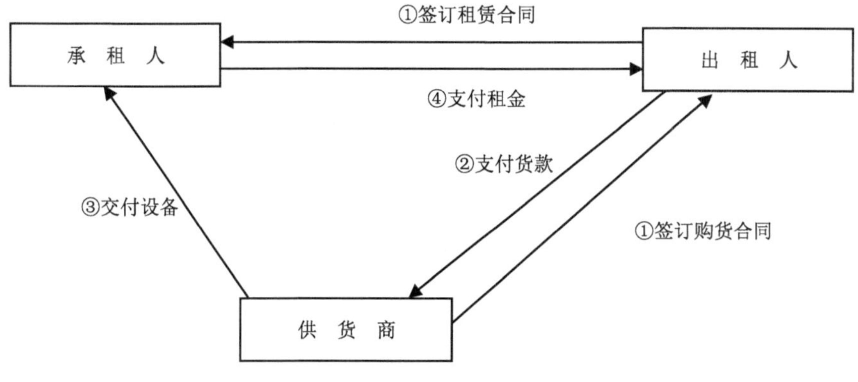

图 10-2　直接租赁交易结构

（二）转租赁

转租赁是由出租人先从别的租赁公司租进设备，然后再租给承租人。一项转租赁涉及 4 个当事人，即设备供应商、第一出租人、第二出租人和第一承租人、第二承租人。签订三个合同如下：

1）购货合同，作为第一出租人的租赁公司 A 与设备供货商签订购货合同。

2）租赁合同，租赁公司 A 与第一承租人租赁公司 B 签订租赁合同。

3）转租赁合同，由租赁公司 B 作为第二出租人与第二承租人签订转租赁合同。

转租赁交易结构见图 10-3。

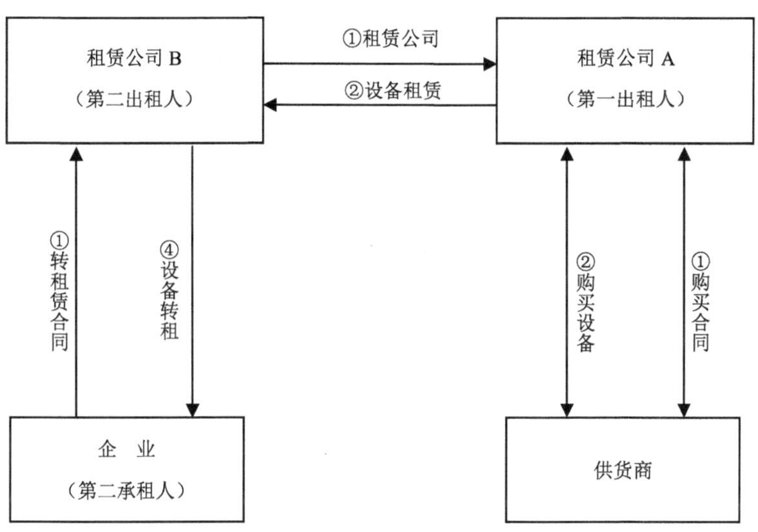

图 10-3　转租赁交易结构

（三）回租

回租（售后租赁）业务是指承租人将自有物件出卖给出租人，同时与出租人签订一份融资租赁合同，再将该物件从出租人处租回的租赁形式。回租业务是承租人和出卖人为同一人的特殊融资租赁方式。

回租只涉及两个关系人：① 企业：既是卖主，又是承租人；② 租赁公司：既是买主，又是出租人。涉及两个合同：① 买卖合同，企业与租赁公司签订买卖合同；② 租赁合同企业与租赁公司签订租赁合同。

回租交易结构见图 10-4。

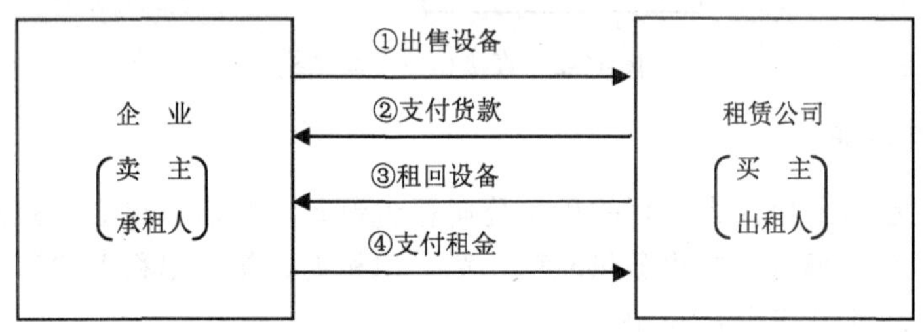

图 10-4 回租交易结构

小 结

租赁的基本要素包括：租赁当事人、租赁标的、租金、租期。

融资租赁是将融资与融物有机的结合为一体的租赁活动。

融资租赁是指出租人根据承租人提供的租赁物件的规格及所同意的条款，与供货商签订供货合同，并与承租人签订租赁合同，在租赁期内出租人对租赁物件享有所有权，承租人以支付租金为条件对租赁物件享有占有权、使用权和收益权的租赁。国际融资租赁的发展趋势为：融资业务日益国际化和融资租赁业务多样化。

第十一章

租赁决策

本章重点

本章从出租人和承租人的角度分别介绍了租赁决策分析的相关内容、融资租赁的风险种类和风险防范措施、租赁保险内容及业务程序。

第一节 出租人的决策

租赁对出租人有着诸多潜在的好处，如扩大产品销路、进行投资获取利润、获得国家对租赁物件在税收上的优惠等。但同时，租赁对出租人而言，也意味着要承担一定的风险，如承租人恶意不按期如数偿债；承租者有按期如数偿债的主观愿望，但租赁项目本身失败导致承租企业无力偿债等情况发生时，出租人就不得不承担损失。

风险不可避免，但在决策前对项目进行评估，可以确保自己承担的风险最小化，并以此达到盈利的目的。评估的内容包括以下几方面：

（一）承租企业基本情况

对承租企业基本情况审查评估是出租人防范其租赁业务信用风险的重要步骤，也是出租人进行租赁决策的必要前提。出租人在与承租人达成租赁协议前，必须利用各种信息来源和资讯渠道，对承租人进行深入细致的调查。承租企业基本情况评估包括资信、经营管理能力和盈利能力等。

1. 资信

出租人必须设法了解承租企业的财务实力、财务状况及其信用品质，弄清承租企业的资产是否雄厚、过去是否有按期如数偿债的一贯作风及履约守信的品质。如果承租企业的资信好，即使租赁项目本身失败，项目自身盈利无法足够支付租金，承租企业也会寻求其他资金来源，按租赁合同的规定向出租人支付租金。因此承租企业的资信好，可以增强出租人对其开展租赁业务的安全感。出租人对承租企业进行资信评估时，可以学习国外银行的做法，对其资信状况加以分类定级。

2. 经营管理能力

经营管理是企业实现利润的软件。承租人的经营管理能力直接关系到租赁设备或租赁生产线能力的发挥程度，影响租赁项目的盈利能力。经营管理能力可以通过对其管理层基本情况、以往项目的成功与否、员工的情况等的调查来确认。

3. 盈利能力

承租企业的盈利能力是其资金来源的支柱，从长期的角度来看，企业只有具有较强的盈利能力，才可确保其资金来源不会枯竭，保证其具有较强偿债能力。与这样的企业开展租赁业务，出租人承担的风险较小。

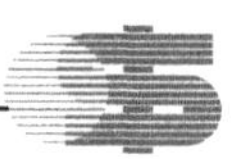

总之，出租人对承租企业进行评估时，应从横向和纵向两方面对其资信、经营管理能力和盈利能力进行审查，不但将承租企业与同行业其他企业比较，而且将承租企业现在的状况与过去状况相比较，以得出正确的评估结论。

（二）租赁项目的盈利能力

提高租赁项目自身的盈利能力，是出租人可按期如数收回租金的直接保证，也是承租企业进行租赁的目的。只有租赁双方通过租赁都实现了经济效益，租赁项目才算是成功的。那种把租金的取得完全寄托于承租企业对合同的履行，而不对租赁项目自身的盈利能力进行评估的做法是不稳妥的。因为如果租赁项目失败，承租企业由于无法支付租金而违约，出租人诉诸法律维护其利益，代价高，风险也大。

因此，出租人在开展租赁业务前，必须根据承租企业提交的项目可行性研究报告，对该项目在市场、技术、经济效益等方面做出的可行性结论加以审查，评估该项目的盈利能力，以确保其经济利益的实现。

（三）最低租金的确定

租金是出租人开展租赁业务的主要收益。为了确保出租人在租赁业务中的投资报酬率，出租人必须确定一个最低租金水平作为其与承租人在租赁业务谈判中的最低界限。其租金确定原则为：使租金的现金流入量 R_t 的现值等于或大于资产成本 C，减去税收抵免的现值 $\mathrm{PV_{ITC}}$、残值的现值 $\mathrm{PV_S}$、再加上出租人进行租赁所需的营业费用的现值 $\mathrm{PV_0}$。用公式表示为

$$C-\mathrm{PV_{ITC}}-\mathrm{PV_S}+\mathrm{PV_0}\leqslant R_t\times\sum_{t=1}^{N}\frac{1}{(1+i)^t}$$

其中，i 为出租人要求的投资报酬率。我们可通过这个不等式求得每期最低税后租金 R_t，进而确定出租人向承祖人索取的年租金。现举例说明。

【例 1】 假设某租赁公司对外出租大型设备，此设备的成本 C 为 5 000 000 元。可使用年限为 10 年、租赁期 N 为 8 年，租赁期满时残值 S 为 1 000 000 元，租赁公司在第一年年末可得投资税收抵免 ITC500 000 元，进行此项租赁每年营业费用 O 为 5 000 元，期末支付。设租赁公司的所得税率 t_c 为 50%，税后资本成本 K 为 10%，要求的投资报酬率 i 为 15%。

租赁公司的最低租金计算如下：

1）投资税收抵免的现值。计算式为

$$\begin{aligned}\mathrm{PV_{ITC}}&=\mathrm{ITC}\times\frac{1}{(1+K)^t}=500\,000\times\frac{1}{(1+10\%)}\\&\approx 500\,000\times 0.910\\&=455\,000\text{（元）}\end{aligned}$$

2）残值的现值。计算式为

$$\begin{aligned}PV_S &= S\times\frac{1}{(1+K)^N}\\ &=1\,000\,000\times\frac{1}{(1+10\%)^8}\\ &=1\,000\,000\times 0.467\\ &=467\,000\end{aligned}$$

3）税后营业费用的现值。计算式为

$$\begin{aligned}PV_0 &= O(1-t_c)\times\sum_{t=1}^{8}\frac{1}{(1+K)^t}\\ &=5\,000(1-50\%)\times\sum_{t=1}^{8}\frac{1}{(1+10\%)^t}\\ &=5\,000\times 0.5\times 5.335\\ &=13\,337.5\end{aligned}$$

4）假设租金在期末支付，其最低税后租金计算为

$$C-PV_{ITC}-PV_S+PV_0=R_t\times\sum_{t=1}^{N}\frac{1}{(1+i)^t}$$

$$5\,000\,000-455\,000-467\,000+13\,337.5=R_t\times\sum_{t=1}^{N}\frac{1}{(1+15\%)^t}$$

$$4\,501\,337.5=R_t\times 4.487$$

$$R_t\approx 1\,003\,195$$

则租赁公司向承租方索取的最低年租金（期末支付）:

$$\frac{R_t}{1-t_c}=\frac{1\,003\,195}{1-50\%}=2\,006\,390$$

5）假设租金在期初支付，其最低税后租金计算为

$$C-PV_{ITC}-PV_S+PV_0=R_t\times\left(1+\sum_{t=1}^{N-1}\frac{1}{(1+i)^t}\right)$$

$$5\,000\,000-455\,000-467\,000+13\,337.5=R_t\times\left(1+\sum_{t=1}^{7}\frac{1}{(1+15\%)^t}\right)$$

$$4\,501\,337.5=R_t\times（1+4.160）$$

所以，

$$R_t\approx 872\,352.23（元）$$

此时，租赁公司向承租方索取的最低年租金（期初支付）为

$$\frac{R_t}{1-t_c}=\frac{872\,352.23}{1-50\%}=1\,744\,704.46$$

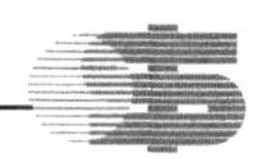

（四）等价利率法

等价利率法对于出租方来说是指计算出考察的租赁方案相当于什么利率的贷款，并将该等价利率与市场利率进行比较，若该利率高于市场贷款利率，则对于出租方来说，该租赁方案可行，反之，则说明该方案不可行。

【例 2】 设租赁物的价格为 A，租赁期限是 N，在出租期内租赁方每期租金收入为 C_t（$t=1, 2, \cdots, N$），而且在每期出租方还可以获得投资减免税的等方面的利益 X_t（$t=1, 2, \cdots, N$），则出租方的等价利率 i 可以从以下算式得出

$$A=\sum_{t=1}^{N}\frac{C_t+X_t}{(1+i)^t}$$

求 i 对 X_t 的导数得 $\dfrac{\mathrm{d}i}{\mathrm{d}X_r}=\dfrac{1/(1+i)^r}{\sum_{t=1}^{N}\dfrac{t(C_t+X_t)}{(1+i)^{t+1}}}>0$，（$0<r<N$），这说明等价利率 i 是随着任意一个 X_t 而递增的，也就是说出租方获得的因租赁本身带来的好处越多，则该出租方案对应的等价利率越高。

某租赁公司为一客户提供设备融资，该设备价格是 100 万元。该客户欲以每年 22 万元的后付租金向该公司租用设备 8 年，并将 2 万元的减免税好处全部留给该租赁公司，最后设备残值归该客户自己。市场上 8 年期的贷款利率是 16%，那么该租赁公司是不是会接受这项租赁申请呢？

上例中，A=100 万元，$N=8$ 年，$C_t=22$ 万元，$X_t=2$ 万元，（本例中 $t=1，2，\cdots，8$）。我们计算的等价利率 i 满足以下等式：

$$100-\sum_{t=1}^{8}\frac{(22+2)}{(1+i)^t}=0$$

使用插入法，首先令 $f(i)=100-\sum_{t=1}^{8}\dfrac{(22+2)}{(1+i)^t}$，取 $i=15\%$，则

$$\begin{aligned}f(i)&=100-24\sum_{t=1}^{8}\frac{1}{(1+0.15)^t}\\&=100-24\times4.487\\&=-7.688\end{aligned}$$

再取 $i=18\%$，则

$$\begin{aligned}f(i)&=100-24\sum_{t=1}^{8}\frac{1}{(1+0.18)^t}\\&=100-24\times4.078\\&=2.128\end{aligned}$$

所以，用插入法可求得等价利率 i：

$$i=\frac{15\%\times2.128+18\%\times7.688}{7.688+2.128}=\frac{170.304}{981.6}=0.1735$$

即该方案的等价利率大于市场的贷款利率，所以对于租赁公司来说，该租赁申请可以接受。

第二节　承租人决策分析

一、承租决策成功的前提条件

租赁决策关系到企业助长期发展，决不能草率从事。决策之成败很大程度上取决于是否具备必要的前提条件，其中主要包括如下各项：

（一）适合企业的需要

企业进行设备投资是出于不同的目的，如扩大生产规模、替换旧设备、改善劳动条件、改善生产辅助设施等。而寻求租赁机构的支持也是出于不同的需要求，如触通资金、解决配套设施、利用租赁机构的条件迅速办理进口手续等。然而，各租赁机构因其隶属关系、工作经验、所处位置等的不同而各有其相对的优势，一家租赁机构很难满足承租企业的所有要求。因此，企业在向租赁机构或其他单位寻求支持之前，首先明确自己的需要，然后根据需要进行选择。倘若企业紧缺的是人民币资金，那么求得中国工商银行信托投资公司的支持可能较为有利；如果除主要设备之外，还需各种配套设施，那么寻求属于物资系统租赁机构的支持可能比较合适；要是企业苦于一时缺少外汇资金，而且不通晓结算、开证、汇率等事宜，此时中国银行或其他可以从事外汇业务的租赁机构可能是最佳合作伙伴。如果不认真分析自己的需要，贸然行事，最终决策难免出错。

（二）周密的技术可行性研究

租赁决策的主要任务是对各种备选方案的经济效益进行分析比较，即进行项目的经济可行性研究。内容主要包括：产品是否有销路、有竞争能力；原料、动力是否有充沛供应；企业的人员素质是否够格、是否具有消化技术的能力、能否保证先进的设备发挥应有的效率；需要的土地能否顺利解决、此项工作的进程是否会影响其他工作的进程；环境保护措施是否完备、各项防治污染指标是否达到规定标准；企业的领导班子是否健全、组织结构能否适应新的技术装备、新的工艺流程、新的生产组织方式。

在技术可行性研究过程中要始终注意两点。一方面，必须以运动的观点看待各种相关因素，技术可行性研究针对的是各种因素的未来值，而未来是变幻无常的，决不能以静止的观点来观察事物。譬如，我国现在正处在价格体制改革过程中，物价水准总体上呈上升趋势，而特定的物价则有升有降。因而，在估计各种投入产出的价值量时，必须考虑到价格变动可能造成的影响，而不是简单地引用现时价值。另一方面，以联系的观点看问题。现代生产是一种社会化大生产，各经济单位之间存在着密切的联系，这种联系有时甚至超越了国界。因此，在技术可行性研究中决不能孤立地看待企业的发展，而置企业运行其间的社会经济环境的变化于不顾。譬如，在预测产品的销路时，应充分估计到生产同类产品的厂家的发展趋势，以及其他厂家加入竞争行列的可能性；还要注意研究相互替代产品的供求趋势；参与国际租赁交易的话，还应充分估计到汇价、利率的走向。

（三）租赁机构的积极配合

租赁决策不仅仅单纯是承租人的事，只有双方积极配合，才可望做出有成功希望的决策。只有承租企业单方而的努力，而争取不到租赁机构的积极配合，往往是事倍功半。

二、租赁决策方法

租赁与购买的区别在于：租赁是分期逐次支付，而购买则是一次性支出。虽然租赁具有许多优点，但并不是所有设备均应租赁。为了取得最优经济效益，企业应对租赁与购买投资进行评价，从而选择对自己较有利的投资方式。租赁与购买的比较主要有以下几种方法：

（一）简单成本比较法

简单成本比较法是一种简单决策分析方法，这种方法适用于期限比较短的租赁。由于时间比较短，所以可以不考虑资金的时间价值，直接将租赁的成本和购买的成本加起来进行比较就可以得出结论。

【例3】 某企业需购买一台设备，如购买的话，包括运费和保险费用共计10000元，可用3年，按直线法折旧，最终残值是1000元；如果从租赁公司租用的话，每月的租金是1500。每月的运转费是1000元，每年的维修费用是1000元。根据以上数据计算是租赁合算还是购买合算。

如果采用租赁方式，年使用成本由每月的租金和运转费构成，用 Y_1 来表示租赁成本，X 表示每年的使用月数，那么，

$$Y_1=（1500+1000）X=2500X$$

如果采用购买方式，每年的使用成本是由每年的折旧费、维修费和运转费构成，用 Y_2 表示购买情况下每年的使用成本，X 表示每年设备运行的月数，则

$$Y_1=（10\ 000-1000）\div 3+1000X+1000=4000+1000X$$

令 $Y_1=Y_2$，则可得 $X=2.67$。

则当每年的使用月数大于 2 时，$Y_1>Y_2$，此时应购买，否则则使用租赁进行融资。

（二）成本现值比较法

成本现值比较法是将不同时期发生的成本折为现值进行比较的方法。有时承租企业投资项目的效益无法估计或有两个以上的项目方案效益相似时，宜采用成本现值比较法对项目进行评估。对经营性租赁一般采用简单成本比较法，而对融资性租赁两种方法都可以采用。

【例 4】 假设购买一台设备需 5000 元，使用寿命为 5 年，期末残值为 1 000 元，每年的运营费用为 1000 元，预期收益率为 15%，则成本现值为

$$\begin{aligned}PC&=5000+1000\times(P/A,\ 15\%,\ 5)-1000\times(P/F,\ 15\%,\ 5)\\&=5000+1000\times 3.3522-1000\times 0.4972\\&=7855（元）\end{aligned}$$

（三）净现值法

净现值比较法是将租赁项目的未来的现金流入量的现值与现金流出量的现值进行比较，两者之差即净现金流量的现值。其中，现金流入包括融资项目的营业收入、记提折旧、残值收入等；现金流出包括租金、残值支出等。若结果为正值，则该项目的报酬率大于所用的贴现率，反之亦反之。

净现值公式为

$$NPV=\sum_{i=1}^{a}(I_t-O_t)\times(P/F,\ i,\ t)$$

其中，NPV 为净现值，a 为期数，I_t 为第 t 期的现金流入量，O_t 为第 t 期的现金流出量。

【例 5】 某单位从租赁公司租进一套设备，租期为 5 年，贴现率为 10%，使用该设备后，每年的现金流量如下表所示：

年份	1	2	3	4	5
净现金流量	-15	10	10	10	10

$$\begin{aligned}NPV=&(-15)\times(P/F,10\%,1)+10\times(P/F,10\%,2)+10\times(P/F,10\%,3)\\&+10\times(P/F,10\%,4)+10\times(P/F,10\%,5)\end{aligned}$$

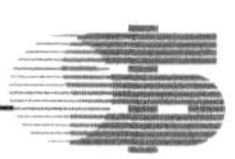

$=(-15)\times0.9091+10\times0.8264+10\times0.7513+10\times0.6830+10\times0.6209$

$=-13.6365+8.264+7.513+6.830+6.209$

$=15.1795$

NPV为正，说明该项目有经济效益。如果有两个或多个方案均为正值，则选择其中NPV最大的一个方案。

（四）内含报酬率法

内含报酬率法是根据租赁方案本身的内含报酬率来评价方案的优劣的一种决策方法。所谓内含报酬率（IRR）是指使投资方案未来现金流入的现值与现金流出量的现值相等时的投资报酬率，也就是使净现值等于零时的投资报酬率。其计算公式为：

$$\sum_{t=1}^{n}\frac{I_t}{(1+i)^t}=\sum_{t=1}^{n}\frac{O_t}{(1+i)^t}$$

其中，内含报酬率为i。

要解这个方程，计算量过大，可以采用“内插法”来计算：首先估计一个贴现率，用这个贴现率来计算方案的净现值，如果净现值为正，说明方案本身的报酬率高于估计的贴现率，应提高贴现率，直至使净现值为负数；相反，如果净现值为负，说明方案本身的报酬率低于估计的贴现率，应降低贴现率，直至使净现值为正数。

【例6】某企业租赁某设备之后的现金流量如下表所示，试确定其内含收益率。

年　　限	1	2	3
净现金流量	−25 000	10 000	22 000

当贴现率为14%时，净现值为

$NPV_1=(-25\,000)\times0.8772+10\,000\times0.7695+22\,000\times0.6750$

$=-21\,930+7695+14\,850$

$=615$

当贴现率为15%时，净现值为

$NPV_2=(-25\,000)\times0.8696+10\,000\times0.7561+22\,000\times0.6575$

$=-21\,740+7561+14\,465$

$=287$

当贴现率为16%时，净现值为

$NPV_3=(-25\,000)\times0.8621+10\,000\times0.7432+22\,000\times0.6407$

$=-21\,553+7432+14\,095$

$=-26$

经过计算可知，内部报酬率必在15%和16%之间，利用插值法确定内含报酬率：

$$\frac{287}{15\%-\text{IRR}}=\frac{26}{\text{IRR}-16\%}$$

解这个方程得 IRR=15.92

三、租赁方案的比较

租赁方案的比较是指企业已经决定用租赁方式进行融资以后，对各种不同的租赁方案进行比较，以确保选到的方案是最优的。可用成本现值法对各种方案进行比较。

成本现值比较法是指对几种不同的租赁方案的成本的现值进行比较，然后取成本现值最小的一种方案。

【例7】 某企业欲租赁一台价值为280 000元的设备，租期为4年，设备残值为10 000元，利率10%，贴现率和利率相同。有以下两种方案供选择，通过计算比较那种方案可选。

方案A：每年末支付租金90 000元，投资减税优惠由出租人享有，同时在第4年末还要支付出租人6 000元。

方案B：每半年支付租金44 000元，同时还要预付下两期租金，投资减税优惠转让给承租人（假定第一年初得到的投资减税额为设备价值的10%）。

则A方案的成本现值为

$$\begin{aligned}C_A&=90\,000\times(P/A,10\%,4)+6\,000\times(P/F,10\%,4)\\&=90\,000\times3.170+6\,000\times0.683\\&=285\,300+4\,098\\&=289\,398\end{aligned}$$

B方案的成本现值为

$$\begin{aligned}C_B&=44\,000\times2+44\,000\times(P/A,5\%,6)-280\,000\times10\%\\&=88\,000+44\,000\times5.0757-28\,000\\&=88\,000+223\,330.8-28\,000\\&=283\,330.8\end{aligned}$$

$C_A>C_B$，故企业应选择B方案。

第三节　租赁风险管理及防范

一、租赁风险

租赁业中涉及的环节和当事人众多，一项租赁交易中会涉及金融、贸易、运

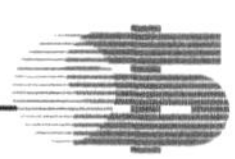

输、法律和保险等方面，而且这些方面中的当事人之间的关系复杂。如果其中有一个环节出现问题都会对整个租赁交易产生影响，从而产生风险。对出租人来说，它最大的风险就是不能按时收回租金，实现收益；而对承租人来说，它最大的风险是租赁设备不能按时交货，租赁设备不符合他的要求。

出租人和承租人面对的风险主要有以下几种基本类型：筹资风险、经营性风险、信用风险、自然灾害风险、政治风险、技术落后风险和金融风险等。

（一）经营性风险

经营性风险是指租赁交易中的当事人由于经营管理出现问题而造成其预期收益未能实现的风险。出租人和承租人都会有经营性风险，只是具体表现形式不同。

对出租人而言，他的经营性风险主要是由于对租赁项目的选择出现失误造成的。即在项目的选择过程中，没有对设备市场以及承租人的资信和经营能力进行详尽的信息搜集和分析研究，缺乏必要的分析、比较和筛选，过于追求规模而造成投资不能按时收回；还有就是由于出租人资金的融通能力不足，造成不能按时支付设备的购买资金，致使承租人蒙受损失，从而影响其收益的实现。

对承租人而言，它的经营风险主要是由于其对租赁设备带来的收益缺乏详尽的分析，以及由于企业日常经营管理出现问题造成其未实现预期的收益而无力按时交纳租金。如企业对产品市场的把握不够，信息滞后，当租赁设备到位以后，产品的需求已经呈明显下降趋势，导致销量不足，未能实现预期收益。

（二）信用风险

信用风险是指租赁当事人不能完全、按时履行合同所规定的义务，而给合同对方造成的风险。融资租赁中一般包括三个当事人（出租人、承租人和供货商）和两个合同（供货合同和租赁合同），任何一方违约都会给其他当事人带来信用风险。

供货商违约是指供货商未能按照购货合同规定的时间按时交货或者提供的货物存在瑕疵，不符合承租人的要求。虽然租赁合同是由出租人和供货人签订，并由出租人出资购买，但是承租人是直接受害者，其不能按预定计划将租赁货物投入使用并获得收益。虽然几乎所有的融资租赁合同中都有关于承租人不能以供货商延迟交货或所交货物存有瑕疵为由而延付或拒付租金的条款，但是，事实上，一旦供货商违约，承租人往往以此为由延付租金或拒付租金，甚至还提出撤销合同。因此出租人成为供货商违约风险的间接受害者。

承租人违约是指承租人未按照租赁合同规定按时、足额支付租金，而出现延付或拒付租金的情况，或是所支付的租金币种与合同不符，或是租赁期间未对租

赁设备进行正常的维修和保养，或是越权处理租赁设备，如未经出租人许可转租、抵押、出售租赁设备等。承租人违约的原因很多。可能是承租人的经营管理出现问题，未能实现预期收益而导致无力支付租金；也可能是承租人的信誉低下，没有按期、足额支付租金的愿望；也可能是承租人生产的产品的市场发生变化，导致承租人未实现预期收益。承租人违约的受害者就是出租人，出租人因此不能按时收回投资，造成出租人资金流转出现混乱，影响出租人的正常经营。

出租人违约是指出租人资金不足或发生周转困难，未能按照购货合同规定及时开出信用证，导致供货商推迟或拒绝交货，使供货商，尤其是承租人无法按照计划实施项目及保证生产的正常进行，从而遭受损失。

（三）自然灾害风险

自然灾害风险包括因火灾、地震、台风、龙卷风、暴雨、洪水、海啸、雪崩、雪暴、泥石流等自然灾害所带来的风险。在租赁业务中，对承租人来说，自然灾害风险通常出现在租赁设备运输过程中；对承租人而言，自然灾害风险则通常出现在使用租赁设备过程中。自然灾害风险一旦出现对承租人和出租人造成的损失都是巨大的。

（四）政治风险

政治风险是指租赁当事人所在国的政治环境和相关法律发生变化而导致租赁当事人蒙受损失的风险。国家风险一般表现为两类：① 国家风险，即由于某种政治原因或战争而实行国有化等风险；② 一国政治经济法律变动的风险，如外汇管制、财政税收制度、法律制度等方面的立法是否健全、是否经常变动等。政治风险主要包括税务风险、外汇管制风险以及所有权风险等。

1. 税务风险

税务风险是由于一国税率和征税条件发生变动而使出租人和承租人蒙受损失的风险。例如，在真实租赁中，出租人可以享受税收优惠政策，而且出租人为了吸引顾客还会降低租金与承租人分享税收优惠。如果税后优惠政策发生变动，出租人要缴纳的税金增加，则出租人收益就会减少，甚至出现亏损。

2. 外汇管制风险

在国际租赁交易中，租赁合同通常规定承租人要使用出租人所在国的货币进行租金支付。如果承租人所在国出现外汇管制，则承租人就不能将本国货币兑换成外币以支付租金，承租人就会蒙受损失。此外，出租机构的国外子公司所在国的外汇管制和政府对利润转移的限制也会阻碍出租机构国外利润汇入本国。

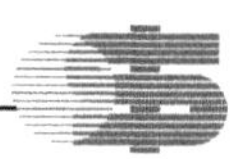

3. 所有权风险

所谓所有权风险，是指政府实行国有化、取消出租人特许经营权、请求主权豁免等行动对租赁当事人造成损失的风险。一国政府通常会颁发给某机构或个人特许经营权，允许其开发或利用某一种自然资源，或有权经营某项业务，但是这种特许经营权也有随时被收回或征用的风险。主权豁免原则是传统的国际法原则，它是指主权国家的行为和财产免受外国法院的管辖，是各国都普遍承认和接受的原则。若承租人是一个主权国家或主权国家机构，它就可以利用通过本国立法来履行租赁合同所规定的赔偿责任，而不必受外国法院管辖。主权豁免有绝对主权豁免和有限主权豁免。绝对主权豁免就是对其他一切国家实行豁免。绝对主权豁免曾被英美等国长期使用，但是它使出租人面临巨大的风险。在 20 世纪 70 年代以后，越来越多的国家开始放弃绝对主权豁免的做法，而采用有限主权豁免原则。该原则将国家行为区分为主权行为与商业行为两类，只有当国家所从事的是主权行为时，才能享受豁免，而国家的商业行为将不能享受豁免。因为给予国家商业豁免权会对私营经济产生冲击。但是，由于各国区分国家主权行为和商业行为的标准不能统一，因此仍然存在风险。

除了上述三种类型的政治风险以外，政变、政权更替、内战、罢工、恐怖活动等也会构成政治风险。政治风险对出租人和承租人的影响都是巨大的，因此，在国际租赁时，要注意合约对象所在国的政治风险。

（五）金融风险

租赁业务中出现的金融风险主要包括利率风险和汇率风险。

1. 利率风险

利率风险就是利率水平发生变动造成租赁当事人成本增加或收益减少的风险。现代租赁的租金的构成除了设备的购置成本，主要就是购置设备资金的利息成本。因此，利率水平的变动会影响利息成本的高低。利息计算又分固定利率和浮动利率。除非出租人向银行或其他融资机构所筹措的资金的利率形式和租金计算的利率形式相同，以及贷款还本付息时间和租金缴纳是同步的，否则就会有利率风险。例如，如果租金计算是浮动利率，当利率上升时，承租人的利息成本将上升；对出租人来说，如果租金收入相对固定，而融资利率上升，则出租人的预期收益就会降低。

2. 汇率风险

汇率风险是指汇率水平发生变动造成租赁当事人成本增加或收益减少的风险。根据国际租赁惯例，融资租赁中汇率风险应由承租人直接承担。因此，出租人在确定租赁合同的计价货币时，一般都与其融入资金所使用的外币保持一致，而承租人所承担的汇率风险实际上包含两个阶段的风险。第一阶段是执行购货合同时的风险。在国际租赁交易中，从订立购货合同到供货商交货会有一段时间，如果在这段时间内购货合同计价货币对本币升值，或购货合同的计价货币对租赁合同的计价货币升值，承租人将会承受租赁成本增加的风险。第二阶段是执行租赁合同时的风险。在整个租赁期内，如果租赁合同计价货币对本币或对租赁合同的计价货币升值，则承租人的租赁成本将相应增加。

（六）技术风险

技术风险就是指租赁设备等技术设备在可使用年限内，由于技术的迅速进步而产生无形损耗的风险。承租人和出租人都有技术风险。对承租人来说，如果他采用融资租赁，当租赁期限内设备落后时不能提前解约，会承担技术风险；对出租人来说，如果在设备还未租出或已租出但采用经营性租赁形式期间，相关技术发生进步，则未出租的和承租人退回的设备将很难再租赁出去。

二、租赁风险的防范

（一）经营性风险的防范

对承租人而言，根据其经营性风险产生的原因，承租人应该努力提高企业的经营管理水平，建立先进的企业管理制度，提高员工的专业素质。在租赁设备以前要对所租设备的技术水平、所生产产品的市场前景进行细致长远的分析。承租人也要对出租人的资信进行评估，当出租人要求预付定金时，还可以就该项资金要求出租人开立可以接受的不可撤销的保函。

对出租人而言，针对其经营性风险产生的原因，出租人在接受租赁项目之前，要对租赁项目的可行性从技术和经济两方面进行科学的分析，对项目的收益变异性运用定性和定量的方法分析评估，对出租人的信誉、管理能力、现金流状况等也要进行细致评估，以选择低风险的项目。出租人可以向求租人收取一定的保证金，要求承租人提供经出租人认可的经济担保人。租赁项目实施以后，出租人也要加强对承租项目的监督与管理，保证租金的按时收取。

（二）信用性风险的防范

信用性风险的产生的主要原因就是信息的不对称，因此，在租赁项目开始以前，要利用各种可获得租赁当事人信息的渠道，对租赁当事人的信誉进行咨询和调查，以便做出最客观的评价。对出租人来说，他一方面要对设备供应商的设备生产能力、信誉进行调查，以确保设备能按时交到承租人手中；另一方面，他也

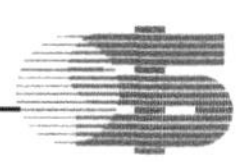

要对承租人的经营能力、资信进行详尽的评价，以确保能按时收到租金。出租人可以向求租人收取一定的保证金，要求承租人提供经出租人认可的经济担保人。在租赁期内，出租人还要尽力帮助承租人解决技术和设备维修上的难题，让承租人能正常使用设备。对承租人来说，租赁设备前要对出租人的筹资能力、信誉进行细致详尽的分析，以保证能按计划开工。特别当出租人是国外的租赁公司时，本国企业应通过各种渠道对出租人的信誉进行咨询、查证。当出租人要求预付定金时，承租人可就该项资金要求出租人开立可以接受的不可撤销的保函。

（三）自然灾害风险的防范

自然灾害风险的防范要求租赁当事人尽量避免在自然灾害容易发生的季节或地点运输或使用租赁设备；当然在预防突发的此类风险时，由于这类风险是可保风险，因此可以向保险公司投保。出租人可以自己向保险公司投保，将租赁设备的不确定性损失转化为固定的费用，并将保费计入租金。或者，由出承租人直接向保险公司投保，支付保费。当设备在自然灾害中受到损害时，投保人就可凭借保单向保险公司索赔。

（四）政治风险的防范

租赁交易前，租赁各方要对租赁交易对象所在国的社会制度、民族关系、政治局势等进行一定程度的了解，避免和政治局势不稳定的国家和地区的交易对象交易。对于税务风险，可以在租赁合同中订立合同条款，规定在税率变化时承租人要按照变化后的税率交纳租金。如果税率上升，承租人要相应增加租金；如果税率下降，租金可以降低，税率下降的收益由双方分摊。对于外汇管制风险，出租人可以要求承租人从其所在国的中央银行或外汇管理当局获得用汇许可证。为了回避主权豁免风险，出租人可以要求承租人在租赁合同中设立一项明确放弃豁免权的条款，防止承租人利用有限豁免权来摆脱金融租赁合同中的责任和义务。

（五）金融风险的防范

1. 利率风险的防范

在资金筹措时，出租人要注意根据租金率计算方式来选择借款利率的方式，使其债权和债务的利率变动方式相同，从而可以规避利率风险。如果租赁合同中规定租金计算采用浮动利率，则出租人在借款时就要采用相应的浮动利率。相应地，如果租赁合同中规定租金计算利率固定不变，出租人就应该选择固定利率借款。如果出租人对利率走势有比较强的预测能力，在利率处于下降（上升）趋势时，在筹资时可以采用浮动（固定）利率，而在签订租赁合同时采用固定（浮动）

利率。当利率走势不明朗时，在借款和签订租赁合同时应采用浮动利率。

出租人在借入资金时还可以用利率互换方式来规避利率风险。利率互换是指有资金需求双方将金融相同、不同利率的同种货币进行互换。同过利率互换一方可以将固定（浮动）利率负债换成相同金额的浮动（固定）利率负债。而且由于互换双方相对的借款优势，而使双方达到降低利率成本的目的。例如，A 借入美元时固定利率为 10%，浮动利率为 LIBOR；B 借入美元时固定利率为 12.5%，浮动利率为 LIBOR+0.5%。A 在借入固定利率款项时有优势，但 A 希望用浮动利率借入 1 亿美元；B 在借入浮动利率时有优势，但 B 需要用固定利率借入 1 亿美元。此时 A 和 B 就可以进行利率互换。A 用其固定利率借入 1 亿美元，而 B 用浮动利率借入 1 亿美元，随后两者互换。这样不但双方可以用自己想要的方式借入资金，而且还可以减少利率成本。

2. 汇率风险的防范

汇率风险主要发生在国际租赁中。当今汇率水平变动剧烈，参与国际租赁交易的当事人应重视汇率风险的防范。汇率风险的防范主要有以下几种方式：

（1）恰当选择交易货币

出租人在借入资金时要尽量借入趋于贬值的货币，而收取租金时要力争使用处于升值的货币；承租人则相反，在支付租金时要尽量使用趋于贬值的货币。

（2）使用外汇保值条款

在签订合同时将某一天的汇率作为执行合同时的汇率，以后不再发生变动。

（3）利用货币市场套期保值

当出租人有一笔外币租金要在将来某一天收取时，它可以先在外汇市场上借入相同金额的同种货币，借款期限和租金收取的期限相同，并将这笔资金存入银行。当出租人收到租金后，便用这笔租金来偿还借款，从而使汇率固定在借款时的汇率，规避了汇率风险。对承租人来说，当它有一笔外币租金要在将来某天交纳时，它可以先在外汇市场上将本币兑换成需要支付的外币，再存入银行或贷出去，期限与租金支付期限性相同。当交纳租金时间到了以后，便用事先兑换好的外币交纳租金即可。这样也事先将汇率固定住，避免了汇率变动的风险。

（4）利用远期外汇交易

远期外汇交易是指交易双方事先约定，在未来某个交易日按照事先约定的汇率进行交割的外汇交易。出租人要在将来某天收取一定金额的外币资金，它可以和银行签订远期外汇交易合约，约定在租金收取日以确定的汇率卖出相当于租金的外汇，从而规避了汇率风险。承租人则需要和银行签订协议，约定在租金支付日以确定的汇率买入相当于租金的外汇。

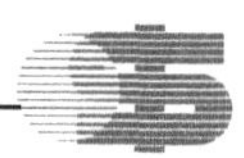

（5）利用外汇期权交易

外汇期权是指其持有者有在规定的期限内按双方商定的汇率买卖一定数量外汇的权利。期权只是一项权利，并非义务。如果结果对期权持有者有利，则他将选择执行期权，否则不执行。期权又分看涨期权和看跌期权。如果出租人预期租金所使用的货币有贬值的趋势，它可以买入看跌期权或卖出看涨期权，这样就可以按照较高的汇率将收取的外币租金卖出。如果承租人预期租金所使用货币有升值的趋势，它可以买入看涨期权或卖出看跌期权，这样就可以保证以较低的价格买入外币，支付租金。

（六）技术风险的防范

技术风险的关键是在租赁项目开始前，对租赁设备的技术在国内外的现有水平以及未来的发展趋势进行细致的信息搜集和评估。对技术更新快的设备，租期要尽量短一些，设备的折旧计提要快一些。如果租赁物件的价格上涨较大，也要对其折旧形式和残值进行相应的调整。

第四节 租 赁 保 险

一、租赁保险的概念

租赁保险是对租赁物件在运输、装卸、存储、安装、试车以及租赁物件在租赁期内的使用过程中可能遭受的风险损失进行经济补偿的一种措施。它是租赁交易中租赁当事人减少损失、保证交易顺利进行的必要措施。

在租赁交易中，租赁标的要经过运输环节，从出租人或供应商运输到承租人所在地。在运输过程中，有可能遇到自然灾害和意外事故等方面的风险；在租赁标的的租赁期内，租赁标的可能遇到自然灾害风险、被盗窃风险、机器损坏风险等。为了在遇到这些风险时，将风险的损失降到最低，在租赁交易各个环节中，要对租赁标的进行保险，以保护出租人和承租人的利益。

二、租赁保险的险种

租赁保险主要包括租赁物件的运输保险和租赁期内租赁物件的保险。租赁物件的运输保险又包括海洋运输保险、内陆运输保险和航空运输保险三类。租赁期内租赁物件的保险主要有财产保险、财产一切险、营运中断险、机器损失险、盗窃险等险种。租赁物件的运输保险又主要有平安险、水渍险、一切险、陆上运输险等险种。

（一）海洋运输保险

1. 风险、损失和费用

保险公司承担赔偿责任是按照不同险别所含风险可能造成的损失及发生的费用来计算。因此，为了更好地理解各种险别及其赔偿责任，应先了解一下风险、损失和费用的基本内容及其性质。

（1）风险

海上运输风险有两类：一类是海上风险，另一类是外来风险。

海上风险又称海难，是指在海上发生的自然灾害和意外事故。自然灾害是由了自然界变异引起的破坏力量所造成的客观现象，如海风、海啸、地震、雷电、洪水等。意外事故专指船舶搁浅、触礁、沉没、船舶失踪、互撞或与其他物体碰撞以及失火、爆炸等由于意外原因造成的事故或其他类似事故。

外来风险是指由于外来的原因造起的风险。它既包括偷窃、雨淋、短量、玷污、渗漏、破碎、受潮等一般外来风险，也包括战争、罢工和交货不到、拒绝收货等特殊的外来风险。

（2）损失

按照损失程度的不同，可以将租赁物件由于海上风险或外来风险造成的损失分为全部损失和部分损失。

全部损失简称全损，是指被保险的物件的全部损失。全损又分实际全损和推定全损两种。实际全损是指被保险物件完全灭失或完全失去原来的用途；推定全损是指被保险货物的实际全损已经不可避免，或者恢复、修复受损货物以及运送货物到原订目的地的费用超过该目的地的货物价值。

部分损失是指被保险的物件的损失状况还没有达到全部损失的程度。根据损失原因的不同，部分损失又可分为共同海损和单独海损两类。共同海损是指在海运途中遇到危及船货的共同危险时，船方为维护船舶和租赁物件的共同利益，有意地并且是合理地做出某些牺牲或支出一定的额外费用，这些牺牲和费用，应由船舶、货物和运费三方按最后获救的价值共同按比例分摊；单独海损是指被保物件遭受部分海损，且为无共同性质的单独部分损失，由受损失一方独自承担责任。

（3）费用

费用是指保险人承保的费用。被保险的物件在海上遭遇风险时，为营救该物件而支出的费用主要由施救费用和救助费用组成。

施救费用是指在海上遭遇到保险责任范围内的灾害事故时，被保险人或其代理人、雇佣人员等为抢救被保物件而发生的费用。

救助费用是指在海上遭遇到保险责任范围内的灾害事故时，由保险人和被保险

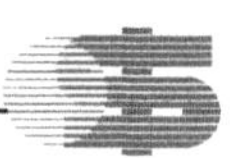

人以外的第三者采取救助行动而向其支付的费用。救助费用也由保险人负责支付。

2. 海洋运输险险种

海洋运输险在租赁业务中应用最广泛。海洋运输险的基本险包括平安险、水渍险和一切险，此外还有附加险。

（1）平安险

平安险是其他险别的基础。本保险负责赔偿以下损失。

1）被保险货物在运输途中由于恶劣气候、雷电、海啸、地震、洪水自然灾害造成整批货物的全部损失或推定全损。

2）由于运输工具遭受搁浅、触礁、沉没、互撞、与流冰或其他物体碰撞以及失火、爆炸意外事故造成货物的全部或部分损失。

3）在运输工具已经发生搁浅、触礁、沉没、焚毁意外事故的情况下，货物在此前后又在海上遭受恶劣气候、雷电、海啸等自然灾害所造成的部分损失。

4）在装卸或转运时由于一件或数件货物落海造成的全部或部分损失。

5）被保险人对遭受承保责任内危险的货物采取抢救、防止或减少货损的措施而支付的合理费用，但以不超过该批被救货物的保险金额为限。

6）运输工具遭遇海难后，在避难港由于卸货所引起的损失以及在中途港、避难港由于卸货、存仓以及运送货物所产生的特别费用。

7）共同海损的牺牲、分摊和救助费用。

8）运输契约订有“船舶互撞责任”条款，根据该条款规定应由货方偿还船方的损失。

（2）水渍险

除包括上列平安险的各项责任外，本保险还负责被保险货物由于恶劣气候、雷电、海啸、地震、洪水自然灾害所造成的部分损失。

（3）一切险

除包括上列平安险和水渍险的各项责任外，本保险还负责被保险货物在运输途中由于外来原因所致的全部或部分损失。

（4）附加险

被保险货物在投保了平安险、水渍险和一切险三种基本险别之后，还可以在这些险别保障范围的基础上，协商加保附加险。附加险不能单独投保。

（二）内陆运输保险

1. 陆上运输货物保险

陆上运输货物保险的基本险别分为陆运险和陆运一切险两种。

陆运险的承保责任范围与海运险中的“水渍险”相似，保险公司负责赔偿

被保险货物在运输途中遭受自然灾害及意外事故所造成的全损和部分损失。此外，被保险人对遭受承保责任内危险的货物采取抢救、防止或减少货损的措施而支付的合理费用，保险公司也负责赔偿，但以不超过该批被救货物的保险金额为限。在投保陆运险的情况下，被保险人可根据需要加保一种或数种一般附加险。

陆运一切险的承保责任范围与海运“一切险”相似，保险公司除承担陆运险的赔偿责任外，还负责被保险货物在运输途中由于一般外来原因所造成的全损或部分损失。

此外，还有陆上运输货物战争险及陆运货物险的特殊附加险，只有在投保了陆运险或陆运一切险的基础上方可加保。保险公司负责赔偿在火车运输途中由于战争、类似战争行为所致的损失。

2. 航空运输保险

航空运输保险的基本险别分为航空运输险和航运一切险，附加险为空运货物战争险等。

航运险与海运保险中的“水渍险”大致相同，保险公司负责赔偿被保险货物在运输途中遭受雷电、火灾、爆炸或由于飞机遭受恶劣气候或其他危难事故而被抛弃，或由于飞机遭受碰撞、倾覆、坠落或失踪等自然灾害和意外事故所造成的全损或部分损失。

航运一切险的承保责任范围除包括航运险的全部责任外，保险公司还负责赔偿被保险货物由于一般外来原因所造成的全损和部分损失。上述两个基本险的除外责任与海运险的除外责任基本相同。

空运货物战争险附加险，只有在投保了基本险的基础上方可加保。保险公司承担赔偿在航运途中由于战争、敌对行为或武装冲突以及常规武器所造成货物的损失。

（三）租赁期内租赁物件保险

1. 财产险

由于下列原因造成保险标的的损失，保险公司依法负责赔偿：

1）火灾、爆炸。

2）雷击、暴雨、洪水、台风、暴风、龙卷风、雪灾、雹灾、冰凌、泥石流、崖崩、突发性滑坡、地面突然塌陷。

3）飞行物体及其他空中运行物体坠落。

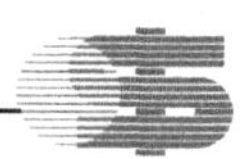

2. 财产一切险

财产一切险除了承保财产险中列明的责任外，对于意外事故及人为造成的损失如偷窃、疏忽、恶意行为造成的直接物质损失或灭失也予以负责。财产一切险的保障范围很大，其保险责任采用除外责任方式，即保险人负责赔偿列明的除外责任以外的各种自然灾害和意外事故造成的损失。

3. 建筑安装工程一切险

该险种对那些由于下列原因造成的损失和费用，根据保险单明细表规定、负责赔偿：

1）洪水、潮水、水灾、地震、海啸、暴雨、雪崩、地崩、山难、冻灾、冰雹及其他责任灾害。

2）雷电、火灾、爆炸。

3）飞机坠毁、飞机部件或飞行物体坠毁。

4）盗窃。

5）工人、技术人员缺乏经验、疏忽、过失等非恶意行为。

6）原材料缺陷或工艺不善所引起的事故。

7）除本条款外责任规定以外的其他不可预料的突然事故。

4. 机器损坏险

这是一种机器的意外保险，它承保各项租赁机器在运行过程中因人为、意外或物理原因造成突然发生的、不可预见的损失。

三、租赁保险的投保

投保人可以是出租人也可以是承租人。如果是由出租人投保，保费就会计入租金由承租人承担。当发生自然灾害或意外事故时，出租人就会向保险公司索赔。出租人从保险公司获得的被保险租赁物件的损失赔偿金，在扣除租金余额后，其余部分应退还给承租人。如果是由承租人投保，则直接由承租人向保险公司索赔，并向租赁公司支付租金。

租赁保险的投保程序一般是：投保人（出租人或承租人)向保险公司提出投保的要求，向保险公司索取投保单，如实填写保险中的每项内容，同时加盖公章。保险公司接到出租人或承租人投保单后，经核实同意保险后，即出具保险单，并通知投保人交保险费。

四、租赁保险的索赔

保险索赔必须在索赔时效内提出，超过时效,被保险人或收益人不向保险公司提出索赔，不提供必要单证和不领取保险金，视为放弃权利。险种不同，时效也不同，对于租赁物件的运输保险，索赔时效一般为租赁物件发生损失后的两年内；对于租赁期内租赁物件的保险，索赔期限从租赁物件遭受损失之日起，不得超过一年；因此，保险标的发生保险单规定的损失时，被保险人应及时提出索赔，以免丧失时效。

国内索赔程序如下：

1）当发生保险责任范围内的自然灾害或意外事故造成损失时，被保险人应当积极采取合理的保护、施救措施，防止扩大损失，并根据所投保险种，分别立即向有关部门（公安、消防、公安交管等）报案，请求援救；同时在保险条款规定的时间内通知保险公司（如属机动车辆险单方事故，需立即通知保险公司查勘），保险公司接报后，将随即派人进行现场勘查、调查核定、核损定损等工作。

2）被保险人携带保险单或保险证到保险公司索取《出险通知书》、《索赔清单》等，并认真如实填写事故原因及经过，说明损失情况，如属单位投保，需在有关单证上加盖公章。

3）当有关索赔单证、费用单据及有关部门对事故的证明等材料准备齐全后，被保险人应尽快送交保险公司，保险公司在对上述材料审核后，将依照保险条款的规定确定赔付数额，被保险人可按约定的时间，前往办理赔偿兑现手续。

涉外索赔程序如下。

1）属于出口货物遭受损失，对方（进口方）向保险单所载明的国外理赔代理人提出索赔申请。中国人民保险公司在世界各主要港口和城市，均设有委托国外检验代理人和理赔代理人两种机构，前者负责检验货物损失。收货人取得检验报告后，附同其他单证，自行向出单公司索赔；后者可在授权的一定金额内，直接处理赔案，就地给付赔款。

进口方在向我国外理赔代理人提出索赔时，要同时提供下列单证：① 保险单或保险凭证正本；② 运输契约；③ 发票；④ 装箱单；⑤ 向承运人等第三者责任方请求补偿的函电或其他单证，以及证明被保险人已经履行应办的追偿手续等文件；⑥ 由国外保险代理人或由国外第三者公证机构出具的检验报告；⑦ 海事报告：海事造成的货物损失，一般均由保险公司赔付，船方不承担责任；⑧ 货损货差证明；⑨ 索赔清单等。

2）属于进口货物遭受损失，我国进口方向保险公司提出索赔申请。当进口货物运抵我国港口、机场或内地后发现有残损短缺时，应立即通知当地保险公司，会同当地国家商检部门联合进行检验。若经确定属于保险责任范围的损失，则由当地

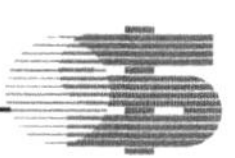

保险公司出具《进口货物残短检验报告》。同时，凡对于涉及国外发货人、承运人、港务局、铁路或其他第三者所造成的货损事故责任，只要由收货人办妥向上述责任方的追偿手续，保险公司即予赔款。但对于属于国外发货人的有关质量、规格责任问题，根据保险公司条款规定，保险公司不负赔偿责任，而应由收货人请国家商检机构出具公证检验书，然后由收货单位通过外贸公司向发货人提出索赔。

进口货物收货人向保险公司提出索赔时，要提交下列单证：① 进口发票；② 提单或进出口货物到货通知书、运单；③ 在最后目的地卸货记录及磅码单。

五、租赁保险的理赔

理赔就是保险公司收到投保人的损失通知后，对损失现场进行勘查，了解出险原因、受损情况和损失程度，确定保险责任和索赔金额，最后向被保险人付给赔款的过程。保险理赔直接体现了保险的经济补偿功能，关系到被保险人的切身利益，因此保险公司在实际理赔中，要遵守“重合同，守信用”，“主动、迅速、准确、合理”的原则。

保险公司理赔的一般程序如下：

1. 立案检验

保险人接到出险通知后，先编号立案，然后派员对现场进行查勘，做原始记录，包括财产遭受损失的实际情况以及施救整理情况等。

2. 审查单证，审核责任

1）先确定保险单是否有效；有无已经解除或失效的情况；若曾经失效的，在出险之时是否已自动复效。

2）被保险人或受益人提供的索赔单证是否齐全、真实。

3）审核保险权益，具体来说，就是审查被保险人或受益人是否具有保险权益。

4）审核投保人或被保险人有无违反告知义务或通知义务的行为。

5）审核出险时间是否在保险有效期内。

6）若保险合同约定了承保地区的，则还要审核出险地点是否处于所约定承保的地区之内。

7）审核出险事故是否属于保险单承保的保险事故，是否由其造成保险标的的损失。

8）审核被保险人是否违反了保险合同约定的保证条款。

9）审核赔案中是否存在第三者应当承担的赔偿责任；索赔的被保险人是否向第三人行使了索赔权或向第三责任者实施了索赔手续；是否从第三责任人处获

取了赔偿。如果经审核后，认定要赔付的，继续理赔工作；反之，则向被保险人或受益人告知拒赔，说清拒赔的理由，并记入拒赔案件登记簿。

3. 损失调查

在损失检验和审核各项单证的基础上调查损失，包括赴现场实地调查和函电了解，或向专家、化验部门复证。

4. 核算损失程度

在财产保险中，须根据被保险人所提供的索赔文件或证物核算损失的数额，以决定赔偿的数额。

5. 损余处理

损余物资的作价和处理关系到赔款额度的大小，也关系到残余物资的利用。

6. 给付赔款

经被保险人同意保险公司的理算结果后，被保险人即可领款。

金融租赁公司非现场检查指标

一、监管指标

资本充足率（≥10％）。

计算公式：资本总额÷风险资产总额×100％。

资本总额包括核心资本和附属资本，其中：

核心资本＝实收资本＋资本公积＋盈余公积＋未分配利润；

附属资本＝贷款呆账准备＋投资风险准备＋坏账准备。

风险资产总额＝（总资产－现金－存放中央银行款项－委托租赁－国债－政策性金融债券－存放商业银行款项－存放其他金融机构款项）×50％＋担保×50％。

租赁资产比例（≥60％）。

计算公式：租赁资产余额÷总资产×100％。

租赁资产包括委托租赁和转租赁。

拆入资金比例（≤100％）。

计算公式：拆入资金÷资本总额×100％。

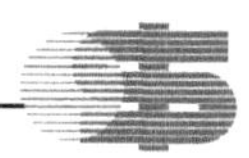

资产分散性比例（≤15%）。

计算公式：对同一承租人的最大融资余额(租赁＋贷款＋担保)÷资本总额×100%。

长期投资比例（≤30%）。

计算公式：长期投资余额÷资本总额×100%发行债券比例（按中国人民银行有关规定执行）。

计算公式：发行债券余额÷资本总额×100%。

担保比例（≤60%）。

计算公式：担保÷资本总额×100%。

租赁项下流动资金贷款比例（≤60%）

计算公式：租赁项下的流动资金贷款÷租赁合同金额×100%。

二、监测指标

租赁逾期比例（≤60%）

计算公式：(逾期租金+逾期贷款)÷余额(应收租赁款余额＋贷款余额)×100%。

逾期租金系指租赁合同约定到期（含展期后到期）未偿付的租金。

逾期贷款系指借款合同约定到期（含展期后到期）未归还的贷款（不含呆滞贷款和呆账贷款）。

本指标中租赁范围不包括委托租赁业务。

到期不能支付的债务（万元）。

资本收益率（年终填报）。

计算公式：税前利润总额÷注册资本×100%资产收益率（年终填报）。

计算公式：税前利润总额÷年平均资产总额×100%。

年平均资产总额是全年各季度资产总额相加后除以 4 后的算数平均数。

三、租赁风险分类特征表

租赁风险分类特征如表 11-1 所示。

表 11-1　租赁风险分类特征

租赁款风险类型	主 要 特 征
正常类	总体特征：承租方一直能正常付租金（还本付息），不存在任何影响租赁款本息按期全额偿还的消极因素 公司对承租方还本付息有充分把握，包括： 1）承租方财务状况良好，现金流量为正值且稳定，各种财务指标合理 2）各项融资租赁手续齐备，资料真实有效，承租方履约信誉好且信用支持充足 3）租金(本金及利息)拖欠不超过 30 天 用在本公司足额的租赁保证金或可转让国库券（国债）作为质押的手续

续表

租赁款风险类型	主 要 特 征
关注类	总体特征：承租方偿还租金暂时没有问题，但存在潜在的缺陷，如继续发展下去会影响租金的偿还。现金流量净值依然为正值，但呈递减趋势；主要财务指标至少两项出现幅度在10%以内的不利变化 担保方变更或担保方因经营亏损，股权结构、企业制度发生变化，造成其担保能力减弱或丧失；抵押或质押现值下降、损失或变现困难 租赁物件运行正常，但承租方违反部分合同条款，未对租赁物件进行妥善保养，存在其价值下降的风险 承租方属于新成立企业，其产品市场前景不明朗；或所处行业为新兴产业、夕阳产业、高风险产业；或生产单一，市场狭窄，主营业务转变；或因国内外政策、经济、金融环境变化影响承租方未来发展 承租方还租意识差，表现为未能准时还本付息两次以上；未能主动连续报足财务报表和其他相关资料，或报表资料内容严重失实；承租方领导成员、组织机构、经营策略发生变化，可能对租赁款偿还产生不利影响 租赁款本金逾期或利息拖欠31～180天
次级类	总体特征：租赁款缺陷明显，承租方正常经营收入不足以保证还款，需要通过出售、变卖资产或对外融资，甚至通过执行租赁物件抵押担保来还款。承租方当期出现亏损；或虽未亏损，但依靠正常经营收入已不足以偿还租金；负债比率上升幅度达10%以上，且资金流动状况与经营周转都出现问题。承租方拖欠次数三期以上，已经或预计其正常经营收入不能还本付息，必须动用第二还款来源(对外融资、变卖资产、追索担保责任，变现抵押、质押品或由出租方重新处置租赁物件) 承租方卷入经济纠纷诉讼案，企业法人或管理人员被起诉、逮捕、通缉，可能或已经给企业造成损失；或承租方不能偿还法庭判决债务，阻碍租赁款的按时归还。租赁款本金逾期或利息拖欠时间在181～360天 承租方虽已出现过上述一种或几种情况，但其租赁物件使用正常，其现值高于余下租金，并有较强的变现能力；或其抵押，质押易于变现，担保方经营状况正常，有足够的代偿能力
可疑类	总体特征：租赁款可能要发生一定损失，只是因为承租方重组、兼并、合并、租赁物件处理、抵押物件处理、未决诉讼等待定因素，损失金额尚不能确定 承租方连续亏损两年以上；或账面上虽勉强持平，但企业已经濒临资不抵债的状况(负债比率已超过90%以上)；企业已停产或半停产，租赁物件已完全搁置 承租方无力偿还租赁款本息，而租赁物件价值高于现价，变现能力差；或担保方出现经营亏损，负债比率过高，造成担保方有形资产低于其担保总额，不具备租赁款进行足额担保能力 承租方无力偿还租赁款本息，而其抵押、质押品现值低于担保金额；或抵押率过高(超过70%)；或抵押物变现困难（如用私人住房，专用设备，农村用地等作抵押），导致租赁款出现部分损失 由于承租方长期拖欠租金；或租赁行为被证实为金融欺诈；出租方或其他债权人对承租方提起诉讼，法院尚未解决的 租赁款本金逾期或利息拖欠361～720天

续表

租赁款风险类型	主要特征
损失类	总体特征：租赁款大部分或全部要发生损失 承租方依法宣告破产、死亡、失踪；或虽未破产、吊销执照，而已名存实亡，债务主体已不存在；或由于遭受重大自然灾害、意外事故，损失巨大而又不能获得保险补偿的；承租方严重违反合同规定，擅自变卖、出租、抵押租赁物件，造成租赁物件改变原有属性；或担保方由于亏损、停产、破产、担保能力丧失；或其抵押、质押物现值过低、损失等。经过第二还款来源的补偿仍不能清偿的租赁款 法院已判决，但不能执行归还的租赁款 承租方由于历史原因或利用兼并、重组、改制等方法逃废债务，造成其债务悬空，经出租方竭尽全力仍无法收回的租赁款 由于出租方监管不力，对承租方的租赁物件损毁，不知去向未及时了解；或对逾期催收不力，导致债权人追索已过诉讼时效，或无执行标的，丧失法律追索权的租赁款。 出租方按照规定向所辖税务机关申请核销的租赁款 租赁款本金逾期或利息拖欠数在720天以上

小　　结

1. 出租人和承租人面对的风险主要有以下几种基本类型：筹资风险、经营性风险、信用风险、自然灾害风险、政治风险、技术落后风险和金融风险等。

2. 出租人与承租人在做出金融租赁的决策前都要严格进行租赁项目风险评估，根据评估结果做出是否进行金融租赁的决策，并制定风险防范措施。

3. 在租赁交易各个环节中，要对租赁标的进行保险，以保护出租人和承租人的利益。

第十二章

融资租赁合同

本章重点

在复杂的社会经济生活中，应当采取经济合同的契约形式规定合同各方的权利、义务，约束各方的经济行为，以保证达到当事人各方所预期的经济利益目标。签订融资租赁合同是融资租赁业务的重要内容。《中华人民共和国经济合同法》以下简称《经济合同法》明确规定，租赁合同属于经济合同范围。本章主要介绍融资租赁合同的特点、合同谈判的要点、合同标的条款、租赁合同的履行、变更、解除。

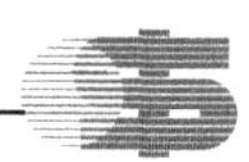

第一节　融资租赁合同概述

一、融资租赁合同的概念

融资租赁合同是出租方根据承租方对供货方、租赁物的选择，向供货方购买租赁物，提供给承租方使用，承租方支付租金的合同。

融资租赁是具有融资、融物双重功能的租赁交易，它涉及出租方、承租方和供货方三方当事人，并由出租方与承租方之间签订的租赁合同和供货方（出卖人）与出租方之间签订的购买合同组成。如果出租方在购买租赁物件时因资金不足而向金融机构借款时，还涉及出租方与贷款方签订的贷款合同，这种方式实际上是租赁公司给予承租方长期信贷，具有浓厚的金融色彩。正因如此，金融租赁常被看作是一种与设备有关的贷款业务。

融资租赁合同的内容包括租赁物名称、数量、规格、技术性能、检验方法、租赁期限、租金构成及其支付期限和方式、币种、租赁期间届满租赁物的归属等条款。融资租赁合同应该采用书面形式。

二、融资租赁合同的显著特点

金融租赁合同是一种新型的经济合同，它具有经济合同的一般性质，但也有自身的显著特点，它是一种独立的合同类型，《中华人民共和国合同法》（以下简称《合同法》）将它独立为一章（第十四章）加以规定。它的特点如下：

1. 与供货合同密切相关

金融租赁合同与供货合同的标的物统一，签订合同的目的一致，两者必须联立。购买合同是根据承租方的要求，经其确认要在所购设备后，才由租赁公司与供货方签订的，是供货方与承租方形成的一种准合同关系。租赁合同是购买合同的前提，购买合同之所以从属于租赁合同，是因为没有租赁合同的形成，与之相联系的购买合同的设立也就失去了意义。

2. 租赁合同是要式合同

根据合同的成立是否需要特定的形式，可将合同分为要式合同和不要式合同。要式合同，是指法律要求必须具备一定的形式和手续的合同；不要式合同，是指法律不要求必须具备一定的形式和手续的合同。根据我国现行法律，要式合同主要包括依法应采取书面形式、公证、鉴证、审批或登记形式或手续的合同。由于租赁合同所涉及的金额巨大、时间跨度长，法律一般要求租赁合同采取要式合同形式，即必须采取书面形式，履行一定的手续，以充分保障签约双方的利益，出现租赁纠纷时有利于其有效解决。

3. 租赁合同不得任意解除

租赁合同是中途不可要求解约的合同。因为租赁物件是由出租方指定的专项设备，不容易再出租给其他人，而且项目的金额巨大，租赁期又长，且出租方为承租方购买设备的资金来源也一定都是自有资金，绝大部分来自于第三者的贷款。如果承租防单方提出解除合同，返还租赁设备，出租方很难将设备出租出去或找到合适的买主，因此会给出租人造成重大经济损失，所以租赁合同具有不可撤销性。租赁设备经承租人验收并出具验收证书后，即使发生灭失或损毁情况，承租方也不得中止或解除租赁合同，一切损失费用均由承租人负责。租期内，承租方须按时交付出租方租金；当然，出租方在租期内亦需保证承租方的设备使用权，不得另行出租。

4. 合同当事人权利、义务发生变化

传统租赁一般是由出租方负责租赁对象的维修和保养。而在金融租赁中，承租方依据自己的技能和判断选定租赁对象，选择供货商，并确认供货合同中的各项条款。租赁对象的维修和保养也由承租方负责。出租方对租赁对象的不交付、延迟交付或不完全交付不承担责任。且对租赁对象的质量担保责任亦由供货合同当事人供货商一方承担。

5. 以租赁形式融通资金为其主要职能

金融租赁以融物为其形式，以融资为其目的。作为实现租赁目的的法律工具的金融租赁合同，也必然以租赁形式融通资金为其主要职能。金融租赁在直接租入设备使用权的同时，解决了购置租赁对象（租赁标的）所需的资金，这是其融资性的根本体现。

6. 租赁期限较长，分期收回租金

金融租赁是一种较长期的租赁，一般稍低于租赁对象的使用寿命，承租人交付租金的次数和每次交付的数量都可以同租赁公司双方协商，采取灵活处理的方式。分期回流租金既可以使出租人获得一定的报酬，承租人也可以从中直接获益：承租人无需全额支付设备的价款就能取得设备的使用权，支配设备的使用价值，从而提高了资本的利用率。

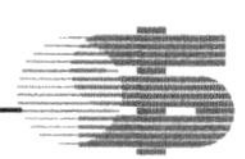

第二节　融资租赁合同的签订

签订融资租赁合同当事人要具备主体资格，即合同主体应为有民事权利能力和民事行为能力的法人、自然人和其他经济组织。合同当事人应本着合法、自愿、互惠、信用原则在真实意思表示之下签订合同；当事人以欺诈、胁迫手段签订合同或恶意串通损害国家利益、社会公众利益和第三人合法权益的，合同均为无效合同。同时要遵循一系列基本程序：租赁设备、租赁委托、项目受理、签订合同、履行合同。书面合同中要包含租赁物件、租金、租期、保险、租赁期满后租赁物件的处置、违约处理等主要条款。

一、合同订立前的准备

（一）承租人的信用审查

在金融租赁合同中，对于出租方来说，因为其出资购买租赁对象供承租方使用，从这点上来说就等于是给承租方提供了一笔长期贷款。出租人风险的大小与承租方的资信状况、经营管理能力、签约后的履约能力都密切相关，它将直接影响到出租方能否回收本金、利息以及获取相应的利润。因而在订立租赁合同前，出租人通常要求承租人提供一些必要的文件供出租人参考。这些文件通常要包括承租人的基本情况、资产负债表、所租赁的设备的可行性报告等，有些租赁公司还要求承租人提供项目批准文件以及保证承租人按时付租金的担保函。出租方要认真分析承租方提交的财务指标数据，并进行实地调查，做好租赁前的信用分析、风险分析等。

同理，承租方也应该选择合适的出租方，出租方应该具备以下条件：能够迅速做出承诺；有足够的资金实力兑现这种承诺；筹资能力强，筹资渠道多，融资成本低；租金报价低，支付方式灵活，还款期限较长；在同行业中有较高的知名度和较好的业绩，有丰富的融资租赁交易经验，有能力维护承租人的利益；租赁机构有专门的技术人员，能够承担技术咨询、提供经济信息，帮助解决税务、保险、法律、会计、谈判等问题。

（二）选择标的物，即租赁对象

租赁对象的选择是租赁合同签订和履行的关键。由于金融租赁的特点就是由承租方根据自己的需要选择租赁对象和供货商，并确定供货合同中的各项条款。租赁对象的维修和保养也由承租方负责，出租方对租赁对象的不交付、延迟交付或不完全交付不承担责任，且对租赁对象的质量担保责任也由供货方单方承担，因此承租方一定要谨慎选择租赁对象和供货方。在选择设备时，重点考察设备的质量、价格、性能、规格、型号、交货日期等条件，确实符合自己的投资计划。要进行详细的技术交流和专家组织的可行性分析，再购置设备。在选择供货方时，应该注意选择信誉好、产品质量优良、售价低廉和售后服务好的供货厂商。

当然，出租方也应该尽力提供帮助给承租人，在可能的情况下为其提供相应的专家咨询。有的时候，部分承租人还委托出租方代其选择供货商和租赁对象，然后由承租方确认。

二、融资租赁合同中购买合同的订立

在融资租赁业务中，租赁设备的购买合同是由租赁公司作为卖方，按照承租人与供货商达成的条件，就买卖某项设备各自应享有的权利和应承担的义务，代承租人与供货方签订的并由承租人连署签字同意的书面协议。买卖合同不仅直接涉及签字三方——买卖双方和用户的权益，而且间接涉及了与买卖设备有关的一系列当事人的利益，所以，订立好买卖合同的全部条款就十分重要。

（一）租赁业务中购买合同的谈判

购买合同中的谈判由出租方、承租方和供货方三方构成，谈判内容包括技术谈判和商务谈判。

1. 技术谈判

技术谈判主要由承租方和供货方进行，当然，如果承租方委托出租方代为办理，则在出租方和供货方进行。谈判目的在于确保租赁标的能适应承租方的实际需要。技术谈判是确定租赁项目引进方案和进行商务会谈的基础，并关系到企业今后能否偿还租金等一系列问题。因此，要格外注意设备质量、性能、技术参数、技术服务（包括安装、调试、技术操作培训指导、提供相关技术资料等），租赁机构也要根据自己的经验，在制定验收、培训等技术服务条款时，帮承租人把关。

2. 商务谈判

商务谈判应该由出租方与供货方进行。谈判的主要内容包括成交价格、供货日期及方式、付款方式等。在商务谈判中，出租方必须按照承租方的要求，为承租方的利益进行谈判。价格谈判是商务谈判的重点，达成合理的成交价格是商务谈判的主要目标之一，为此，必须注意广泛收集同类租赁对象的行情资料，详细研究对方的报价，并与其他供货商的报价进行比较，争取以有利自己一方的价格条件压价成交。此外，选择支付方式也是商务谈判的重要内容。尤其在国际间的

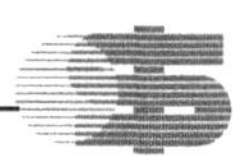

金融租赁交易中，选择何种货币作为交易货币，关系到出租方承担的汇率风险，付款方式的确定直接关系到合同能否顺利地履行。

（二）签订购买合同的具体内容

1. 标的条款

合同标的是指合同当事人的权利和义务指向的对象。由于租赁业务中的购买合同不是作为一个独立的主体合同，而是被当作租赁合同的一个不可分割的辅合同，因此，在指定购买合同条款时，必须考虑其与租赁合同条款的一致性，买卖合同的标的就是融资租赁合同的标的，买卖合同的质量、数量、性能、用途、规格、包装等规定必须与融资租赁合同标的的相关规定一致。

2. 价格条款

各方都力争以合理的价格成交签约。在合同中，应明确价格条件、单价、总价等。

3. 支付条款

在国际融资租赁业务中，出租人与国外生产厂商的购买合同的支付方式通常采用信用证结算方式和凭公司出具的银行保函交货方式，有时也采用托收方式。

4. 交货期与装运条款

对于交货，一定要明确交货条件，比如货物是分一批交还是分几批交；交货日期是在合同生效日后多少天，还是在支付定今后多少天内，或者明文规定某月某日前。同时根据价格条件，订明运输方式、装运日期、地点、装运工具的提供及费用负担等。

另外，对于进口的租赁设备，应该由承租人向中国人民保险公司投保一揽子综合保险，它包括从租赁物件起运装船开始到租赁期满为止的运输险和财产险。这样，可以避免交接中造成的损失。

5. 安装调试、设备验收和质量保证条款

引进设备的安装调试有一定的技术难度，制定购货合同时应该明确规定卖方派出人员的条件、人数、抵达日期和安装调试期限，以及安装调试所发生一切费用的责任负担方等。合同中必须订明租赁物件的最后验收复检地点为国内承租企业所在地。开箱验收时，要有当地商检局和保险公司参加，一般情况下，卖方应在场。租赁物件的质量保证期，也应在合同中明确。

6. 索赔、仲裁条款

订明索赔所需的单证、手续及期限，订明仲裁地点、机构、仲裁费用的负担等。特别是设备进口业务，应尽量争取在我国由我国的仲裁机构仲裁。

7. 特殊记事项的规定

作为租赁合同辅合同的购买合同，必须明文规定下列特记事项：卖方承认本合同标的物是出租人购入，租给承租人使用的；卖方保证合同约定的设备规格、型号、质量指标和性能等条件均符合承租人的使用目标，设备交付日期、地点和方式等均须符合承租人的要求：对租赁物的质量保证及根据合同卖方应提供的其他服务，均由供货商直接对承租人负责；承租人同意并确认买卖合同的全部条款。

三、融资租赁合同中租赁合同的订立

（一）租赁合同的谈判

租赁谈判是金融租赁合同签订的准备过程。租赁谈判在承租方和出租方之间进行，谈判的内容主要包括租金的确定和支付方式、手续费率、租赁期限、利息率等。租金是谈判的核心问题，因为租赁费用直接关系到租赁双方的利益得失。租赁费用一般由租赁对象成交价款、利息、手续费等构成，出租方为租赁对象支付保险费，也记入租赁费用中。在租赁谈判中，承租方可要求出租方提出租金估价，接到租金估价单后，还要详细研究租金支付次数、支付方法、租赁期限等与自己所制定的租赁计划间的差距，再行对策。此外，在租赁合同中还必须明确租金总额为固定的还是浮动的。出租方为保护自己的利益，另可要求承租方提供支付租金的保证。承租方应力争租赁成本低于投资成本，以获取良好的经济效益。一般来说，承租方应争取达成低于贷款利率的租赁费率，以免使自己承担的租赁利息高于贷款利息。

（二）租赁合同的内容

融资业务的不同，决定了租赁合同的条款也不尽相同。但应包括以下一般性条款和特殊条款。

1. 租赁合同中的一般性条款

（1）合同当事人条款

首先要明确合同双方当事人——出租人和承租人的全称或姓名、主营业务所在地或住所、各自的法人代表，若为国际间的金融租赁合同还应当明确当事人的国籍。

（2）租赁标的条款

合同中要明确列出租赁标的的质量和数量、名称、规格、牌号、制造厂商、设备的技术性能、出厂日期和交货日期等。另外，由于关于租赁标的的说明涉及工程技术的内容，且内容繁杂具体，一般只在合同正文中作简明规定。因此，还有必要另附表格详细加以说明，而该附表也就成为合同的附件。

（3）租金及其支付方式条款

租金是合同的主要内容之一。

1）租赁金总额。融资租赁的租赁金总额一般由租赁标的物价款、利息、手续费等项构成，如果出租方为租赁标的投保，则保险费也计入租金内。其中，租赁标的物的价款包括原价、运输费、安装费、出租方向供货方预付货款利息及途中保险费等项。利息是指出租方为购买租赁标的物向银行贷款的融资利息。手续费是出租方为承租方承办租赁标的物所指出的营业费用和必要的盈利。保险费则按实际支付的金额计算。

2）租赁金费率的水平由租赁期限、租金支付条件、承租方的偿付能力、标的物的使用条件等情况决定，当然，也要考虑到银行利率水平、汇率水平、租赁行业的市场竞争等方面情况。

3）租金支付方式。承租人可根据其资金收入情况与出租人商定后，在合同中订明。在我国目前的金融租赁实务中，一般实行定期等额方式支付，按支付时间的间隔不同分为按月支付、按季支付、半年或一年支付等。按次支付的租金，可根据金额不同分为均等付租和不均等付租。均等付租是指每期所付租金金额相等，不均等付租是根据承租人流动资金情况商定的各期租金数。另外，还可采用起初付租和期末付租两种支付方式。起初支付是指在每次付租期起始日支付租金，期末付租则是在每次付租期到期日支付租金。

4）支付租金的货币。如果是国际租赁，应在合同中订明支付租金的货币。根据国际惯例，汇率变动的风险由承租人承担。所以，选择好货币种类是成功防范汇率风险的关键。

5）出租方还可在合同中要求承租方预付租金。还要有加收罚息的规定，以防止承租人延迟支付租金，保证出租人能按期收到租金，不受损失。

（4）租赁期限

合同中要明确租赁业务的起租日和租期。租赁期限一般根据租赁标的物的经济寿命、使用年限及利用设备所产生的效益来加以商定，可略短于或相当于租赁标的物的折旧年限。起租日通常自租赁标的物安装调试完毕，承租方正式使用时开始计算；也可以承租方验收后出租方开出收据之日算起。租赁期限对于明确租

赁双方权利义务的存续期间具有法律意义。

（5）租赁标的的交付、租赁合同中的一般性条款

1）合同当事人条款。首先要明确合同双方当事人——出租人和承租人的全称或姓名、主营业务所在地或住所、各自的法人代表，若为国际间的金融租赁合同还应当明确当事人的国籍。

2）租赁标的条款。合同中要明确列出租赁标的的质量和数量、名称、规格、牌号、制造厂商、设备的技术性能、出厂日期和交货日期等。另外，由于关于租赁标的的说明涉及工程技术的内容，且内容繁杂具体，一般只在合同正文中作简明规定。因此，还有必要另附表格详细加以说明，而该附表也就成为合同的附件。

3）租金及其支付方式条款。

4）租赁期限。

5）租赁标的的交付。

6）租赁物件的所有权。

7）租赁标的物的使用、保养和维修验收。租赁标的一般由供货方直接运至承租方指定的交货地点，由承租方负责验收。确认出租方与供货方之间的购买合同中的租赁标的物是承租人所需要的，出租人必须向承租人提供各种必要的证明。在这一条款中要明确标的物的交付时间、地点、交付人、验收方式、验收时间等内容，并规定延迟交付或交付不符合约定的责任归属。

（6）租赁物件的所有权

租赁物件的所有权属于出租方。承租方在租赁期间仅有使用权，无权擅自对租赁物件进行销售、转让、抵押或者其他侵犯所有权的行为。承租方要保持租赁物件的完好状态，在未经过出租人同意前，不得将租赁物件迁移使用地点或加拆零部件或进行技术改造等。

（7）租赁标的物的使用、保养和维修

租赁设备的维修、保养由承租人负责是融资租赁合同的特点。这一条款应当规定，出租方保证承租方在租赁期限内对租赁标的享有完全的使用权，租赁标的的抵押和转让，都不能影响承租方的正常使用。承租方在租赁期内应当合法使用租赁标的。若因为租赁标的使用不当导致三方受损时，有承租方负全责，出租方不承担任何责任。同时，还需规定租赁标的的使用地点，如规定承租方的主营业务场所为租赁标的的使用地点等，以便出租方可定期对租赁标的的使用情况进行监督检查。这一条款还应当规定，承租方负责租赁标的的日常保管、维修和保养，使租赁标的物保持良好状态，并承担由此产生的全部费用。承租方承担在租赁期限内发生的租赁标的物灭失和毁损的风险。

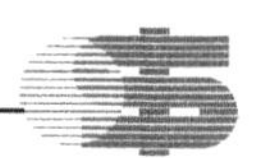

（8）租赁保证金和经济担保

融资租赁合同中的出租人为保证其租赁债权的实现，可以设定担保。是否设定担保或以何种方式担保当事人双方协商确定。融资租赁合同中通常规定有保证金条款，保证金类似预付款，作用是使承租人在融资中自己承担一定份额。在承租人履行了支付租金义务时，保证金返还承租人，也可以双方约定冲抵末次应付租金。在承租人违约时，保证金可冲抵损失赔偿金。然而，租赁保证金一般只有租金总额的百分之十几，不足以保障全部租金，所以在融资租赁合同中还规定需要经济担保人，以担保承租人切实履行合同义务。

（9）保险条款

租赁物件必须参加保险。保险一般分为财产保险和责任保险两部分。合同中应该明确规定保险范围，谁负责投保、保险费用的负担、保险人的选择、投保的时间和期间、保险受益人等事项。

（10）租赁期满后对租赁标的物残值的处置

预计租赁物件的残值可以由出租人和承租人协商决定。一般承租人有三种选择：留购、续租或退租。对租赁期满后租赁物的处置，合同中应有明确的规定。

（11）违约或争议的处理

出租人、承租人及担保人应事先就履行合同中的违约和争议，协商确定解决方法，并在合同中明确规定。承租人违约有以下几种情况：延迟支付租赁；损坏租赁物：擅自转让或处分租赁标的物等。承租人违约有以下几种情况：没有按时支付设备价款，致使租赁标的物逾期交付；擅自变更租赁标的物或供货方；擅自变更租金币种或提高租金数额等。对于承租方的违约，出租方有权采取以下补救措施：要求承租方停止违约行为，恢复原状；要求承租方赔偿损失；要求承租方补交租赁金并支付延迟利息：收回租赁标的物等。

对违约责任，双方因在合同中协商确定，并规定解决争议的方式。

（12）合同的终止

融资租赁合同因债务已按约履行或合同解除以及其他原因而终止。融资租赁合同的解除有法定解除、约定解除、买卖合同的解除而导致租赁合同的解除等情况。此外，承租人丧失主体资格，如破产、解散等，合同也将终止。

2. 租赁合同中的特殊条款

（1）买卖合同与租赁合同的关系条款

在融资租赁交易中，租赁合同是主合同，购买合同是辅合同。其中的出租方是两个合同的直接当事人，使供货方与承租方形成了准合同关系。合同中要明确三方各自的权利义务，明确各自的责任。供货方要按时按要求交付标的物，如果由于供货人未能按合同规定按时交付设备或不符合承租人选定标准给承租人带来损失的，承租人对供货人具有追索、赔偿权；出租方要按时支付货款；设备的交货、验收、索赔等其他责任均由承租人负责。

合同一经签订，双方在未经对方同意的前提下，都不可以擅自更改。

（2）承租方不得中途解约条款

在合同中规定发生租赁设备灭失和毁损不得中途解约并需要继续交纳租金。这是因为出租人为承租人购买设备，其资金来源除去自有资金外绝大部分来自向第三者的贷款。

（3）对出租人免责和对承租人的保障条款

签约购买的租赁标的物，出租方不对其质量、性能和适用与否承担任何责任。但为了保障承租方的利益，在租赁合同中规定，出租方把对租赁标的物的供货方的索赔权转让给承租方，所有因供货方索赔而支出的费用均由承租方负担，而所得的赔偿金也归承租方。

（4）租赁设备的所有权及对所有权的保护条款

融资租赁的特征之一是租赁设备的所有权与使用权的分离，租赁设备所有权始终属于出租人。除非在租赁合同中规定承租人在租赁期满后有购买权，并履行了购买条件，付清租金和购买款后此项租赁设备的所有权才能转移给承租人。因为出租人对租赁设备有完全的所有权，所以与之相关的一切权利都应当受到保护。

（5）租赁设备的使用权及对使用权保护的条款

此条款应明确对承租人权利的保护，如承租权、排他使用权、第三人障碍的排除等。

（6）转租赁条款

由于承租人在融资租赁期间承担绝对的和无条件支付租金的义务，承租人有权要求将租赁标的物转租赁给其他人使用，但是必须取得出租人的书面同意。这是因为租赁标的物如被承租人转租给无信用的第三者使用，将会使出租人蒙受损失。

（7）租赁债权的转让和抵押条款

将租赁债权抵押给银行或其他金融机构以融通资金是正常的业务活动，不需得到承租人的同意。但是，这项转让和抵押的权利以不影响承租人根据租赁合同享有的各种权益为限，并不能解除出租人在租赁合同中的任何义务以保障承租人的权益。

（8）预提所得税条款

我国承租企业对进口租赁设备向外国支付租金时，有义务对外国出租人扣缴

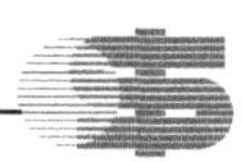

预提所得税。出租方为了不影响其租金收入，在计算租金时，有的将应扣缴预提税计算入租金内，有的则不计算入租金，按规定由承租人负担。

第三节　融资租赁合同的履行、变更、解除

一、融资租赁合同的履行

融资租赁合同首先应该遵从我国《经济合同法》的一般原理。该合同法中合同履行的基本原则是全面履行、及时履行和协作履行。融资租赁合同的履行，即购买合同的履行和租赁合同的履行。购买合同的履行，就是根据合同约定，供货方提供合同标的物，获得货款，出租方付款，获得标的物的过程；租赁合同的履行，就是承租人按合同定期支付租金，获得标的物使用权，出租人租出设备，按期收取租金的过程。三方当事人应严格按照合同约定的标的物、数量、质量、价款和报酬、履行地点和方式等全面、及时地履行合同。否则，应承担违约责任。

在这里需要说明的是，如果合同生效后，当事人发现有些条款内容在合同中没有约定或者约定的不明确，这时可以协议补充；如果不能达成补充协议，就要按照国家标准、行业标准履行；没有国家标准、行业标准的，按照通常标准或者符合合同目的的特定标准履行。特别是如果因不可抗力不能履行合同的，根据不可抗力的影响，除法律另有规定，可以部分或全部免除责任。供货方、出租方或承租方一方因不可抗拒力不能履行合同的，应及时通知对方，以减少可能给对方造成的损失，并应当在合理期限内提供证明。

二、租赁合同变更和解除

（一）租赁合同变更和解除的概念

1. 租赁合同的变更

是指在租赁合同订立后，没有履行或没有完全履行完毕之前，因订立租赁合同的主客观情况发生变化，由双方当事人依照法律规定的条件和程序，对原租赁合同的某些条款进行修改和补充。租赁合同的变更必须是在合同尚未全部履行时进行，变更一般也不涉及已经履行的部分，其效力仅涉及未履行的部分。

租赁合同的变更分为主体的变更（合同的转让）和内容的变更。主体的变更是指在租赁期间，出租方有将租赁标的物出售、转让或者抵押的权利，但必须及时通知承租方，并不得影响承租方在租赁期间内对租赁标的物的充分使用权。承

租人在租赁期内在征得出租方完全同意的书面形式下，也可以将租赁标的物的使用权和相应的义务转让给他人。内容的变更是对合同条款等内容进行修改、增删，要以书面的形式进行。

2. 租赁合同的解除

租赁合同的解除是指租赁合同订立后，尚未履行或全部履行之前，因订立租赁合同所依据的客观情况发生变化，致使合同的履行成为不可能或不必要，根据双方当事人的同意，提前终止合同。由租赁合同而产生的债权债务关系也随之消灭。

（二）赁合同变更和解除的条件

1. 协议变更和解除

只要当事人双方协商同意，并不因此损害国家利益和社会公共利益，就可以变更和解除租赁合同。

2. 由于发生不可抗力，致使合同无法履行

在这种情况下，法律允许当事人变更或解除租赁合同，如果是部分无法履行，当事人应当变更租赁合同；如果是完全无法履行，应当解除租赁合同。

3. 当事人一方关闭、停产、转产而确实无法履行租赁合同

在这里要强调，只有当事人关闭、停产、转产造成合同不能履行时，才能变更或解除合同。如果当事人虽然关闭、停产、转产了，却还能履行能力，就不应该解除合同。

4. 当事人一方违约，使租赁合同履行成为不必要

所谓履行成为不必要，是指履行达不到非违约方所期望的目的，即不能达到合同目的。在这里我们要强调，只有同时满足一方违约和合同履行不必要两个条件时，才能解除合同。

5. 合同约定的其他解除条件已经出现

约定解除和协议解除实质相同，都是基于双方协商一致的结果。协议解除发生于合同履行完毕之前，不是解除权行使的结果，而约定解除一定发生于合同履行之前，即通过约定形式实现赋予一方或双方当事人以解除权。

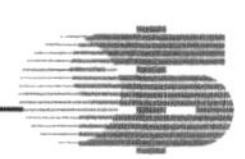

资料

委托租赁协议书

委托书编号

签约日期:

签约地点:

委托人:

法定代表人:　　　　　　　　职务:

法定地址:

邮政编码:　　　　　　　　联系电话:

受委托人:

法定代表人:　　　　　　　　职务:

法定地址:

邮政编码:　　　　　　　　联系电话:

为了盘活委托人闲置的固定资产或资金,根据委托人的第________号书面委托人，经双方友好协商，按照《中华人民共和国合同法》和《金融租赁管理办法》的法则，特制定第____________号委托租赁协议书。

一、委托标的物为:　　　　　　价格单位为:　（人民币元）

设备名称	规格型号	数　量	单　价	合　计
合　计				

二、委托人委托受委托人将委托标的物租给指定承租人____________，在租赁期内租赁标的物的所有权和租金全部收益归委托人，出租人只收取手续费，不参与委托人与承租人之间的任何纠纷，不承担任何经济风险。但租金收入先汇入

出租人账户，由出租人代扣租赁营业税后再汇入委托人指定的账户。

三、租赁的利率和期限以及还租方式，全部由委托人和委托人指定的承租人商定，受委托人根据租金总额收取 1%的委托租赁手续费，在签订本协议时一次性全部支付。

四、租赁方式可以采用经营性租赁，也可采用融资性租赁，由租赁收益产生的税费全部由委托人承担。其他一些由租赁产生的费用按照下列情况分别由委托人或承租人承担。

融资性租赁：租赁标的物的运输、运输保险费用可由委托人负担，也可由承租人负担。租赁标的物的安装、调试费用、租赁物件的财产保险、综合保险等保险费用、担保费、融资费、法律费用，以及采购租赁物件的增值税等相关税费、租赁物件的维修保养费、培训费和知识产权费用，均由承租人负担。

经营性租赁：租赁标的物的运输、运输保险费用可由委托人负担，也可由承租人负担。租赁标的物的安装、调试费用、租赁物件的财产保险、综合保险等保险费用、担保费、融资费、法律费用，以及采购租赁物件的增值税等相关税费、租赁物件的维修保养费，均由委托人负担。培训费和知识产权费用，由承租人负担。

五、租赁标物的交货：根据委托人签署的货物装运通知单日期。

六、租赁起租日：为采购租赁标的物第一次付款，或租赁物件交付日。

七、支付方式：每半年（一个季度）支付一期，期末付款。

八、租赁保证金：租赁保证金的保证比例 30%（或由委托人与承租人商定），保证金的权益归委托人所有。

九、以融资性租赁方式委托租赁时，本协议可作为租赁标的物的采购协议。标的物的选择完全是由承租人指定的，出现质量问题以及采购中的其他问题，按照《中华人民共和国合同法》的规定：租赁物不符合约定或者不符合使用目的的，出租人不承担责任：承租人占有租赁物期间，租赁物造成第三人的人身伤害或者财产损害的，出租人不承担责任。租赁合同执行完毕后，租赁标的物以 10 元人民币名义价格，将所有权转移给承租人。

十、以经营性租赁方式委托租赁时，本协议可作为租赁标的物所有权证明，以证实租赁标的物归委托人所有。租赁合同执行完毕后由委托方收回租赁标的物。

十一、有关税收问题由委托人同税务管理机关商定税收标准。

十二、本协议出现未尽事宜由双方进行协商、签字后，与本协议有同等法律效力。

十三、本协议附件与本协议具有同等法律效力。

十四、本协议签字人由非法人代表签字时，须由法人代表签署授权签字书。

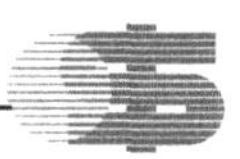

十五、本协议自签订之日受委托方收到本协议和租赁手续费后，和第____________号租赁合同一起生效，直至该租赁合同有效期结束时自动失效。

十六、本协议一式三份，委托人、受委托人（出租人）、承租人各执一份；副本若干各自保存或报有关部门备案。

十七、特殊条款。

与本协议相关的第________号租赁合同中的承租人，是由委托人推荐并选择的。承租人知道并了解租赁的实际出租人是本协议中的委托人。租赁标的物是由承租人选择/委托人提供的。因此承租人一旦与出租人发生经济纠纷时，直接与委托人交涉，而被委托人不承担任何过错和经济、法律的赔偿责任。

承租人授权代表附签、盖章

十八、本协议附件：

1. 委托方书面申请委托书；
2. 租赁申请书；
3. 租赁合同；
4. 租金偿还保证书。

委托人授权代表签字、盖章　　　　　　受委托人授权代表签字、盖章

国际租赁合同

（中文文本）

编号：　　　　　日期：

本协议于_____年_____月_____日在中国××签订。签约一方：________公司，主营业所在××（以下称承租人）；签约另一方：_________公司，主营业所在××（以下称出租人）。根据本协议，按下列条件，出租人向承租人出租，承租人从出租人租赁下述商品。

1. 商品与规格：

商品：

规格和生产能力：

2. 数量：

3. 租金：固定价。

每台租金：

租金总额：

4. 装运：

装运时间：

装运港：

目的港：

装运码头：

5. 上述商品的使用地：

6. 付款：

承租人付给出租人的全部租金分两次支付，第一次于货到目的港日算起 6 个月后支付；第二次于货到目的港日算起 12 个月后支付。全部租金以美元支付，电汇出租人××银行或出租人临时指定的银行。交货后，无论承租人是否使用了商品，包括因不可抗力事故，均须按上述条件向出租人支付租金。

7. 所有权：

在出租人把合同商品转让给承租人以前，其所有权属于出租人。

8. 处理：

本租赁协议期满时，只要承租人付清全部租金，所有权以每袋××美元购买合同商品。承租人付清贷款，货物便归承租人所有。

9. 仲裁：

有关本协议的一切争议应友好协商解决。双方约定，若达不成协议，争议案则提交仲裁。若出租人是原告，仲裁在中国进行；若承租人是原告，仲裁在××进行。仲裁的裁决是终局，对双方均具有约束力。

10. 税费：

出租人在中国的全部收入须依中华人民共和国的法律纳税。

11. 使用商品权：

除了承租人以外，任何人不经出租人书面同意，不得使用该商品。

12. 保证：

承租人在签约后，必须在装运期一个月前，向出租人提交××银行出具的以出租人为受益人的保证函，作为承租人履行本协议全部义务的保证金。

13. 延期付款的罚金：

若承租人未按期付款，则必须向出租人交纳延期款项的罚金，年率为×%，时间从付款到期日计算至实际付款日期。

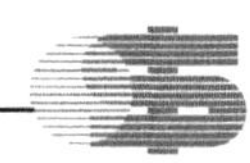

14. 维修:

承租人必须自费维持商品的良好状况；但是出租人必须对商品的故障负责，承租人有权向出租人提出因此所遭受的损失赔偿。

15. 有效期限:

本协议的有效期是一年，自商品抵达目的港日计算。

16. 有效法律:

本协议的签订、解释和履行受中华人民共和国法律制约。兹证明，双方在以上开首语中书明的日期签署盖章。本协议以英文书写，一式两份，每人各执一份。

公司：____________ 公司：____________

（签字）　　　　　（签字）

（英文文本）

LEASE AGREEMENT

NO:　　Date:

This Agreements is entered into on May 1，________in________,China, between _______Co. with its principal office. at_______,China(hereinafter called the Lessee)and_______Co. with its principal office at_______(hereinafter called the Leasor).Hereby, the Leasor leases to the Leasee and the Leasee hires from the Lessor the commodity described hereunder in accordance with the terms and conditions set forth below:

1. Commodity and Descriptions:

Commodity:

Specifications and Capability:

2. Quantity:

3. Rent: on firm bases.

Rent per set:

Total rent:

4. Shipment:

Time of shipment:

Port of Loading:

Port of Destination:

Shipping Marks:

5. Place Where the Aforesaid Commodity Is to Be Used:

6. Payment:

The total rent shall be paid in two installments, of which, one shall be paid by the Ieasor to the Lcaso after six months from the date lf the arrival of the commodity at the port of destination, and the other shall be paid by the Leasce to the leasor after twelve months from the date of the commodity arriving at the port of destination. Each payment is to be made in US dollar by T/T to Leasor may designate. After the commodity is delivered the leasee shall pay the leasor the full amount of rent in accordance with the aforesaid terms and conditions, no matter whether or not the Leasec actually uses the commodity for any reason including force majeure accidents.

7. Ownership:

The ownership of the commodity belongs to the Leasor, before he transfers it to the Lensee.

融资性租赁是出租人根据承租人的要求，自己出资或者向银行贷款，从供货厂商那里购买承租人预订的设备，然后将购入的设备出租给承租人使用，承租人按合同规定交付租金。融资租赁具有融资融物的双重功能，主要在租专用设备或大型成套设备时采用，这种方式在国际租赁业务经常被使用，这种租赁方式根据不同业务特点又可分为直接租赁、转租赁、回租租赁等。综合性租赁是一种把租赁与补偿贸易、加工装配等其他对经济合作方式结合起来的租赁业务。而服务性租赁亦称经营性租赁，租赁公司既向承租企业提供资金、设备，又向承租企业提供设备维修、保养服务以至提供或培训有关技术人员。这种租赁形式由于租赁公司要提供多种服务，所以其租金也较高。

国际租赁的法律文件形式是国际租赁协议，而由于租赁方式不同，租赁协议的内容也不统一。即使是同一种租赁形式，只要双方同章，也可以规定各不相同的条款，因此使用本书的人不必拘泥于本书所提供的格式范本。

（一）租赁设备

该条款应对租赁设备作出详细的说明，列出租赁物的名称、规格、数量、质量、性能和交付日期，说明是否由出租人或制造商负责交付。在融资租赁的情况下还需说明此项租赁物是出租人根据承租人的要求出资购买后租给承租人使用的，同时出租人据此可规定其只承担融资责任。

（二）租赁期

协议中应明确规定租赁期限、租赁期的起算日、截止日、延续合同的条件等。租赁期的长短主要是由双方根据租赁物的情况和承租人的需要在签订协议时商定。一般来说，易损坏和效力多变的机器设备租期短，而耐用、性能变化不大的

设备租期长。

（三）租金及支付方式

租金是租赁合同的主要内容，也是双方当事人的主要权利、义务所在。租金条款应明确租金的数额、计算方法、支付地点、使用货币、租金支付次数以及第一次租金支付的时间、方式等。

在计算租金时要考虑到租金的构成要素、租期长短、结算币种、支付方式等因素，由双方当事人本着公平合理的原则协商确定。对于租金支付的方式，一般包括支付租金的次数、前期支付或期后支付、固定或不固定费率等，这都需要双方在协议中协商订明。

（四）租赁设备的所有权以及使用、维修和保管

在国际租赁协议中，一般都要订明在租期内设备的所有权属于出租人，不经出租人同意，承租人不得将设备转让、抵押、出售或出租等；而承租人对租赁设备具有完全的使用权，如需对此种使用权加以限制，则由双方协商订明。至于租赁设备的维修、保养，应由双方根据租赁方式，租赁物的性质经协商后订入协议。

（五）风险承担

一般来说，在租赁协议期间租赁物发生意外灭失损毁是不可避免的，因此协议中应明确由谁承担此损失。一般情况下，租赁物正常损耗的损失风险由承租人承担。发生意外损毁灭失时，出租人可选择一定方式由承租人负责处理并负担一切费用。有风险就必然要求有保险，协议中应约定由哪一方对租赁设备进行投保及此费用由谁承担。

（六）租赁期满租赁物的处理

这一条款随租赁方式不同而不同，如是服务性租赁，协议中多是规定租赁期满后承租人应将处于良好状态下的租赁物归还给出租人；如是融资性租赁，双方则可选择处理方式，其中有将租赁物归还出租人（即退租）、续租、由承租人购买租赁物（即留购），或由承租人代为出售等。在我国现行的融资租赁中，大多数出租人是在期满时交清应交租金及其他应付款项后，只付名义货价即取得设备所有权。

小　　结

1. 融资租赁合同是出租方根据承租方对供货方、租赁物的选择，向供货方购

买租赁物，提供给承租方使用，承租方支付租金的合同。

2. 融资租赁合同的显著特点：

金融租赁合同是一种新型的经济合同，它具有经济合同的一般性质，也有自身的显著特点：① 与供货合同密切相关；② 租赁合同是要式合同；③ 租赁合同不得任意解除；④ 合同当事人权利、义务发生变化；⑤ 以租赁形式融通资金为其主要职能；⑥ 租赁期限较长，分期收回租金。

3. 签订融资租赁合同当事人要具备主体资格，即合同主体应为有民事权利能力和民事行为能力的法人、自然人和其他经济组织。

第十三章

租　　金

本章重点

本章主要介绍租金的含义、构成、影响租金的主要因素以及租金的计算方法。

第一节　租金含义及构成

一、租金的含义

租金是租赁机构通过转让某种资产的使用权而分次取得的补偿和收益，也可以说是承租人因使用租赁物件而支付给租赁机构的费用。在租赁业务中，租赁不仅是出租方和承租方签订租赁合同的一项重要内容，也是牵涉双方当事人经济利益的敏感问题。

租赁有两种基本形式：一种是资产所有权发生转移的租赁，如融资租赁；另一种是资产所有权不发生转移而只是经营使用权发生转移的租赁，如经营租赁。不论租赁的形式如何，租金都体现了在商品经济条件下，出租人和承租人之间的一种商品交换关系。其实质是承租人对租赁物件获得占有权和使用权期间而付出的等价。

融资租赁是社会金融化高度发达、银行资本和工商业资本在信贷联系方面进一步相互渗透与结合的产物。进一步剖析融资租赁的性质，有助于我们发现租金新的内涵。融资租赁既融物又融资，兼有金融和贸易的两大功能，它不仅为企业生产的产品提供了新的市场、为银行的资金提供了新的投资渠道，还使企业能以较少的投资迅速获得设备使用权，使得银行资本可以通过融资租赁分享工业资本利润。由此可见，在融资租赁中，租金不仅是商品交换的价格，还是融通资金的价格，具有贷款本息的性质。出租人要从收取的租金中，得到出租资产的价值补偿和效益，不仅收回资产的购时原价、贷款利息、营业费用，还要获取必要的利润；而承租人则比照租金和租赁资产使用后获得的收入来进行成本和收入核算。即利用租赁资产生产的产品所获得的收入，除抵补租金外，还要取得一定盈利。

二、租金的构成

租金构成取决于租赁方式，不同种类的租赁，其租金的构成要素也不相同。以下所称租金除特指外，一律指融资租赁的租金、构成要素以及租金的计算等内容。

市场经济条件下的融资租赁，表现为出租人与承租人之间的一种商品交换关系，是出租人出让、承租人受让某种资产（设备）使用权的一种等价交换行为。租金是这种交换关系中的交换价格。对出租人来说，不但要从租金中收回投资，而且要取得必要的利润；而对承租人而言，要根据租金来核算成本，运用租赁资产获得收入，除了支付租金外，也要取得一定的利润。一般租金的构成要素包括三部分：① 租赁标的物的购置成本；② 为购买租赁标的物对外融资而支付的利

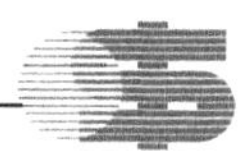

息；③ 出租人的劳务收益。

（一）租赁标的物的购置成本

租赁标的物的购置成本是计算租金的基础，也是租金的主要部分。

租赁标的物的成本是指租金的计算成本或本金，而不是出租人或承租人在会计处理中的入账价值。关于租赁资产的入账价值，会计准则中有相应的规定。

在融资租赁中，计算租金的成本包含了租赁标的物的大部分价值或全部价值，包括出租人购买租赁标的物所支付的资金，还包括出租人为购买租赁标的物而支付的运输费、保险费、进口关税（一般最终都由承租人承担）和安装调试费等。租赁标的物的购置成本也叫租赁标的物的概算成本。

新购租赁标的物成本与已使用多年的租赁标的物成本确定的原则是不同的。存在租赁资产余值时，租赁期满租赁物所有权是否转移、是否继租等使计算租金的成本确定又有所不同。例如，对于从国外进口的租赁设备，还应考虑设备价款与进口货价之间的关系。如果设备进口价为到岸价（CIF），到岸价即为设备价款；如果设备进口价为运费在内价（C&F），则应加上途中保险费作为设备价款；如果设备进口价为离岸价（FOB），还应加上运输费和途中保险费才构成设备价款。根据我国实际情况，有相当多的租赁项目运输费是由承租人直接支付的，在计算租金时运输费就不应包括在租赁资产的购置成本中，以免承租人重复负担。一般租赁设备的安装调试费、技术培训费包括在租赁设备的货价之中，不需另行计算。但如果未纳入货价，且已由出租人支付给供货人，则应将相关费用计算入设备概算成本。

在计算租赁标的物成本时，常常要剔除一笔估计残值。估计残值是指租赁期满时，该租赁物件在市场上的公平销售价格。之所以要剔除估计残值，原因是为租赁期满时融资租赁公司在市场上处理该项尚有使用寿命的租赁物，或为承租方留购提供依据。但是，在我国融资租赁业务的实际操作中，融资租赁公司在计算租金时，往往将租赁标的物买价全部折算完，不留残值，租期满后由承租方以极低的象征性的价格买下。

（二）利息

融资租赁公司购买租赁标的物所筹措的本金，不管来源于何处，都需要支付利息。租金利息是指以租赁标的物的成本为本金，以租赁利率为计息利率，在租赁期限内所产生的利息。影响利息大小的因素有租赁标的物的成本、租赁利率、租赁期限、计息方式、租金支付方式等。

（三）出租人的劳务收益

出租人的劳务收益包括两部分，即营业费用和净利润。营业费用是指出租人办理租赁业务过程中所开支的业务人员工资、办公费、差旅费等。在实际操作中，营业费用往往采用手续费的形式收取，手续费本身不是租金的组成部分。一般情况下，承租人应在合同签订并生效时将手续费一次或分次支付给出租人以用作出租人所需的必要开支。假如承租人资金周转困难，经双方同意，也可以用各种方式将手续费转化为租金分期收取。

三、影响租金的主要因素

（一）出租人的融资成本

在融资本金确定的条件下，融资成本成为影响租金支付的重要因素。这一方面取决于资本市场的利率水平，利率越高，融资成本越高；反之相反。利率的高低又取决于多种因素，租赁若采用固定利率计算租金利息，固定利率值一般要高于同期的浮动利率值，这是出租人为防止租期内由于利率变化可能带来损失而采取的合理的保值措施。在以浮动利率计算租金利息时，某期租金支付日确定的租赁利率即为计算下期租金利息利率，并随租金支付日的推移而逐次浮动变化。浮动利率一般是以 LIBOR（即伦敦国际银行间拆放利率）或某种优惠利率为基准，再考虑风险因素来确定。另一方面受出租人融资能力的影响，那些银行所属的租赁公司或与银行有战略关系的出租人一般能获得较低的融资成本，从而使承租人支付的租金得到降低。

（二）租赁期限

租赁期越长，出租人所承担的风险越大，客观上要求租赁交易的利率也越高，以补偿这种损失。但对于承租人来说，租期越长，承担人占有出租人资金的时间就越长，每期分摊的租金额较小，还租压力越小。

（三）付租间隔期

付租间隔期是指上期租金支付日与当前租金支付日的时间间隔。付租间隔期一般有年付、半年付、季付、月付等。在租期确定的情况下，付租间隔期越长，付租频率就越低，资金实际被承租人占用的时间越长，租金就越高。反之，付租间隔期越短，付租频率就越高，资金实际被承租人占用的时间越短，租金就越低。.

（四）付租方式

付租方式按承租人占用资金长短来划分，有期初付租与期末付租两种方式；

按租金数量大小的方式来分有等额租金支付方式、变额租金支付方式、等额本金支付方式和变额本金支付方式。期初付租是指承租人在各个付租间隔期间的期初支付租金；期初支付方式下，承租人占用资金较少，出租人要求的租金会较低。期末付租是指承租人在各个付租间隔期间的期末支付租金，则承租人占用资金较多，出租人要求的租金会较高。等额租金支付方式是指每期租金额均等，等额本金支付方式是指各期租金中本金额相等，等额租金支付方式下各期所含本金额是递增的，其租金总额自然要大于等额本金支付方式的租金总额。显然，付租方式不同，承租人占用资金时间长短就不同，租金支付额也不相同。

（五）租赁保证金

保证金是指承租人在签订租赁合同时向出租人缴纳的一定数额的资金，以作为履行合同的保证。一般情况下，保证金是不计算利息的，因而支付的保证金越多，对出租人越有利，出租人要求的租金金额会相对较低，同时保证金是采取从概算成本中扣除的方式计算，还是算作抵交最后一期租金的一部分，也会影响到实际租金金额的大小。

（六）手续费

手续费是在租赁交易中由承租人向出租人支付的一部分劳动报酬。若租赁双方达成协议，将手续费转为租金收取，租金总额将会增大。

（七）起租日与计息日

起租日通常为核算租赁标的物的实际成本之日，是计算租金的起算日期；计算日指核算租赁标的物的实际成本前，出租人已付出的各款项开始计息之日。由于起租日与计息日的不同确定方法，用不同方法计算时间间隔就不同，利息也就不同，最后核算出的实际成本也会不同，进而对租金总额会产生一定的影响。

（八）支付币种

租金支付币种的不同会因币种所涉及的汇率风险不同而影响到租金金额的大小。在跨国租赁中，国内承租人承租国外租赁设备时应考虑租金的支付币种问题。因为国际金融市场上各种货币的利率和汇率是瞬息万变的，汇率的波动将会影响到本国货币与支付币种的兑换比率；由于涉及到汇率风险，进而影响到租金金额的大小。因此双方当事人都要做好汇率的预测工作，在比较准确判断汇率变化趋势的基础上，正确选择合适的支付币种，这样不仅能够避免汇率风险，而且有可能从中受益。

第二节　租金的计算方法

一、计算租金时常用的几个重要概念

（一）单利与复利

1. 单利

单利是根据本金及本金占用期所计算的利息，在以单利计息情况下，不论计息期数为多大，只以初始本金额计息，而当期所产生的利息额不计入下期计息本金。

现设 P 为本金，i 为利率，n 为期数（即本金占用时间，如 i 为年利率，则 n 为本金 P 占用的年数）：

$$单利的利息=p\times n\times i$$

$$单利的本利和=p+p\times n\times i=p(1+ni)$$

例如，某租赁公司从银行借入 1 000 万元资金，年利率为 6%，单利法计算利息，借期 4 年，则在第四年末该租赁公司应向银行偿还的利息和本利和分别为

$$利息=p\times n\times i=1\,000\times 4\times 6\%=240（万元）$$

$$本利和=p（1+ni）=1\,000（1+4\times 6\%）=1240（万元）$$

2. 复利

复利法是根据前期本金额及前期未付利息额之和为本期计息本金额，计算本期利息的方法。在以复利法计息的情况下，前期期末未支付的利息要计入当期计息本金。

现设 P 为本金，i 为期利率，n 为期数，则

$$第一期末的本利和=p\,(1+i);$$

$$第二期末的本利和=[p(1+i)](1+i)=p(1+i)^2;$$

$$第三期末的本利和=[p(1+i)^2](1+i)=p(1+i)^3;$$

……

$$第\ n\ 期末的本利和=[p(1+i)^{n-1}](1+i)\ =p(1+i)^n;$$

$$第\ n\ 期末的复利法利息=p(1+i)^n-p=p[(1+i)^n-1]$$

如上例按复利法利息，则

$$本利和=p(1+i)^n=1\,000（1+6\%）^4=1\,262.48（万元）$$

$$复利法利息=p(1+i)^n-p=p[(1+i)^n-1]$$

$$=1\,262.48-1\,000$$

$$=262.48（万元）$$

（二）复利终值与复利现值

资金循环往复的运动，多次参加社会利润的分配，使其不断增值，时间越长，参加分配利润的次数越多，增值量就越大，这就是资金的时间价值。

它是现代经济核算和分析投资效果的重要概念之一。一笔资金投入市场与生产领域相结合，如实现其使用价值就会增值；反之，如持款人保持资金不加使用，即使不消耗资金，也会使原有价值的资金相对于现实增值的资金贬值。因此，我们把资金运动起点时的价值称为资金的现值，考虑资金的时间价值因素，把未来回流点已增值了的资金价值称之为终值；一笔资金的终值减去其现值，就是增值部分，称为利息。

终值，是指一定量的资金按复利法计算到若干期末，该笔资金的本利总和；现值，是指未来某期末的一定量资金按复利法折算到起点的价值。

一笔资金值与现值的关系为

$$现值+利息=终值$$

1. 终值计算公式

现设：i 表示期利率；n 表示期数；P 表示复利现值；F 表示终值。则终值的计算公式如下：

$$F=P(1+i)^n$$

式中，$(1+i)^n$ 称为终值系数，简称终值系数，记作（$F/P, i, n$）。根据不同的 i 和 n，计算出$(1+i)^n=$（$F/P, i, n$）的值，列表即为终值系数表（见附表一）。于是上式公式可写成

$$F=P\cdot(F/P, i, n)$$

【例 1】 100 万元资金，在年利率为 6%并按年复利的条件下，如果求第四年年末该笔资金的终值，则可用查表的方法迅速算出来，即

$$F=100(1+6\%)^4=100(F/P, 6\%, 4)$$

查表得

$$(F/P, 6\%, 4)\ 1.262$$

则

$$F=100\times1.262=126.2\text{（万元）}$$

2. 现值计算公式

现值为终值的逆运算。由 $F=p(1+i)^n$ 可得出求现值的计算公式为

$$P=F[1/(1+i)^n]$$

式中，$[1/(1+i)^n]$称为复利现值系数，简称现值系数，记作（$P/F, i, n$）。该系数亦

可通过查表求得（见附表二）或通过终值系数的倒数求得。则上式公式可写成

$$P=F(P/F, i, n)$$

【例 2】 某租赁公司在年利率为 6%并按年复利时，为了在第四年末得到 1262 万元的终值额，现值应投入多少资金，可用上面公式求得。

查表得　　　　　　$(P/F, 6\%, 4)=0.7921$

则，$P=1\,262\times0.7921\approx999.63$（万元）。即该租赁公司应投入 999.63 万元资金。

（三）计息频率

计息频率是指一年内复利的次数。

在租金的计算中，计算公式中的租赁利率都以期利率（i）的形式表现。而传统上出租人向承租人提供的租赁率一般都是指年利率（本节以 j 表示）。复利周期可能分为月、季、半年、年不等。年金法中每期偿还租金的期间可能包含几次复利周期。所以具体计算租金时，应将年租赁利率折算为期租赁利率。

期租赁率 i 可由下式求出：

$$I=(1+j/m)^M-1$$

式中，i 表示期租赁利率；j 表示年租赁利率；m 表示年复利次数；M 表示期复利次数。

【例 3】 一笔贷款资金，按季复息一次，如设年利率为 10%，贷款人要求借款人三年六次后付等额还清，为求出借款人每期还款的具体金额，需先求出期利率，然后再按年金法公式求出每期应还金额。

根据上式，$j=10\%$，$m=4$，$M=2$，则

$$i=(1+10\%/4)^2-1=5.0625\%$$

（四）年金现值与年金终值计算公式

所谓年金，是指在利率不变、间隔期相等（如年、季等）条件下，连续支付（或收取）的一系列款项。年金有多种，根据定期支付（或收取）年金额比例情况，年金法又可分为等额支付年金法、递增支付或递减支付年金法等；根据定期支付或收取金额发生于何时，于每期期初支付或收取的年金称为普通年金，或后付年金；于每期期初支付或收取的年金称为即付年金，或预付年金；在第一期期末以后的某一时间开始支付或收取的年金称为递延年金。

1. 等额年金现值计算公式

等额年金现值，是指未来每期支付或收取的等额货币的现值总和。

【例 4】 某企业打算连续 4 年在每年年末支取 10 000 元，年利率为 5%，复利周期为年，问该企业最初（第一年年初）应一次存入多少钱？

现在，我们将 4 年末各期的终值分次换算成现值，即

$$第一期的现值为 A\frac{1}{1+i}=10\ 000\frac{1}{1+5\%}=9524（元）$$

$$第二期的现值为 A\frac{1}{(1+i)^2}=10\ 000\frac{1}{(1+5\%)^2}=9070（元）$$

$$第三期的现值为 A\frac{1}{(1+i)^3}=10\ 000\frac{1}{(1+5\%)^3}=8639（元）$$

$$第四期的现值为 A\frac{1}{(1+i)^4}=10\ 000\frac{1}{(1+5\%)^4}=8227（元）$$

则该企业最初应一次存入的钱数为这些现值的总和，即

$$P_A=A\frac{1}{1+i}+A\frac{1}{(1+i)^2}+A\frac{1}{(1+i)^3}+A\frac{1}{(1+i)^4}$$

$$=9\ 524+9\ 070+8\ 639+8\ 227=35\ 460（元）$$

上式左边：

$$P_A=A\frac{1}{1+i}+A\frac{1}{(1+i)^2}+A\frac{1}{(1+i)^3}+A\frac{1}{(1+i)^4}$$

$$=A\frac{1}{1+i}[1+\frac{1}{1+i}+\frac{1}{(1+i)^2}+\frac{1}{(1+i)^4}]$$

由等比数列的求和公式得

$$P_A=A\frac{1}{1+i}\cdot\frac{1-\frac{1}{(1+i)^4}}{1-\frac{1}{1+i}}=A\frac{(1+i)^4-1}{i(1+i)^4}$$

根据以上推导方法，我们可得等额年金现值公式，即

$$PA=A\frac{(1+i)n-1}{i(1+i)n}或PA=\frac{1-(1+i)-n}{i}$$

上例也可按公式计算，即

$$P_A=10\ 000\times\frac{(1+5\%)^4-1}{5\%(1+5\%)}=35\ 460（元）$$

公式中的$\left[\frac{(1+i)^n-1}{i(1+i)^n}\right]$或$\left[\frac{1-(1+i)^{-n}}{i}\right]$的值称为等额年金现值系数，记作：（$P_A/A$，$i$，$n$），可通过查表求之（见附表三）。则等额年金现值公式又可表示为

$$P_A=A（P_A/A, i, n）$$

例如，今后 8 年每年年末可以支取 154.72 元，年利率为 5%，按年复息，其现值为

$$P_A=154.72（P_A/A, 5\%, 8）$$

查表得

$$（P_A/A, 5\%, 8）=6.4632$$

则

$$P_A=154.72\times6.4632\approx1000（元）$$

2. 等额年金终值计算公式

等额年金终值，是指每期支付或收取的等额货币，在最后一期末的终值之和。

【例 5】 某人 10 年后将退休，他打算从现在起储蓄退休金，他将在每年年末存入等额年金 6275 元，利率为 10%，按年复利，10 年后他能取出多少钱？

分年计算各期终值可得

第一年存入的终值为 $A(1+i)^9=6\ 275(1+10\%)^9$

第二年存入的终值为 $A(1+i)^8=6\ 275(1+10\%)^8$

……

第九年存入的终值为 $A(1+i)=6\ 275(1+10\%)$

第十年存入的终值为 $A=6\ 275$

10 年后此人所取的钱数为这些终值之和，即

$$\begin{aligned}F_A&=A(1+i)^9+A(1+i)^8+\cdots+A(1+i)+A\\&=A+A(1+i)+\cdots+A(1+i)^8+A(1+i)^9\\&=A[1+(1+i)+\cdots+(1+i)^8+(1+i)^9]\end{aligned}$$

由等比数列求和公式 $S_n=\dfrac{a(1-q^n)}{1-q}$ 得

$$F_A=A\frac{1-(1+i)^{10}}{1-(1+i)}=A\frac{(1+i)^{10}-1}{i}$$

上例可用此公式计算，即

$$F_A=6\ 275\times\frac{(1+10\%)^{10}-1}{10\%}=100\ 007.3\ （元）$$

即此人 10 年后能取出 100 007.3（元）。

根据上述的推导方法，我们可得出等额年金终值公式，即

$$F_A=A\frac{(1+i)^n-1}{i}$$

式中，$\left[\dfrac{(1+i)^n-1}{i}\right]$ 的值称为等额年金终值系数，记作（$F_A/A, i, n$），亦可通过查

表求之（见附表四）。则上面公式可写成

$$F_A=A\ (F_A/A,\ i,\ n)$$

【例 6】 某人连续 5 年每年年末存入 10 万元，按年复利计算，年利率 6%，第 5 年年末此人可得到的本利和为

$$F_A=10\ (F_A/A,\ 6\%,\ 5)$$

查表得

$$(F_A/A,\ 6\%,\ 5)=5.637$$

所以，$F_A=10\times5.637=56.37$（万元）。即此人 5 年后可得到的本利和为 56.37（万元）

（五）资金回收与存款公式

1. 资金回收公式

这是等额年金现值的逆运算。即一定量的货币现值，求按年金法计算的未来每期末支付或收取的等额货币（年金），也就是已知整存求零取的问题。

由年金现值公式 $P_A=A\dfrac{(1+i)^n-1}{i(1+i)^n}$ 可推导出

$$A=P_A\frac{i(1+i)^n}{(1+i)^n-1}$$

式中，$[\dfrac{i(1+i)^n}{(1+i)^n-1}]$ 的值称为资金回收系数，记作（$A/P_A,\ i,\ n$），可查表求之或通过等额年金现值系数的倒数求得。

【例 7】 某人现在存入银行 35 460 元，年利率为 5%，按年复利，每年末共分 4 年等额支取，问未来 4 年此人每年末可支取多少钱？

利用上面公式得

$$A=P_A\ (A/P_A,\ 5\%,\ 4)$$

查表得

$$(A/P_A,\ 5\%,\ 4)=0.2820$$

则，$A=35\ 460\times0.2820=9\ 999.72$（元），即将来 4 年内每年末此人可支取 9999.72（元）。

2. 资金存储公式

这是等额年金终值的逆运算，即一定量的货币终值，求按年金法计算的每期支付或收取的等额货币（年金）。这就是已知整取求零存的问题。

由等额年金终值公式 $F_A=A\dfrac{(1+i)^n-1}{i}$ 可以推导出

$$A=F_A\frac{i}{(1+i)^n-1}$$

式中，$\frac{i}{(1+i)^n-1}$的值称为资金存储系数，记作（$A/F_A, i, n$），亦可查表求之或通过年金终值系数的倒数求得。

【例 8】 某人想在 10 年后拥有百万元的钱，银行提供的存款年利率为 10%，按年复利，问他应在每年年末等额存入银行多少钱？

$$A=1\ 000\ 000（A/F_A, 10\%, 10）$$

查表得

$$（A/F_A, 10\%, 10）=0.06275$$

则，A=1 000 000×0.06275=62 750（元）。即他应在每年年末等额存入 62 750（元）。

现在，我们将以上讨论的常用的复利计算公式汇总，如表 13-1 所示。

表 13-1 常用的复利计算公式

项　目	已知 i,n		系　数	公　式
	已知	求解		
复利终值公式	P	F	$(1+i)^n$ 或（$F/P, i, n$）	$F=P(1+i)^n$ $=P(F/P, i, n)$
复利现值公式	F	P	$\frac{1}{(1+i)^n}$ 或（$P/F, i, n$）	$P=F\frac{1}{(1+i)^n}$ $=F（P/F, i, n）$
年金现值公式	A	P_A	$\frac{(1+i)^n-1}{i(1+i)^n}$ 或（$P_A/A, i, n$）	$P_A=A\frac{(1+i)^n-1}{i(1+i)^n}$ $=A（P_A/A, i, n）$
资金回收公式	P_A	A	$\frac{i(1+i)^n}{(1+i)^n-1}$ 或（$A/P_A, i, n$）	$A=P_A\frac{i(1+i)^n}{(1+i)^n-1}$ $=A（A/P_A, i, n）$
年金终值公式	A	F_A	$\frac{(1+i)^n-1}{i}$ 或（$F_A/A, i, n$）	$F_A=A\frac{(1+i)^n-1}{i}$ $=A（F_A/A, i, n）$
资金存储公式	F_A	A	$\frac{i}{(1+i)^n-1}$ 或（$A/F_A, i, n$）	$A=F_A\frac{i}{(1+i)^n-1}$ $=A（A/F_A, i, n）$

注：表中 P_A 及 F_A 均为等额值。

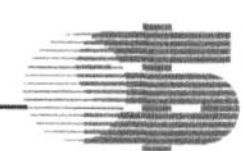

二、租金的计算方法

（一）附加率法

附加率法，是指在租赁资产货价或实际成本上再加上一个特定的比率来计算租金的方法。租赁公司根据营业费用、利润等因素来确定这一特定比率。

设：R 为每期租金，P_V 为租赁资产货价或实际成本，n 为还款次数，i 为每期利率，r 为每期附加率。则每期租金计算公式为

$$R=\frac{P_V(1+ni)}{n}+P_V\cdot r$$

这是单利计算公式。它也可以写成

$$R=\frac{P_V}{n}+P_V\cdot i+P_V\cdot r$$

上式表明，分期均匀还本 $\frac{P_V}{n}$，但是每期均按租赁资产的货价或实际成本来收取利息 P_Vi，还另收附加费 P_Vr。这种计算租金方法的计算原则不是很合理，透明度不高，期利率 i 只是表面利率。

【例 9】 设某租赁设备的成本为 P_V=1 000 000（元），分三年 6 期偿还租金，年利率为 8%，半年复息，附加率为 r=5.5%，求平均每期租金与租金总额。

解：每期利率为

$$i=\frac{8\%}{2}=4\%$$

则每期租金为

$$\begin{aligned}R_1&=\frac{1\ 000\ 000(1+6\times 4\%)}{6}+1\ 000\ 000\times 5.5\%\\&=261\ 666.67\end{aligned}$$

租金总额为

$$R_{总}=6R_1=6\times 261\ 666.67=1\ 570\ 000.02\text{（元）}$$

（二）年金法

年金法，是以现值理论为基础将承租人在未来各租赁期内应付租金按一定的利率换算成现值，使其现值总和等于租赁资产成本的租金计算方法。

年金法可分为等额年金法和变额年金法。变额年金法又包括等差变额年金法和等比变额年金法。

1. 等额年金法

等额年金法，是指运用年金法，并使各期租金均等的租金计算方法。又分为

先付与后付两种。

（1）后付租金的计算

【例 10】 某租赁设备的成本为 10 元，租期 3 年，每半年等额支付一次租金，后付，年利率为 8%，每半年复息。求每期租金和租金总额是多少？

解：由题意得，每期利率$i=\frac{8\%}{2}=4\%$，租期 $n=3\times2=6$，则由资金回收公式可得每期的租金 R，即

$$R_1=P_V\cdot\frac{i(1+i)^n}{(1+i)^n-1}=10\times\frac{4\%(1+4\%)^6}{(1+4\%)^6-1}$$
$$=1.9076\text{（万元）}$$

则租金总额为

$$R_{总}=6\times1.9076=11.4457\text{（万元）}$$

（2）先付租金的计算

设 R 为每期租金，i 为期利率，P_V为租赁物的成本，n 为租期，每期先付租金的计算公式为

$$R=P_V\cdot\frac{i}{1+i-\frac{1}{(1+i)^{n-1}}}\text{或}R=P_V\cdot\frac{i(1+i)^{n-1}}{(1+i)^n-1}$$

如上例改为每期期初支付租金，则由上面公式计算可得

$$R_1=10.\frac{4\%}{1+4\%-\frac{1}{(1+4\%)^{6-1}}}=183\ 424.91\text{（元）}$$

$$R_{总}=6\times18\ 342.48=1\ 100\ 549.46\text{（元）}$$

在先付租金中，租赁物件可能尚未正式使用产生效益，但承租人仍需支付第一期租金，对承租人来说负担较重，因此采用期初支付租金还是期末支付租金，承租人应根据资金周转情况具体商定。

2. 变额年金法

（1）等差变额年金法

等差变额年金法，是指从第二期开始，使每期租金比前一期增加（或减少）一个常数 d 的租金计算方法。

假设：P_V表示租赁物件的成本；n 表示租期数；i 表示每期利率；R_1，R_2，…，R_n分别表示第 1，2，……，n 期租金额。则

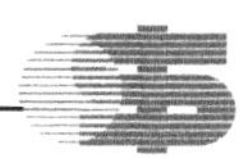

$$R_1 = \frac{1}{(P_A/A,\ i,\ n)}\left\{P_V + \frac{d}{i}[n-(P_A/A,\ i,\ n)]\right\} - nd$$

上式即为等差变额年金法第一期租金的计算公式。因为以后每期租金都比前一期增加同一个常数，所以根据第一期租金，即可求出其余各期租金。

式中，$(P_A/A,i,n)=\dfrac{(1+i)^n-1}{i(1+i)^n}$表示等额年金现值系数，可查表求之。

d表示每期租金比前一期增加（或减少）的常数。

当$d>0$时，为等差递增变额年金法；当$d<0$时，为等差递减变额年金法；当$d=0$时，为等额年金法。事实上，等额年金法可以看作是等差变额年金法的特殊情况。

租金总额的计算公式由等差数列的求和公式$S_n = na + \dfrac{n(n-1)d}{2}$可得

$$R_{总} = nR_n + \frac{n}{2}(n-1)d$$

【例 11】 设某租赁物件的成本为 100 万元，租期 3 年，每半年支付一次租金，后付，年利率为 8%，每半年复息，从第二期起每期租金比前一期多支付 50 000 元，求第一期支付的租金 R_1 和租金总额是多少？

解：每期利率$i=\dfrac{8\%}{2}=4\%$，租期数$n=3\times2=6$，则根据等差变额年金法的计算公式得，第一期的租金为

$$R_1 = \frac{1}{(P_A/A,\ 4\%,\ n)}\left\{1\ 000\ 000 + \frac{50\ 000}{4\%}\left[6-\frac{1}{(P_A/A,\ 4\%,\ 6)}\right]\right\} - 6\times 50\ 000$$
$$=71\ 476.16（元）$$

式中，$(P_A/A,4\%,6)$可通过公式$\dfrac{(1+i)^n-1}{i(1+i)^n}$或查表求得。

租金总额为

$$R_{总} = \frac{6}{2}[2\times71\ 476.16+(6-1)\times50\ 000]$$
$$=1\ 178\ 856.95（元）$$

如果双方商定，从第二期起每期租金比前一期减少 50 000 元（即 $d=-50\ 000$），则第一期租金为

$$R_1 = \frac{1}{(P_A/A,\ 4\%,\ 6)}\left\{1\ 000\ 000 + \frac{-50\ 000}{4\%}\left[6-\frac{1}{(P_A/A,\ 4\%,\ 6)}\right]\right\}$$
$$-6\times(1-50\ 000)=310\ 047.63(元)$$

$$R_{总}=\frac{6}{2}[2\times 310\ 047\cdot 63+(6-1)\times(-50\ 000)]$$
$$=1\ 110\ 285.84\ (元)$$

（2）等比变额年金法

等比变额年金法，是指从和二期开始，使每期租金与前一期的比值是同一个常数 q 的租金计算方法。

假设：P_V表示租赁物件的成本；n 表示租期数；i 表示每期利率；R_1，R_2，…，R_n 分别表示第 1，2，…，n 期租金；q 表示每期租金与前一期租金的比值。

则首期租金的计算公式为

$$R_1=\frac{P_V(1+i-q)}{1-\left(\frac{q}{1+i}\right)^n},\quad q\neq 1+i$$

当 $q>1$ 时，为等比递增变额年金法；当 $q<1$ 时，为等比递减变额年金法；当 $q=1$ 时，为等额年金法。同样，等额年金法也是等比变额年金法的特殊情况。

租金总额的计算公式

$$R_{总}=R_1+R_1q+R_1q^2+\cdots+R_1q^{n-1}$$
$$=\frac{R_1(1-q^n)}{1-q}$$

【例 12】 设某租赁物件的成本为 10 万元，租期 4 年，每年末支付一次租金，年利率为 12%，按年复息，从第二期起每期租金较前一期递增 5%，求第一期租金和租金总额是多少？

解：根据等比变额年金法的计算公式得第一期租金 R_1 为

$$R_1=\frac{P_V(1+i-q)}{1-\left(\frac{q}{1+i}\right)^4}=\frac{10\ 000[1+12\%-(1+5\%)]}{1-\left(\frac{1+5\%}{1+12\%}\right)^4}$$
$$=30\ 769.23\ (元)$$

租金总额为

$$R_{总}=\frac{P_1(1-q^4)}{1-q}=\frac{30\ 769.23[1-(1+5\%)^4]}{1-(1+5\%)}$$
$$=132\ 619.23\ (元)$$

如果双方商定，后一期租金较前一期递减 5%，则第一期租金应为

$$R_1=\frac{P_V(1+i-q)}{1-\left(\frac{q}{1+i}\right)^4}=\frac{10\ 000[1+12\%-(1+5\%)]}{1-\left(\frac{1+5\%}{1+12\%}\right)^4}$$
$$=35\ 240.46\ (元)$$

租金总额为

$$R_{总}=\frac{P_1(1-q^4)}{1-q}=\frac{35\ 240.46[1-(1+5\%)^4]}{1-(1+5\%)}$$
$$=13\ 037.70\text{（元）}$$

（三）成本回收法

所谓成本回收法，是指由租赁双方在签订租赁合同时商定，各期按照一定的规律收回本金，再加上当期应收的利息即为各期租金。这种租金计算方法称为成本回收法。各期租金没有统一的计算公式，各期成本的回收额经双方商定，可以是等额的，也可以是等差或等比变额，也可以是无规律的。

【例 13】 设某租赁物件的成本为 100 万元，分三年 6 期每半年末等额还本一次，年利率为 8%，息随本清（每半年支付利息），求各期租金与租金总额。

解： 每期利率 $i=\frac{8\%}{2}=4\%$。

各期租金与租金总额计算如表 13-2。

表 13-2　各期租金及总额　　单位：元

期数	每期租金① ①=②+③	利息② ②=④×4%	收回成本③ ③ = $\frac{1\ 000\ 000}{6}$	未收回成本④
				1000000
1	206 666.67	40 000.00	16 666.67	833 333.33
2	200 000.00	33 333.33	16 666.67	666 666.67
3	193 333.33	26 666.67	16 666.67	500 000.00
4	186 666.67	20 000.00	16 666.67	333 333.33
5	180 000.00	13 333.33	16 666.67	166 666.67
6	173 333.33	6 666.67	16 666.67	0.00
总计	1 140 000.00	140 000.00	100 000 000	

【例 14】 设某租赁物件的成本为 100 万元，分两年半共 5 期每期末支付租金，第一租金中还本 10 万元，以后每期还本额增加 5 万元，年利率为 8%，息随本清，求各期租金与租金总额。

每期利率 $i=\frac{8\%}{2}=4\%$。

各期租金与租金总额计算如表 13-3。

表 13-3 各期租金及总额 单位：元

期数	每期租金① ①=②+③	利息② ②=④×4%	收回成本③	未收回成本④
				1 000 000
1	140 000	40 000	100 000	900 000
2	186 000	36 000	150 000	750 000
3	230 000	30 000	200 000	550 000
4	272 000	22 000	250 000	300 000
5	312 000	12 000	300 000	0
总计	1 140 000	140 000	1 000 000	

可见，租金总额与上例是相同的。

（四）不规则租金的计算方法

不规则租金的计算方法，是指租金的支付方式没有特定规律，完全根据出租人及承租人双方商定而确定，如带有付租宽限期的租金计算方法。所谓付租宽限期，是指承租人引进设备，从安装、调试到投产需要一定的时间，在这一段时间内承租人没有偿还租金的资金来源。针对这种情况，租赁双方可以洽商从起租日起确定一个时间期限（如三个月或半年等）后开始付租。这一段时间间隔为付租宽限期。在宽限期限内承租人可以不付租金，但要计算利息。宽限期的利息累计计入租赁设备的概算成本中，计算原则仍要符合余额计息，对不同的币种，按不同的复息周期复息。

【例 15】 设某租赁物件的成本为 100 万元，年利率为 8%，半年复息，分三年 5 期每期期末支付租金，第一期支付在使用后第一年末支付，第一期支付金额为成本的 1/5，再加上当期利息，以后 4 期按等额，求每期租金与租金总额。

解：第一期租金为

$$R_1=\frac{1}{5}\times 1\,000\,000+1\,000\,000\times 8\%$$
$$=280\,000\text{（元）}$$

第二期到第五期租金为

$$R=(1\,000\,000-200\,000)\times(A/P_A,4\%,4)$$
$$=800\,000\times 0.27549=220\,392\text{（元）}$$

租金总额为

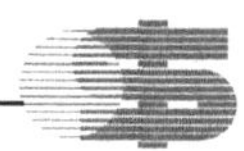

$$R_{总}=280\ 000+4\times 220\ 392=1\ 161\ 568\text{（元）}$$

【例 16】 仍如前例，宽限期半年，租金二年半分五次等额偿还，租金均在期末支付，求每期租金与租金总额。

解： 宽限期半年，则实际计息成本为

$$P_V=1\ 000\ 000\times（1+4\%）=1\ 040\ 000\text{（元）}$$

每期租金为

$$\begin{aligned}R&=1\ 040\ 000\times（A/P_A,4\%,4）\\&=1\ 040\ 000\times 0.22463=233\ 615.2\text{（元）}\end{aligned}$$

租金总额为

$$R_{总}=5\times 233\ 615.2=1\ 168\ 076\text{（元）}$$

（五）浮动利率的租金计算方法

浮动利率一般采用 LIBOR 利率（即伦敦国际银行间拆放利率）再加一定的利差作为租赁利率，以起租日确定的租赁利率作为计算第一期租金的利率，第一期租金偿还日确定的租赁利率则作为计算第二期租金的利率，依此类推，作为计算第三、四，……期租金的利率。这种租金计算方法称为浮动利率租金计算方法。

【例 17】 设某租赁物件的概算成本为 100 万元，分三年 6 期半年末支付一次租金，每六个月复息，第一期计息年利率 7.625%，以后各期计息利率分别为 8.125%、8.625%、9.125%、9.625%及 10.125%，计算各期租金与租金总额。

租金支付方式分两种情况进行讨论：① 租金等额支付并随利率变化而调整，即每期租金按给定利率在所余支付期内等额支付；② 本金等额支付，即在整个支付期内均匀还本，但各期利息按给定利率计算。

解： 现在先讨论第一种支付方式。第一期支付的租金为

$$\begin{aligned}R_1&=P_V(A/P_A,\frac{7.625\%}{2},6)\\&=1\ 000\ 000\times\frac{\frac{7.625\%}{2}}{1-\left(1+\frac{7.625\%}{2}\right)^{-6}}\\&=189\ 599.09\end{aligned}$$

第一期限的利息为

$$I_1=1\ 000\ 000\times\frac{7.625\%}{2}=38\ 125.00\text{（元）}$$

第一期收回的成本为

$$189\,599.09-38\,125.00=151\,474.09\text{（元）}$$

第一期末尚未收回的成本为

$$P_{V1}=1\,000\,000-151\,474.09=848\,525.91\text{（元）}$$

第二期支付的租金为

$$R_2=P_{V1}(A/P_A,\frac{8.125\%}{2},5)$$

$$=848\,525.91\times\frac{\frac{8.125\%}{2}}{1-\left(1+\frac{8.125\%}{2}\right)^{-5}}$$

$$=190\,936.70\text{（元）}$$

第二期的利息为

$$I_2=848\,525.91\times\frac{8.125\%}{2}=34\,471.37\text{（元）}$$

第二期收回的成本为

$$190\,936.70-34\,471.37=156\,465.33\text{（元）}$$

第二期末尚未收回的成本为

$$P_{V2}=848\,525.91-156\,465.33=692\,060.58\text{（元）}$$

第三期支付的租金为

$$R_3=P_{V2}(A/P_A,\frac{8.625\%}{2},4)$$

$$=692\,060.58\times\frac{\frac{8.625\%}{2}}{1-\left(1+\frac{8.625\%}{2}\right)^{-4}}$$

$$=192\,061.92\text{（元）}$$

第三期的利息为

$$I_3=692\,060.58\times\frac{8.625\%}{2}=29\,845.11\text{（元）}$$

第三期收回的成本为

$$192\,061.92-29\,845.11=162\,216.81\text{（元）}$$

第三期末尚未收回的成本为

$$P_{V3}=692\,060.58-162\,216.81=529\,843.77\text{（元）}$$

依此类推，计算结果如下：

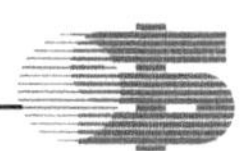

单位：元

期数	每期租金	利息	收回成本	未收回成本
	—	—	—	1000000
1	189 599.09	38 125.00	151 474.09	848 525.91
2	190 936.70	34 471.37	156 465.33	692 060.58
3	192 061.92	29 845.11	162 216.81	529 843.77
4	192 970.26	24 174.12	168 796.14	361 047.63
5	193 657.44	17 375.42	176 282.02	184 765.61
6	194 119.37	9 353.76	184 765.61	0.00
总计	1 153 344.78	153 344.78	1 000 000	—

第二种支付方式比较简单，此时每期支付的租金中收回的成本为

$$\frac{1}{6}\times 10\ 000\ 000 = 166\ 666.67 \text{（元）}$$

当期利息可按当期期初尚未收回的成本值乘以当期的利率得到，计算结果如下：

单位：元

期数	每期租金① ①=②+③	利息②	收回成本③	未收回成本
				1 000 000
1	204 791.67	38 125.00	16 666.67	833 333.33
2	200 520.84	33 854.17	16 666.67	666 666.67
3	195 616.67	28 750.00	16 666.67	500 000.00
4	189 479.17	22 812.50	16 666.67	333 333.33
5	182 708.34	16 041.67	16 666.67	16 666.67
6	175 104.17	8 437.50	16 666.67	0.00
总计	1 148 020.86	148 020.84	1 000 000.02	—

可见，第一种支付方式的各期租金中所含本金是逐期递增，而第二种支付方式的各期租金中所含本金额是等额的。

第三节　租金计算中的若干问题

一、关于利率的计算

租赁利率包括出租人融资成本利率、融资手续费率、税金率及出租人收益率。

租赁利率一般为年利率，其复利周期可能为月、季、半年、一年不等。按年金法计算租金时，偿还租金的期间可能包含几次复利周期，所以具体计算租金时应考虑复利因素，将年利率折算为期利率。

另外，期利率的计算除考虑复利因素外，还涉及生息天数和基础天数的关系，目前在国际上确定生息天数和基础天数大体有三种方式。

1. 大陆法

大陆法以 360/360 表示生息天数和基础天数的关系，即把一年中各个月份的天数都视作 30 天，对月对日计算。

2. 英国法

英国法以 365/365 表示生息天数和基础天数的关系，逢闰年改为 366/366，即将具体年份的日历天数作为基础天数，同时严格按照日历计算生息天数。

3. 欧洲货币法

欧洲货币法以 365/365 表示生息天数和基础天数的关系，逢闰年改为 366/360，即按实际日历天数计算生息天数，基础天数则固定为 360 天。

利率是影响租金总额的重要因素之一。根据有关知识，可得出如下结论：① 同等条件下，年利率越高，租金总额增长率越高，租金总额增加额越大；② 其他条件一致时，租期对租金总额起着决定性的影响；租期越长，租金总额增长率越高，租金总额增加额越大。

二、关于租赁项目概算成本的计算

租赁物件成本的核算比较复杂，在不同情况下，核算原则不同。

具体核算租赁物件的实际成本时，双方要弄清以下问题：① 出租人为购买租赁物件共支付了哪些款项；② 双方一致同意计入成本的费用包括哪些；③ 支付上述款项的具体日期或实际负担日期；④ 上述款项从计息日到起租日间的利息计算是否正确。

1）由于购买租赁物件的货价是成本的重要组成部分，要想降低租金总额，根本问题就在于在签订购买合同时要降低货价。

2）计算出租人为购买租赁物件先后支付的一些款项在起租日时的终值时，如果计息日确定，计息时间越长，该笔款项终值越大；计息时间的长短一方面取决于购买合同规定的预付定金时间、开立信用证时间及交运货时间，另一方面也与出租人实际支付资金的时间有关。在实际工作中，有时承租人在核算成本时，往

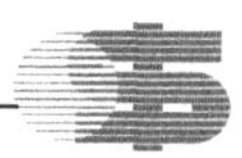

往只注意了一些静态数值，对上述计息时间却不了解或不重视。实际上，它对租赁物件的实际成本影响很大。

3）计收运输费和保险费在租赁项目概算成本的计算中也是一个很重要的问题。在合同 FOB 离岸价格条款下，运保费是由出租人分别支付给外运公司和保险公司的，因此出租人应按外运公司及保险公司收取的实际费用计入成本。但在实际租赁业务中，由于各种原因，有的出租人是按购买合同货价的百分比收取运保费。其收取的运保费就要高于运保费的实际价值。

4）手续费计入成本或转为租金收取也是影响成本的因素之一。如果购买合同与租赁合同是两种货币时，必然面对两种货币汇率波动风险及兑换所需费用问题，这也是应注意的问题。

三、关于保证金的计算

有时租赁公司为降低风险，要求承租人先缴纳一部分保证金。一般在处理保证金时有两种方式，一是在计算租金时，把承租人已付的保证金从实际成本中减去，但实际业务中这种情况很少采用；二是将保证金抵扣某几期租金的全部或大部分，如一般抵扣最后几期租金的全部或大部分。

怎样处理保证金对双方当事人有不同意义，对租赁公司而言，希望采取第二种处理方式，租赁公司相当于从承租人手中借得一部分钱（保证金）而且不付利息，在最后一期支付中才偿还，显然对租赁公司十分有利。对承租人而言，希望采用第一种处理方式，承租人可减少成本，从而可减少租金负担。

保证金的不同处理方式对合同的内含真实利率（也称隐含真实利率）的影响是很大的。简言之，若保证金不从成本中扣除，而是抵扣不同期租金，对租金总额没有影响，但抵扣不同期的租金使承租人支付租金的现值大不一样，其对应的内含真实利率大不一样。

【例 18】 设某租赁物件的成本为 1 000 000 元，分三年 6 期每半年末等额支付租金，承租人先付 10%的保证金，租赁公司要求此保证金在最后一次支付中作为抵免支付用，租赁公司申明租赁的年利率为 7.75%。

由于该保证金作为最后一次支付中抵免用，因此，此时计算租金的本金仍为 1 000 000 元。每期租金为

$$R = 1\,000\,000\left(A/P_A, \frac{7.75\%}{2}, 6\right) = 1\,000\,000 \times \frac{\dfrac{7.75\%}{2}}{1-\left(1+\dfrac{7.75\%}{2}\right)^{-6}}$$

$$= 189\,986.33\text{（元）}$$

但是，对租赁公司来说，由于先收入 100 000 元的保证金，因此其实际成本只有 900 000 元，当每期收租金 189 986.33 元，而最后一期收租金 89 986.33 元（189 986.33－100 000）时，下列方程成立：

$$900\,000=189\,986.33(P_A/A, i, 5)+89\,986.33(P/F, i, 6)$$

可以求得

$$i\approx4.70\%$$

因此，实际年利率（内含真实利率）约为 2×4.70%=9.40%。

可见，这高于租赁公司申明的年利率 7.75%；同样方法，可求知保证金抵扣第一期租金的内含其真实利率大约为 8%。

四、关于手续费的计算

手续费既是租赁公司的一项收入，也是承租人的一项经济支出。目前国内各租赁公司收取手续费的做法有三种：① 按 CIF 到岸货价的 1.5%～3%收取手续费；② 按租赁物件的实际成本总额的百分比收取；③ 按租金总额收取。第一种作法比较普遍。手续费收取的方法不同，对租金总额的影响也不同。

手续费的主要计算方式：

1）单独计算，在合同规定的时间内一次收回。包括以下两种：

① 以租赁物件的成本为基数计算；

② 按租金总额为基数计算。

2）纳入租赁物件的成本计算，随每期租金等额收回。

3）直接纳入利率计算，随每期租金等额收回。

4）把手续费费率换算成年费率，再纳入利率计算。

不同的计算方式对租金总额的影响可通过以下的实例看出。

【例 19】 设某租赁物件的成本为 100 万元，租期 2 年。每半年末等额支付租金，年利率 $i=10\%$，半年复利，手续费费率 $e=1.5\%$，求手续费 G。

解：

1）单独计算，在合同规定的时间内一次收回。有两种计算方法：

① 以租赁物件的成本 P_v 为基数计算：

$$G=P_v\cdot e=100\times1.5\%=1.5\ （万元）$$

② 以租金总额为基数计算：

$$R_{总}=4\times P_V\times(A/P_A, 5\%, 4)=4\times100\times(A/P_A, 5\%, 4)=112.805\ （万元）$$

$$G=R_{总}\cdot e=112.805\times1.5\%=1.692\ （万元）$$

可见方法②比方法①多支付手续费 0.192 万元，而方法②的实际手续费费率为原 P_V 值的 1.692%。

2）纳入租赁物件的成本计算，随每期租金等额收回。

纳入租赁物件的成本后，实际成本为

$$P_{V_1}=P_V+P_V\cdot e=100+100\times1.5\%=101.5\text{（万元）}$$

则调整后的租金总额为

$$R_{1总}=4\times P_{V1}\times(A/P_A,5\%,4)=4\times101.5\times(A/P_A,5\%,4)$$
$$=114.497\text{（万元）}$$

所以此时手续费为

$$G=P_{1总}-P_{总}=114.497-112.805=1.692\text{（万元）}。$$

3）直接纳入利率计算，随每期租金等额收回。

纳入利率后，新的年利率为

$$i_1=i+e=10\%+1.5\%=11.5\%$$

则此时租金总额为

$$R_{2总}=4\times P_V\times(A/P_A,5.75\%,4)=4\times100\times(A/P_A,5.75\%,4)$$
$$=114.736\text{（万元）}$$

所以手续费为

$$G=R_{2总}-R_{总}=114.776-112.805=1.971\text{（万元）}$$

4）把手续费费率换算成年费率，再纳入利率计算。

要把 1.5%手续费费率换算成年费率，就涉及平均占有资金期限问题。

平均占有资金期限=（0.5+1.5+2）÷4=1.25（年）；年手续费费率=1.5%÷1.25=1.20%；新的年利率$i_2=i+1.20\%=11.20\%$。

则此时租金总额为

$$R_{总}=4\times P_V\times(A/P_A,5.75\%,4)$$
$$=4\times100\times(A/P_A,5.75\%,4)$$
$$=114.381\text{（万元）}$$

所以手续费为

$$G=R_{3总}-R_{总}=114.381-112.805=1.576\text{（万元）}$$

通过对以上四种手续费计算方法简单的分析与比较，可以发现，不同的计算方法会对租金总额产生不同的影响，租期越长影响越大。

五、关于残值处理

资产残值是指在租赁起始日估计的租赁期满时租赁资产的公允价值。残值一般不得高于租赁起租日租赁资产公允价值的 10%。由于融资租赁在实质上已经转移了与租赁资产所有权有关的全部风险，其所有权最终可能转移，也可能不转移。

所以在计算租金时，应考虑租赁资产残值对租金的影响因素。

融资租赁资产残值的处理一般有三种方式。

1）转移。即承租人在租赁期满支付完全部租金后，再向出租人支付残值以获得租赁资产的所有权

2）不转移。即指租赁期满时，出租人收回租赁资产。

3）续租。即以残值为计息本金，承租人与出租人重新订立租赁合同。

在转移或续租的方式下，残值现值可以从计算租金的成本中扣除，也可将残值终值从租金中扣除；在不转移的方式下，如出租人认为无能力承担租赁期满租赁资产处理的风险时，大多不同意残值从成本中或租金中扣除，而是将残值处理所得归承租人；如果从成本或租金中扣除，残值处理结果自然归出租人。

六、关于起租日、计息日的确定

（一）起租日的确定

在租赁合同中关于起租日应有明确规定，起租日通常为计算租金时的起息日期。各期租金的起点日期是核算租赁物件实际成本的终止日期及会计处理的一个很重要的日期，因而是租赁合同中很重要的条款。通常，起租日应该是出租人为购买租赁物件设备而支付各笔款项完毕后某一可具体确定的日期，如以下日期：

1）信用证开证日。即以出租人开出进口信用证（L/C）的日期为起租日。

2）提单日（bill’s date）。即以租赁物件装船承运后，承运人在提单上签字确认的日期为起租日。

3）到货日（arrival’s date）。即以租赁物件运抵承租人所在国港口或指定的使用地点的日期为起租日。

4）租赁物件验收日。即设备运抵工厂安装验收后，双方签订验收合格报告的日期或其他证明设备合格的日期。

（二）计息日的确定

由于出租人为购买租赁物件先后支付了各笔款项，核算租赁物件的实际成本时，就应将各笔款项在起租日的终值相加。计算各笔款项在起租日终值的起点日期就是计息日。因此，计息日有多个，它是出租人支付各笔款项的具体日期或实际负担日。

1）支付定金日。租赁物件的购买合同生效后，出租人支付定金的日期。

2）合同尾款支付日。为防止所购货物存在质量等问题，在购买合同中与所支付定金相对应，往往留下一定数量的尾款在货物验收合格后支付。

3）信用证开立日。在国际贸易中，合同标的交货前一定时间，出口商往往要

求进口商委托双方认可的银行开立信用证，作为履行购买合同的保证。如开出不可撤销的信用证，银行都要求抵押 100%的现汇。在这种情况下，开立信用证日即为此笔款项的计息日。

4）其他支付日。如果按托收方式对外支付，则计息日应为对外支付各笔货款的实际支付日；如是分批交货等其他复杂情况，根据付款条款的不同，计息日的确定方法也不同。

小 结

1. 租金是租赁机构通过转让某种资产的使用权而分次取得的补偿和收益。租金的构成要素包括租赁标的物的购置成本、利息和出租人的劳务收益。

2. 租金的计算方法包括附加率法、年金法、成本回收法、不规则租金的计算方法和浮动利率的租金计算方法。

3. 租金计算中还应注意利率的计算、租赁项目概算成本的计算、保证金的计算、手续费的计算、残值处理，以及起租日、计息日的确定问题。

第十四章

中西方租赁机构与监督

本章重点

本章主要介绍西方国家和我国的租赁机构的类型，以及对租赁机构的监管。

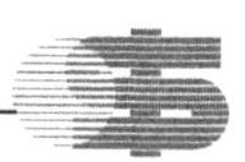

第一节　租赁机构的类型

现代租赁业的最初形态是在设备促销过程中，为客户提供类似分期付款的融资服务的基础上产生的。租赁业务一开始就具有销售和融资的功能。随着市场经济的快速发展、租赁业务形式的不断创新、租赁业务多种功能的开发，如融资、促销、投资、资产管理等，吸引了各种类型的投资者，适应投资者需求组建了类型不同的租赁公司。由于各国经济发展水平，特别是租赁市场发育的程度和管理制度的差异，各国租赁机构的类型和构成比例也不尽相同。

一、西方国家租赁机构的类型

现代租赁起源于上世纪五十年代初的美国。二十世纪六十年代以来，其在工业发达国家得到了迅速发展。现代租赁以其独有的融资与融物相结合、金融与贸易相结合的功能，成为企业吸收外资、进行技术改造、促进投资及推动销售和出口的重要手段，在世界经济发展中发挥着越来越重要的作用。据统计，目前美国许多大企业 80%以上的产品都是通过租赁方式销售的。美国 GE 金融服务公司、IBM 信贷公司等著名大公司都开展各种租赁业务。西方国家的租赁机构主要有以下类型。

（一）金融机构型

包括可以从事租赁业务的银行和非银行金融机构。在美国、日本、英国等发达国家，银行或其附属的非银行金融机构都可以直接从事融资租赁业务，他们开展租赁业务或成立独资和控股的租赁公司的主要目的，是为自己所拥有的资金，寻求一种能满足用户需求的新的资金投入方式以增加新的利润增长点。银行和非银行金融机构，由于资金力量雄厚、融资成本低、有金融机构网络为依托、广泛的客户群体的优势，在租赁市场中其竞争优势非常明显，占有非常重要的地位。它们通过开展租赁业务，一方面可以避免经济波动对金融机构资产业务的影响，使金融机构获得稳定的经营收入，获得高额高润；另一方面由于租赁资产的所有权在租赁期内始终属于出租人，与其他信贷方式如信用贷款相比，融资租赁的信用风险要小得多。所以，融资租赁对金融机构具有极大的吸引力。

（二）厂商机构型

主要是由厂家或商家为投资背景成立的租赁公司。厂家或商家投资租赁行业的目的是为了促销和从事产品的租赁经营服务。目前国外许多规模较大的生产厂商，如美国的国际商用机器公司（1BM）、美国通用电器集团（GE）等都拥有自己的租赁公司，并成为其国内租赁市场的重要参与者。这些租赁公司主要的经营对象是母公司所生产的机器设备。通过控制设备租赁流通的全过程，特别是二手设备的销售和租赁、融资租赁销售和租赁服务等，以达到促进产品销售、获得高额利润的目的。现在这类租赁公司业务范围不断扩大，占有较大的市场份额，在一定程度和范围内成为某种专业设备的资源配置和服务管理中心。这类租赁公司的优势是：① 拥有专业技术；② 可以为客户提供灵活的租赁方式；③ 可提供优质的租赁物的维修保养服务。.

（三）战略投资机构型

这是由众多机构共同投资组建的租赁公司，其股东主要是政府、保险、券商、投资银行等投资机构。这些机构投资租赁业的主要目的是寻求一种新的投资组合和投资方式，借助长期资金来源的优势，获得安全可靠的长期投资收益和享受投资抵免的税收优惠。因此他们往往是大型项目中杠杆租赁的主要参与者，主要投向飞机、船舶、通信、能源等基础设施项目。

战略投资机构型租赁公司的优势在于：① 由于与厂家、各类中介机构和客户都有广泛的联系，有自己的资源系统、服务系统、交易系统，因此擅长进行市场调查、制定商业计划书、项目评估和设计各种营销和融资模式；② 为制造商、租赁商及承租人提供信息服务、安全服务、融资服务、法律服务等综合服务；③ 他们既可以以出租人的身份在出资人、出卖人、承租人之间牵线搭桥促成租赁交易，也可充当承租人和出租人的中介，以其专业知识促成租赁交易。由于它们的存在，活跃了租赁市场，提高了租赁交易的机会。

（四）复合型租赁机构

复合型租赁机构是由上述机构类型中的不同股东组建而成的，如金融机构和制造厂商或金融机构与经营商，或经营商与制造厂商，甚至是外国金融资本结合而成。复合型机构类兼有金融机构型租赁公司和厂商类租赁公司的优势，既有雄厚的资金作后盾，又有专业技术优势。

综上所述，租赁机构可以从不同角度进行划分，但不管如何划分，金融机构类的租赁公司在很多国家中都是租赁组织体系中的主导。Amembal & Associattess 是世界上设备租赁领域最负盛名的培训和咨询公司。该公司总裁 SUDHIR AMEMBAL 先生将租赁公司按独立出租人、银行和非银行金融机构、母公司和制造商附属的租赁公司三类划分，并列举了它们在不同国家市场主体中的份额（见附表）。

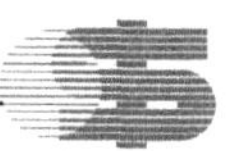

显然，由于不同国家经济发展水平不同、市场成熟程度不同和管理体制的差异，不同类型的租赁公司的构成在不同的国家或同一国家的不同经济发展阶段都会有差异和变化。不同类型的租赁公司在市场竞争的环境中都会不断创新，发挥资金的优势，不断寻求自己生存和发展的空间（表 14-1）。

表 14-1 不同类型租赁公司在市场主体中的份额

欧洲地区			
国家	独立类公司	银行/金融机构类公司	附属类公司
比利时	1	70	29
捷克	15	55	30
芬兰	10	70	20
法国	0	70	30
德国	11	47	42
爱尔兰	12	82	6
意大利	5	87	8
荷兰	20	40	40
挪威	4	82	14
波兰	66	24	10
葡萄牙	56	35	9
土耳其	25	70	5
英国	35	53	14
亚太地区			
国家（地区）	独立类公司	银行/金融机构类公司	附属类公司
澳大利亚	7	66	27
印度	60	30	10
韩国	0	62	38
中国台湾	65	35	0
拉美地区			
国家	独立类公司	银行/金融机构类公司	附属类公司
阿根廷	10	53	37
巴西	5	92	3
智利	5	95	0
哥伦比亚	6	94	0
墨西哥	29	56	15
秘鲁	13	87	0
北美地区			
国家	独立类公司	银行/金融机构类公司	附属类公司
美国	50	25	25

二、我国租赁机构的类型

（一）我国租赁业发展现状

租赁业务在我国已经有几千年的历史。在实行计划经济体制时期，有利生产、方便生活的租赁业务以及专门从事租赁业务的专门机构，如出租汽车服务公司，塔吊、钢模板租赁出租公司等，在流通服务领域也普遍存在，并得到一定程度的发展。我国的现代租赁业起步于改革开放初期，在荣毅仁先生的倡导下，中国租赁有限公司和中外合资的中国东方租赁有限公司在1981年先后成立，这标志着以融资租赁为代表的现代租赁业开始在我国出现。《中华人民共和国合同法》和《金融租赁公司管理办法》的出台，将租赁业的发展纳入法制化轨道。由于当时金融和流通领域的对外开放尚未提到日程，因此合资租赁公司作为吸引外资和引进国外先进技术和设备的窗口得到了较快的发展。在此期间，中外合资租赁公司被作为限制性行业，由原对外经贸部依据中外合营企业法审批设立。20世纪80年代中期，计划经济体制下的物资和机电公司也开始积极探索设备流通中的融资租赁业务，各类租赁公司如雨后春笋般出现在大江南北。20多年来，金融租赁机构以融资租赁的方式，为促进地方经济发展、培育地方特色经济和块状经济作了很大贡献，为企业提供了大量的先进技术设备，业务范围也不断得到扩展。但令人遗憾的是，由于对融资租赁业务功能、作用认识的局限性，融资租赁业务被界定为金融业务，从事融资租赁业务的内资租赁公司必须得到中国人民银行的批准才能从事这项业务。于是非金融机构的内资租赁公司的发展被抑制。中国加入世贸组织后，外国金融机构、跨国制造厂商、海外租赁公司加紧抢占国内租赁市场，而国内制造厂商和内资租赁公司却因为缺乏从事融资租赁的资格举步维艰，这种“对外开放、对内限制”的体制使我国租赁业陷入了长期的困境。由于体制限制，20多年来，我国租赁业徘徊不前，成了一棵长不大的“小老树”。据《世界租赁年报》统计，2003年，全球租赁总额达4616亿美元，美国、日本、德国分别以2040亿美元、621亿美元和398亿美元居前三名，而中国的租赁额只有22亿美元。从租赁业市场渗透率（租赁在固定资产投资中所占比例）来看，美国31.1%，加拿大20.2%，英国15.3%，德国9.8%，日本9.3%，而中国只有1%。这说明我国租赁尚属于“幼稚期”，远远落后于西方发达国家。

总之，由于社会认识不足、欠租问题严重、法律环境不完善、行业监管条块分割、融资渠道不畅等问题，我国租赁业总体发展缓慢,市场基础比较薄弱。现代租赁业在资源优化配置和加速企业技术改造方面的投融资功能和在生产流通环节中开拓市场、促进销售的功能也就没有得到充分的发挥。

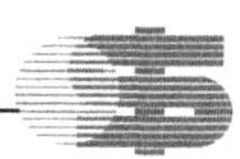

（二）我国租赁机构

目前我国能合法开展融资租赁业务的，只有由中国人民银行批准的金融租赁公司，以及由原外经贸部批准的中外合资租赁公司；而由原国内贸易局主管、附属于制造厂商、以产品促销为目的的几千家内资租赁公司，则无从事融资租赁业务的资质。在法律地位、准入门槛、业务范围、税收待遇等方面，三类公司处于不平等地位。

1. 金融租赁公司

改革开放以来，由中国人民银行按非银行金融机构管理办法批准的金融租赁公司曾经有16家，经过近几年的金融机构的治理整顿，截至目前,全国有12家金融租赁公司以及400多家兼营融资租赁的非银行金融机构。

2000年6月，中国人民银行颁布了《金融租赁公司管理办法》。该办法明确规定，“本办法所称金融租赁公司是指经中国人民银行批准以经营融资租赁业务为主的非银行金融机构，”“金融租赁公司组织形式、组织机构适用《公司法》的规定，并在其名称中标明‘金融租赁’字样。未经中国人民银行批准，其他公司名称不得有‘金融租赁’字样。”“金融租赁公司依法接受中国人民银行的监督管理。”

依据该办法，设立金融租赁公司应具备下列条件：

1）具有符合本办法规定的最低现额注册资本金；

2）具有《公司法》和本办法规定的章程；

3）具有符合中国人民银行规定的任职资格的高级管理人员和熟悉金融租赁业务的合格从业人员；

4）有健全的组织机构、内部管理制度和风险控制制度；

5）有与业务经营相适应的营业场所、安全防范措施和其他设施；

6）中国人民银行规定的其他条件。

中国人民银行审查金融租赁公司设立申请时，要考虑国家经济发展需要和融资租赁业竞争状况。办法规定，金融租赁公司的最低注册资本金为人民币5亿元，经营外汇业务的金融租赁公司应另有不低于5000万美元（或等值可兑换货币）的外汇资本金。中国人民银行可根据融资租赁业务发展的需要调整金融租赁公司的最低注册资本金。

金融租赁公司的设立必须经过筹建和开业两个阶段。经中国人民银行批准，发起人方可进行金融租赁公司的筹建工作。向中国人民银行申请筹建金融租赁公司，须提交相应的文件。中国人民银行的申请答复期为3个月，筹建期为6个月。筹建工作完成后，提出开业申请。金融租赁公司的开业申请经中国人民银行批准后，颁发《金融机构法人许可证》，并凭该证到工商行政管理机关办理注册登记，领取《企业法人营业执照》后方可开业。经中国人民银行批准，金融租赁公司可以设立分支机构。

金融租赁公司的股东及其投资比例应符合《公司法》及中国人民银行有关规定。金融租赁公司不得吸收自然人为股东，但采取股份有限公司组织形式、并经批准上市的除外。金融租赁公司可以吸收外资。

该办法的颁布使我国租赁业组织体系建设中金融机构类的专业租赁公司的设立和监管有了专门规章。随着金融领域改革开放的进一步深化，金融机构的投资主体会更加多元化。金融租赁公司的投资主体也会更加多元化，国有和民营企业、厂商和投资机构都会介入金融租赁公司的发展。不同金融租赁公司的市场定位和业务特点也会更加多样化。

2. 中外合资租赁公司

中外合资租赁公司是指经中华人民共和国对外经济贸易合作部批准设立的，专门从事融资租赁业务的中外合资或中外合作租赁公司。我国实施改革开放后，利用外资一直以鼓励外国直接投资为主。我国金融领域一直是对外开放程度较低的领域，同时，我国还一直存在着资本项目管制。上述政策措施，限制了外国金融资本向我国的输出。但是，一些外国银行还是对中国的经济发展看好，从而希望通过向我国输出资本而获取利益，占领市场。在这样的动机下，许多外国银行，包括一些外国的著名银行，特别是日本的银行，如当时日本前四大银行：富士银行、东京银行、三和银行和兴业银行，以外国直接投资的方式，分别与我国国内投资人合资组建了由我国对外经济贸易合作部批准设立的、作为外商直接投资企业的、以经营融资租赁业务为主的中外合资租赁公司。外商投资租赁公司的外方股东主要是银行、企业和租赁公司，中方股东一般为国内银行和非银行金融机构，外方股东中有近70%是日本银行、商社或租赁公司。如1981年成立的我国第一家中外合资租赁公司——中国东方国际租赁有限公司就是中信与日本东租合资组建的；20世纪90年代中期以后，欧美的跨国公司开始介入中国租赁业，如IBM，HP、西门子和CIT等企业都与我国企业合作成立了租赁公司。截至目前，经商务部批准设立的外商投资租赁公司有36家。

在现有的合资租赁公司的外方股东，不论是银行、金融机构还是厂商，大多是全球500强企业。合资租赁公司实际上已成为国内企业与跨国公司进行合作的桥梁。合资租赁公司作为一种特殊的企业主体，在引进外资和先进设备、引进国外成功的租赁理念和管理经验、促进我国租赁发展和经济建设等方面发挥了重要作用。但是这些中外合资租赁公司在开展融资租赁业务时，主要依托的是外方股

东银行的力量来筹措资金。这一做法符合外国投资人的愿望，因为，外国银行通过其设立在中国的租赁子公司向中国输出资本时，在我国的外汇管制项目中，属于中外合资租赁公司自身的对外负债，而不需要向外汇管理局申请外债额度。外资银行利用融资租赁，规避了我国金融市场准入和外债管理的双重制约。

3. 非金融机构的内资租赁公司

在我国，从事设备租赁的非金融机构的内资租赁公司是被当作一般工商企业来对待的，他们只能做传统的出租服务业务。据不完全统计，约有上千家。由于认识上的偏差，我国一直把以促销为目的、以服务贸易为特征的融资租赁列入金融行业而实施监管，把众多从事促销租赁的内资租赁公司拒绝在准入门槛之外。由于缺乏合法资质、外部环境不宽松，厂商租赁公司和其他内资租赁公司一直处于弱小、分散、无序的经营状态。

因为任何企业都有权利对自己拥有的设备进行出租。因此，租赁企业若不能从事融资租赁业务，就不能成为现代租赁业的经营载体，也不可能在制造商和客户之间，通过为客户提供融资服务而成为设备流通的重要渠道。

与西方国家多种类型租赁机构相比，我国的租赁公司主休比较单一，以金融机构型和独立型租赁公司为主，缺少销售促进型和复合型的租赁公司。因此，完善和发展我国租赁机构的类型十分重要。我国“十五”计划中提出，要“积极引进新型行业和技术，推行连锁经营、物流配送、代理制、多式联运、改造提升传统流通业、运输业和邮政服务业”，“积极推进商业、外贸、供销、粮食等系统的改革，增强流通企业活力，拓宽服务业融资渠道”，“取消一切限制企业和社会投资的不合理规定，在市场准入、土地使用、信贷、税收、上市融资、进出口等各方面，对不同所有制企业实行同等待遇。凡是对外资开放的领域，内资均可进入”，“疏通储蓄转化为投资的渠道，积极稳妥地发展多种融资方式。”根据上述精神，积极发展制造商附属或以制造商为依托的设备租赁公司是完善我国现代租赁体系建设的当务之急。

国家应鼓励设备制造和流通领域的行业协会，组织各种不同所有制类型企业按照中国人民银行颁布的《金融租赁公司管理办法》和《财务公司管理办法》以及商务部的规定，组建专业或兼营融资租赁的金融机构或合资的租赁公司，构建租赁促销的营销体系。

国家有关部门应尽快制定以促销为目的的非金融机构的融资租赁公司的市场准入和管理办法，允许成立以设备制造厂家独资或控股的专业租赁公司，鼓励流通企业和各类投资机构组建非金融机构的融资租赁公司。

在美国，租赁已成为仅次于银行信贷的第二大金融工具，美国租赁总额占全球租赁总额的45%，已发展成为全球融资租赁中心。美国在租赁业方面如此发达，其主要原因一是政府高度重视，鼎力支持；二是制造厂商全面介入。随着我国改革开放的深入发展，我国的租赁业正面临着前所未有的新的发展机遇。

第二节 租赁机构的监管

一、西方国家对租赁机构的监管

国际金融公司于1996年9月30日在向我国政府有关部门提交《中国租赁业的立法与管理》的技术援助项目的建议报告中介绍说："并非所有的国家都对租赁行业进行监督和管理，特别是在美国、英国、澳大利亚和德国这样一些租赁市场比较成熟的发达国家。"在一些新兴的租赁市场中，监管的方法也有很大差异。在印度，只对接受公众存款的租赁公司进行管理，监管由中央银行和非银行金融机构管理执行。在印度尼西亚，租赁公司实际上多于融资公司，被允许提供广泛的金融产品和服务，财政部负责监管国内租赁公司和合资租赁公司，但是，最近由于过大的对外负债，其中央银行也开始参与监管工作。在韩国，财政部以严格和细致方式负责监管租赁公司。在斯里兰卡和中国香港，目前没有对独立的租赁公司进行监管。在孟加拉国，中央银行的非银行金融机构管理司负责监管租赁公司。

有些国家对出租人的资格进行严格的许可证制度，如巴西、意大利。有些国家对租赁公司实行注册制，如美国、英国、德国、韩国、澳大利亚。如韩国规定，任何个人和企业只要拥有200亿韩元（约2300万美元）的注册资本金，都可以自由进入租赁业。另外各国对银行能否直接参与租赁的规定是不同的，美国、意大利、德国、巴西、俄罗斯、阿根廷等国家允许银行直接参与租赁，而日本、韩国、泰国、哥伦比亚、比利时等国则出于对金融监管的考虑，对银行直接参与租赁进行限制。

二、我国对租赁机构的监管

国际金融公司在《中国租赁业的立法与管理》的技术援助项目的建议报告中也指出"我们认为在一个新兴的市场中，对租赁行业应该进行适度的监管。"

我国的融资租赁业起步较晚，发展较慢。鉴于我国市场经济发育尚不成熟，结合国际经验和我国经济管理体制的实际情况，在一段时期内我国对三种类型的租赁公司分别由不同的部门实行不同的监管。由于历史的原因，我国政府对租赁行业实行"三足鼎立"的管理体制，租赁行业分别由中国人民银行、原外经贸部

和原国家经贸委管理，因此我国存在三类租赁公司。2003年以后有所变更，但仍呈现“三足鼎立”的管理体制：一类是由银监会监管的金融租赁公司，共12家；一类是商务部外资司监管的中外合资租赁公司，共36家；最后一类是上千家内资租赁公司，归商务部市场体系建设司监管。

（一）银监会监管的金融租赁公司

金融租赁公司属于非银行金融机构，由中国人民银行审批和监管，目前共有12家，主营融资租赁业务，兼营一些与租赁相关的金融业务。另外还包括资产管理公司、信托投资公司、财务公司等非银行金融机构兼营金融租赁业务，约400家企业。金融租赁公司的审批和监管适用中国人民银行2000年6月30日发布的《金融租赁公司管理办法》。

该办法规定，金融租赁公司业务经营必须遵循下列资产负债比例：

1）资本总额不得低于风险资产总额的10％。

2）对同一承租人的融资余额（租赁＋贷款）最高不得超过金融租赁公司资本总额的15％。

3）对承租人提供的流动资金贷款不得超过租赁合同金额的60％。

4）长期投资总额不得高于资本额的30％。

5）租赁资产（含委托租赁、转租赁资产）比重不得低于总资产的60％。

6）拆入资产余额不得超过资本总额的100％。

7）对外担保余额不得超过资本总额的200％。

8）中国人民银行规定的其他比例。

该办法还对金融租赁公司的业务和财务状况的报告制度及法人和经办人对所提供的财会报表的真实性承担法律责任；公司高级管理人员的任职资格和管理；金融租赁公司专职稽核部门的设置；定期审计制度；行业自律组织的设立；违反管理办法的处理等都做了明确的规定。

该办法规定，金融租赁公司当年亏损超过注册资本的30％，或连续3年亏损超过10％，或出现严重支付困难，或违反国家有关法律或规章及其他中国人民银行认为必须整顿的情况，金融租赁公司必须按办法规定的措施对公司进行内部整顿或停业整顿。办法对金融租赁公司的接管及退出机制也做出了明确的规定。

（二）商务部监管的中外合资租赁公司

原国家经贸委、外经贸部有关租赁行业的管理职能和外商投资租赁公司管理职能目前已划归商务部，今后外商投资租赁公司的市场准入及行业监管工作由商务部执行。2005年2月3日，商务部令2005年第5号公布了《外商投资租赁业

管理办法》，取代原外经贸部2001年发布的《外商投资租赁公司审批管理办法》，自2005年3月5日起施行。中外合资租赁公司不属于非银行金融机构，性质是外商投资企业，主营融资租赁业务，兼营经营性租赁业务。审批和监管适用《外商投资租赁业管理办法》。目前，这一类租赁公司有36家。

商务部是外商投资租赁业的行业主管部门和审批管理部门。

资料

外商投资租赁业管理办法

第一条 为促进外商投资租赁业的健康发展，规范外商投资租赁业的经营行为，防范经营风险，根据《中华人民共和国合同法》、《中华人民共和国公司法》、《中华人民共和国外资企业法》、《中华人民共和国中外合资经营企业法》、《中华人民共和国中外合作经营企业法》等有关法律、法规，制定本办法。

第二条 外国公司、企业和其他经济组织（以下简称外国投资者）在中华人民共和国境内以中外合资、中外合作以及外商独资的形式设立从事租赁业务、融资租赁业务的外商投资企业，开展经营活动，适用本办法。

第三条 外商投资租赁业可以采取有限责任公司或股份有限公司的形式。

从事租赁业务的外商投资企业为外商投资租赁公司；从事融资租赁业务的外商投资企业为外商投资融资租赁公司。

第四条 外商投资租赁公司及外商投资融资租赁公司应遵守中华人民共和国有关法律、法规及规章的规定，其正当经营活动及合法权益受中国法律保护。

商务部是外商投资租赁业的行业主管部门和审批管理部门。

第五条 本办法所称租赁业务系指出租人将租赁财产交付承租人使用、收益，并向承租人收取租金的业务。

本办法所称融资租赁业务系指出租人根据承租人对出卖人、租赁物的选择，向出卖人购买租赁财产，提供给承租人使用，并向承租人收取租金的业务。

外商投资融资租赁公司可以采取直接租赁、转租赁、回租赁、杠杆租赁、委托租赁、联合租赁等不同形式开展融资租赁业务。

第六条 本办法所称租赁财产包括：

（一）生产设备、通信设备、医疗设备、科研设备、检验检测设备、工程机械设备、办公设备等各类动产；

（二）飞机、汽车、船舶等各类交通工具；

（三）本条（一）、（二）项所述动产和交通工具附带的软件、技术等无形资产，但附带的无形资产价值不得超过租赁财产价值的二分之一。

第七条 外商投资租赁公司和外商投资融资租赁公司的外国投资者的总资产不得低于500万美元。

第八条 外商投资租赁公司应当符合下列条件:

（一）注册资本符合《公司法》的有关规定;

（二）符合外商投资企业注册资本和投资总额的有关规定;

（三）有限责任公司形式的外商投资租赁公司的经营期限一般不超过30年。

第九条 外商投资融资租赁公司应当符合下列条件:

（一）注册资本不低于1000万美元;

（二）有限责任公司形式的外商投资融资租赁公司的经营期限一般不超过30年;

（三）拥有相应的专业人员，高级管理人员应具有相应专业资质和不少于三年的从业经验。

第十条 设立外商投资租赁公司和外商投资融资租赁公司应向审批部门报送下列材料:

（一）申请书;

（二）投资各方签署的可行性研究报告;

（三）合同、章程（外资企业只报送章程）;

（四）投资各方的银行资信证明、注册登记证明（复印件）、法定代表人身份证明（复印件）;

（五）投资各方经会计师事务所审计的最近一年的审计报告;

（六）董事会成员名单及投资各方董事委派书;

（七）高级管理人员的资历证明;

（八）工商行政管理部门出具的企业名称预先核准通知书;

申请成立股份有限公司的，还应提交有关规定要求提交的其他材料。

第十一条 设立外商投资租赁公司和外商投资融资租赁公司，应按照以下程序办理:

（一）设立有限责任公司形式的外商投资租赁公司，应由投资者向拟设立企业所在地的省级商务主管部门报送本办法第十条规定的全部材料。省级商务主管部门应自收到全部申请材料之日起45个工作日内做出是否批准的决定。批准设立的，颁发《外商投资企业批准证书》，不予批准的，应书面说明原因。省级商务主管部门应当在批准外商投资租赁公司设立后7个工作日内将批准文件报送商务部备案。股份有限公司形式的外商投资租赁公司的设立按照有关规定办理。

（二）设立外商投资融资租赁公司，应由投资者向拟设立企业所在地的省级商务主管部门报送本办法第十条规定的全部材料，省级商务主管部门对报送的申

请文件进行初审后，自收到全部申请文件之日起15个工作日内将申请文件和初审意见上报商务部。商务部应自收到全部申请文件之日起45个工作日内做出是否批准的决定，批准设立的，颁发《外商投资企业批准证书》，不予批准的，应书面说明原因。

（三）已设立的外商投资企业申请从事租赁业务的，应当符合本办法规定的条件，并按照本条第（一）项规定的程序，依法变更相应的经营范围。

第十二条 外商投资租赁公司和外商投资融资租赁公司应当在收到《外商投资企业批准证书》之日起30个工作日内到工商行政管理部门办理登记注册手续。

第十三条 外商投资租赁公司可以经营下列业务：

（一）租赁业务；

（二）向国内外购买租赁财产；

（三）租赁财产的残值处理及维修；

（四）经审批部门批准的其他业务。

第十四条 外商投资融资租赁公司可以经营下列业务：

（一）融资租赁业务；

（二）租赁业务；

（三）向国内外购买租赁财产；

（四）租赁财产的残值处理及维修；

（五）租赁交易咨询和担保；

（六）经审批部门批准的其他业务。

第十五条 外商投资融资租赁公司根据承租人的选择，进口租赁财产涉及配额、许可证等专项政策管理的，应由承租人或融资租赁公司按有关规定办理申领手续。

外商投资租赁公司进口租赁财产，应按现行外商投资企业进口设备的有关规定办理。

第十六条 为防范风险，保障经营安全，外商投资融资租赁公司的风险资产一般不得超过净资产总额的10倍。风险资产按企业的总资产减去现金、银行存款、国债和委托租赁资产后的剩余资产总额确定。

第十七条 外商投资融资租赁公司应在每年3月31日之前向商务部报送上一年业务经营情况报告和上一年经会计师事务所审计的财务报告。

第十八条 中国外商投资企业协会租赁业委员会是对外商投资租赁业实行同业自律管理的行业性组织。鼓励外商投资租赁公司和外商投资融资租赁公司加入该委员会。

第十九条 外商投资租赁公司及外商投资融资租赁公司如有违反中国法律、法

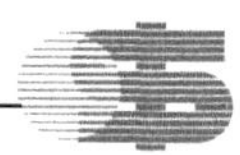

规和规章的行为，按照有关规定处理。

第二十条 香港特别行政区、澳门特别行政区、台湾地区的公司、企业和其他经济组织在内地设立外商投资租赁公司和外商投资融资租赁公司，参照本办法执行。

第二十一条 本办法中所称省级商务主管部门是指各省、自治区、直辖市、计划单列市及新疆生产建设兵团商务主管部门。

第二十二条 本办法由商务部负责解释。

第二十三条 本办法自二〇〇五年三月五日起施行。原外经贸部 2001 年第 3 号令《外商投资租赁公司审批管理暂行办法》同时废止。

（三）商务部管理的内资租赁公司

所谓内资租赁公司是指除银监会审批、监管的金融租赁公司和商务部审批成立的外商投资租赁公司以外，从事租赁业的内资非金融机构，主营经营性租赁业务，目前暂不能开展融资租赁业务。这一类租赁公司只作一般工商企业对待，不作特殊的监管。

从适度监管的角度出发，国家经贸委对内资可从事融资租赁业务的非金融机构的专业租赁公司，也应制定一个监管力度相对宽松的管理办法。如重点监管营运资金的合法性，.规定一个比金融租赁公司低的准入标准、明确高级管理人员的任职资格，严格从业人员的资格培训等。

目前金融租赁公司和中外合资租赁公司都已先后成立了行业协会组织，上海市、浙江省也已成立了地方的租赁协会。在适当时机，成立全国性的设备租赁行业协会，在政府有关部门的指导下进行行业自律管理，无疑是行业管理的发展趋势。

小　　结

1. 西方国家租赁机构类型主要有金融机构型、厂商机构型、战略投资机构型、复合型租赁机构。

2. 我国租赁机构有金融租赁公司、中外合资租赁公司和非金融机构的内资租赁公司。但内资租赁公司没有从事融资租赁业务的资质。

3. 西方国家对租赁机构监管方法差异很大。美国、英国、德国和韩国等对租赁公司实行注册制，而巴西、意大利对出租人资格进行严格的许可证制度。

4. 我国对三种类型的租赁公司分别由不同的部门实行监管。

附　　录

本章重点

本章附上了《中华人民共和国信托法》、《信托投资公司管理方法》、《金融租赁公司管理办法》、《信托投资公司资金信托管理暂行办法》以及《租金计算系数表》。

附　　录

中华人民共和国信托法

（2001 年 4 月 28 日第九届全国人民代表大会常务委员会第二十一次会议通过）

第一章　总　　则

第一条　为了调整信托关系，规范信托行为，保护信托当事人的合法权益，促进信托事业的健康发展，制定本法。

第二条　本法所称信托，是指委托人基于对受托人的信任，将其财产权委托给受托人，由受托人按委托人的意愿以自己的名义，为受益人的利益或者特定目的，进行管理或者处分的行为。

第三条　委托人、受托人、受益人（以下统称信托当事人）在中华人民共和国境内进行民事、营业、公益信托活动，适用本法。

第四条　受托人采取信托机构形式从事信托活动，其组织和管理由国务院制定具体办法。

第五条　信托当事人进行信托活动，必须遵守法律、行政法规，遵循自愿、公平和诚实信用原则，不得损害国家利益和社会公共利益。

第二章　信托的设立

第六条　设立信托，必须有合法的信托目的。

第七条　设立信托，必须有确定的信托财产，并且该信托财产必须是委托人合法所有的财产。

本法所称财产包括合法的财产权利。

第八条　设立信托，应当采取书面形式。

书面形式包括信托合同、遗嘱或者法律、行政法规规定的其他书面文件等。

采取信托合同形式设立信托的，信托合同签订时，信托成立。采取其他书面形式设立信托的，受托人承诺信托时，信托成立。

第九条　设立信托，其书面文件应当载明下列事项：

（一）信托目的；

（二）委托人、受托人的姓名或者名称、住所；

（三）受益人或者受益人范围；

（四）信托财产的范围、种类及状况；

（五）受益人取得信托利益的形式、方法。

除前款所列事项外，可以载明信托期限、信托财产的管理方法、受托人的报酬、新受托人的选任方式、信托终止事由等事项。

第十条 设立信托，对于信托财产，有关法律、行政法规规定应当办理登记手续的，应当依法办理信托登记。

未依照前款规定办理信托登记的，应当补办登记手续；不补办的，该信托不产生效力。

第十一条 有下列情形之一的，信托无效：

（一）信托目的违反法律、行政法规或者损害社会公共利益；

（二）信托财产不能确定；

（三）委托人以非法财产或者本法规定不得设立信托的财产设立信托；

（四）专以诉讼或者讨债为目的设立信托；

（五）受益人或者受益人范围不能确定；

（六）法律、行政法规规定的其他情形。

第十二条 委托人设立信托损害其债权人利益的，债权人有权申请人民法院撤销该信托。

人民法院依照前款规定撤销信托的，不影响善意受益人已经取得的信托利益。

本条第一款规定的申请权，自债权人知道或者应当知道撤销原因之日起一年内不行使的，归于消灭。

第十三条 设立遗嘱信托，应当遵守继承法关于遗嘱的规定。

遗嘱指定的人拒绝或者无能力担任受托人的，由受益人另行选任受托人；受益人为无民事行为能力人或者限制民事行为能力人的，依法由其监护人代行选任。遗嘱对选任受托人另有规定的，从其规定。

第三章　信 托 财 产

第十四条 受托人因承诺信托而取得的财产是信托财产。

受托人因信托财产的管理运用、处分或者其他情形而取得的财产，也归入信托财产。

法律、行政法规禁止流通的财产，不得作为信托财产。

法律、行政法规限制流通的财产，依法经有关主管部门批准后，可以作为信托财产。

第十五条 信托财产与委托人未设立信托的其他财产相区别。设立信托后，委托人死亡或者依法解散、被依法撤销、被宣告破产时，委托人是唯一受益人的，

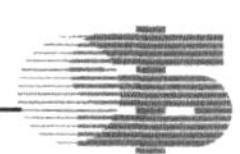

信托终止，信托财产作为其遗产或者清算财产；委托人不是唯一受益人的，信托存续，信托财产不作为其遗产或者清算财产；但作为共同受益人的委托人死亡或者依法解散、被依法撤销、被宣告破产时，其信托受益权作为其遗产或者清算财产。

第十六条 信托财产与属于受托人所有的财产（以下简称固有财产）相区别，不得归入受托人的固有财产或者成为固有财产的一部分。

受托人死亡或者依法解散、被依法撤销、被宣告破产而终止，信托财产不属于其遗产或者清算财产。

第十七条 除因下列情形之一外，对信托财产不得强制执行：

（一）设立信托前债权人已对该信托财产享有优先受偿的权利，并依法行使该权利的；

（二）受托人处理信托事务所产生债务，债权人要求清偿该债务的；

（三）信托财产本身应担负的税款；

（四）法律规定的其他情形。

对于违反前款规定而强制执行信托财产，委托人、受托人或者受益人有权向人民法院提出异议。

第十八条 受托人管理运用、处分信托财产所产生的债权，不得与其固有财产产生的债务相抵消。

受托人管理运用、处分不同委托人的信托财产所产生的债权债务，不得相互抵消。

第四章　信托当事人

第一节 委托人

第十九条 委托人应当是具有完全民事行为能力的自然人、法人或者依法成立的其他组织。

第二十条 委托人有权了解其信托财产的管理运用、处分及收支情况，并有权要求受托人作出说明。

委托人有权查阅、抄录或者复制与其信托财产有关的信托账目以及处理信托事务的其他文件。

第二十一条 因设立信托时未能预见的特别事由，致使信托财产的管理方法不利于实现信托目的或者不符合受益人的利益时，委托人有权要求受托人调整该信托财产的管理方法。

第二十二条 受托人违反信托目的处分信托财产或者因违背管理职责、处理信托事务不当致使信托财产受到损失的，委托人有权申请人民法院撤销该处分行为，

并有权要求受托人恢复信托财产的原状或者予以赔偿；该信托财产的受让人明知是违反信托目的而接受该财产的，应当予以返还或者予以赔偿。

前款规定的申请权，自委托人知道或者应当知道撤销原因之日起一年内不行使的，归于消灭。

第二十三条 受托人违反信托目的处分信托财产或者管理运用、处分信托财产有重大过失的，委托人有权依照信托文件的规定解任受托人，或者申请人民法院解任受托人。

第二节 受托人

第二十四条 受托人应当是具有完全民事行为能力的自然人、法人。

法律、行政法规对受托人的条件另有规定的，从其规定。

第二十五条 受托人应当遵守信托文件的规定，为受益人的最大利益处理信托事务。

受托人管理信托财产，必须恪尽职守，履行诚实、信用、谨慎、有效管理的义务。

第二十六条 受托人除依照本法规定取得报酬外，不得利用信托财产为自己谋取利益。

受托人违反前款规定，利用信托财产为自己谋取利益的，所得利益归入信托财产。

第二十七条 受托人不得将信托财产转为其固有财产。受托人将信托财产转为其固有财产的，必须恢复该信托财产的原状；造成信托财产损失的，应当承担赔偿责任。

第二十八条 受托人不得将其固有财产与信托财产进行交易或者将不同委托人的信托财产进行相互交易，但信托文件另有规定或者经委托人或者受益人同意，并以公平的市场价格进行交易的除外。

受托人违反前款规定，造成信托财产损失的，应当承担赔偿责任。

第二十九条 受托人必须将信托财产与其固有财产分别管理、分别记账，并将不同委托人的信托财产分别管理、分别记账。

第三十条 受托人应当自己处理信托事务，但信托文件另有规定或者有不得已事由的，可以委托他人代为处理。

受托人依法将信托事务委托他人代理的，应当对他人处理信托事务的行为承担责任。

第三十一条 同一信托的受托人有两个以上的，为共同受托人。

共同受托人应当共同处理信托事务，但信托文件规定对某些具体事务由受托人分别处理的，从其规定。

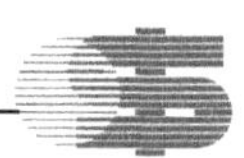

共同受托人共同处理信托事务，意见不一致时，按信托文件规定处理；信托文件未规定的，由委托人、受益人或者其利害关系人决定。

第三十二条 共同受托人处理信托事务对第三人所负债务，应当承担连带清偿责任。第三人对共同受托人之一所作的意思表示，对其他受托人同样有效。

共同受托人之一违反信托目的处分信托财产或者因违背管理职责、处理信托事务不当致使信托财产受到损失的，其他受托人应当承担连带赔偿责任。

第三十三条 受托人必须保存处理信托事务的完整记录。

受托人应当每年定期将信托财产的管理运用、处分及收支情况，报告委托人和受益人。

受托人对委托人、受益人以及处理信托事务的情况和资料负有依法保密的义务。

第三十四条 受托人以信托财产为限向受益人承担支付信托利益的义务。

第三十五条 受托人有权依照信托文件的约定取得报酬。信托文件未作事先约定的，经信托当事人协商同意，可以作出补充约定；未作事先约定和补充约定的，不得收取报酬。

约定的报酬经信托当事人协商同意，可以增减其数额。

第三十六条 受托人违反信托目的处分信托财产或者因违背管理职责、处理信托事务不当致使信托财产受到损失的，在未恢复信托财产的原状或者未予赔偿前，不得请求给付报酬。

第三十七条 受托人因处理信托事务所支出的费用、对第三人所负债务，以信托财产承担。受托人以其固有财产先行支付的，对信托财产享有优先受偿的权利。

受托人违背管理职责或者处理信托事务不当对第三人所负债务或者自己所受到的损失，以其固有财产承担。

第三十八条 设立信托后，经委托人和受益人同意，受托人可以辞任。本法对公益信托的受托人辞任另有规定的，从其规定。

受托人辞任的，在新受托人选出前仍应履行管理信托事务的职责。

第三十九条 受托人有下列情形之一的，其职责终止：

（一）死亡或者被依法宣告死亡；

（二）被依法宣告为无民事行为能力人或者限制民事行为能力人；

（三）被依法撤销或者被宣告破产；

（四）依法解散或者法定资格丧失；

（五）辞任或者被解任；

（六）法律、行政法规规定的其他情形。

受托人职责终止时，其继承人或者遗产管理人、监护人、清算人应当妥善保

管信托财产，协助新受托人接管信托事务。

第四十条 受托人职责终止的，依照信托文件规定选任新受托人；信托文件未规定的，由委托人选任；委托人不指定或者无能力指定的，由受益人选任；受益人为无民事行为能力人或者限制民事行为能力人的，依法由其监护人代行选任。

原受托人处理信托事务的权利和义务，由新受托人承继。

第四十一条 受托人有本法第三十九条第一款第（三）项至第（六）项所列情形之一，职责终止的，应当作出处理信托事务的报告，并向新受托人办理信托财产和信托事务的移交手续。

前款报告经委托人或者受益人认可，原受托人就报告中所列事项解除责任。但原受托人有不正当行为的除外。

第四十二条 共同受托人之一职责终止的，信托财产由其他受托人管理和处分。

第三节 受益人

第四十三条 受益人是在信托中享有信托受益权的人。受益人可以是自然人、法人或者依法成立的其他组织。

委托人可以是受益人，也可以是同一信托的唯一受益人。

受托人可以是受益人，但不得是同一信托的唯一受益人。

第四十四条 受益人自信托生效之日起享有信托受益权。信托文件另有规定的，从其规定。

第四十五条 共同受益人按照信托文件的规定享受信托利益。信托文件对信托利益的分配比例或者分配方法未作规定的，各受益人按照均等的比例享受信托利益。

第四十六条 受益人可以放弃信托受益权。

全体受益人放弃信托受益权的，信托终止。

部分受益人放弃信托受益权的，被放弃的信托受益权按下列顺序确定归属：

（一）信托文件规定的人；

（二）其他受益人；

（三）委托人或者其继承人。

第四十七条 受益人不能清偿到期债务的，其信托受益权可以用于清偿债务，但法律、行政法规以及信托文件有限制性规定的除外。

第四十八条 受益人的信托受益权可以依法转让和继承，但信托文件有限制性规定的除外。

第四十九条 受益人可以行使本法第二十条至第二十三条规定的委托人享有的权利。受益人行使上述权利，与委托人意见不一致时，可以申请人民法院作出

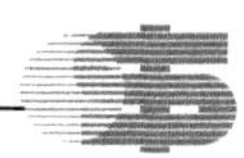

裁定。

受托人有本法第二十二条第一款所列行为，共同受益人之一申请人民法院撤销该处分行为的，人民法院所作出的撤销裁定，对全体共同受益人有效。

第五章 信托的变更与终止

第五十条 委托人是唯一受益人的，委托人或者其继承人可以解除信托。信托文件另有规定的，从其规定。

第五十一条 设立信托后，有下列情形之一的，委托人可以变更受益人或者处分受益人的信托受益权：

（一）受益人对委托人有重大侵权行为；

（二）受益人对其他共同受益人有重大侵权行为；

（三）经受益人同意；

（四）信托文件规定的其他情形。

有前款第（一）项、第（三）项、第（四）项所列情形之一的，委托人可以解除信托。

第五十二条 信托不因委托人或者受托人的死亡、丧失民事行为能力、依法解散、被依法撤销或者被宣告破产而终止，也不因受托人的辞任而终止。但本法或者信托文件另有规定的除外。

第五十三条 有下列情形之一的，信托终止：

（一）信托文件规定的终止事由发生；

（二）信托的存续违反信托目的；

（三）信托目的已经实现或者不能实现；

（四）信托当事人协商同意；

（五）信托被撤销；

（六）信托被解除。

第五十四条 信托终止的，信托财产归属于信托文件规定的人；信托文件未规定的，按下列顺序确定归属：

（一）受益人或者其继承人；

（二）委托人或者其继承人。

第五十五条 依照前条规定，信托财产的归属确定后，在该信托财产转移给权利归属人的过程中，信托视为存续，权利归属人视为受益人。

第五十六条 信托终止后，人民法院依据本法第十七条的规定对原信托财产进行强制执行的，以权利归属人为被执行人。

第五十七条 信托终止后，受托人依照本法规定行使请求给付报酬、从信托财

产中获得补偿的权利时，可以留置信托财产或者对信托财产的权利归属人提出请求。

第五十八条 信托终止的，受托人应当做出处理信托事务的清算报告。受益人或者信托财产的权利归属人对清算报告无异议的，受托人就清算报告所列事项解除责任。但受托人有不正当行为的除外。

第六章 公益信托

第五十九条 公益信托适用本章规定。本章未规定的，适用本法及其他相关法律的规定。

第六十条 为了下列公共利益目的之一而设立的信托，属于公益信托：

（一）救济贫困；

（二）救助灾民；

（三）扶助残疾人；

（四）发展教育、科技、文化、艺术、体育事业；

（五）发展医疗卫生事业；

（六）发展环境保护事业，维护生态环境；

（七）发展其他社会公益事业。

第六十一条 国家鼓励发展公益信托。

第六十二条 公益信托的设立和确定其受托人，应当经有关公益事业的管理机构（以下简称公益事业管理机构）批准。

未经公益事业管理机构的批准，不得以公益信托的名义进行活动。

公益事业管理机构对于公益信托活动应当给予支持。

第六十三条 公益信托的信托财产及其收益，不得用于非公益目的。

第六十四条 公益信托应当设置信托监察人。

信托监察人由信托文件规定。信托文件未规定的，由公益事业管理机构指定。

第六十五条 信托监察人有权以自己的名义，为维护受益人的利益，提起诉讼或者实施其他法律行为。

第六十六条 公益信托的受托人未经公益事业管理机构批准，不得辞任。

第六十七条 公益事业管理机构应当检查受托人处理公益信托事务的情况及财产状况。

受托人应当至少每年一次做出信托事务处理情况及财产状况报告，经信托监察人认可后，报公益事业管理机构核准，并由受托人予以公告。

第六十八条 公益信托的受托人违反信托义务或者无能力履行其职责的，由公益事业管理机构变更受托人。

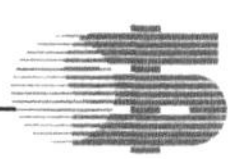

第六十九条 公益信托成立后，发生设立信托时不能预见的情形，公益事业管理机构可以根据信托目的，变更信托文件中的有关条款。

第七十条 公益信托终止的，受托人应当于终止事由发生之日起十五日内，将终止事由和终止日期报告公益事业管理机构。

第七十一条 公益信托终止的，受托人做出的处理信托事务的清算报告，应当经信托监察人认可后，报公益事业管理机构核准，并由受托人予以公告。

第七十二条 公益信托终止，没有信托财产权利归属人或者信托财产权利归属人是不特定的社会公众的，经公益事业管理机构批准，受托人应当将信托财产用于与原公益目的相近似的目的，或者将信托财产转移给具有近似目的的公益组织或者其他公益信托。

第七十三条 公益事业管理机构违反本法规定的，委托人、受托人或者受益人有权向人民法院起诉。

第七章　附　　则

第七十四条 本法自2001年10月1日起施行。

信托投资公司管理办法

（中国人民银行令[2002]第5号　2002年5月9日）

第一章　总　　则

第一条　为了加强对信托投资公司的监督管理，规范信托投资公司的经营行为，促进信托业的健康发展，根据《中华人民共和国信托法》、《中华人民共和国中国人民银行法》等法律和国务院有关规定，制定本办法。

第二条　本办法所称信托投资公司，是指依照《中华人民共和国公司法》和本办法设立的主要经营信托业务的金融机构。

第三条　本办法所称信托，是指委托人基于对受托人的信任，将其财产权委托给受托人，由受托人按委托人的意愿以自己的名义，为受益人的利益或者特定目的，进行管理或者处分的行为。

委托人应是具有完全民事行为能力的自然人、法人或者依法成立的其他组织。受益人是在信托中享有信托受益权的自然人、法人或者依法成立的其他组织。受益人和委托人可以是同一人，也可以不是同一人；受托人可以是受益人，但不得是同一信托的唯一受益人。

第四条　本办法所称信托业务，是指信托投资公司以营业和收取报酬为目的，以受托人身份承诺信托和处理信托事务的经营行为。

第五条　本办法所称信托财产，是指信托投资公司因承诺信托而取得的财产。信托投资公司因信托财产的管理、运用、处分或者其他情形而取得的财产，也归入信托财产。法律、行政法规禁止流通的财产，不得作为信托财产；法律、行政法规限制流通的财产，依法经有关主管部门批准后，可以作为信托财产。

信托财产不属于信托投资公司的固有财产，也不属于信托投资公司对受益人的负债。信托投资公司终止时，信托财产不属于其清算财产。

第六条　信托不因信托投资公司依法解散、被宣告破产或者被依法撤销而终止，也不因信托投资公司的辞任而终止，但法律或者信托文件另有规定的除外。

第七条　信托投资公司从事信托活动，应当遵守法律、行政法规的规定和信托文件的规定，不得损害国家利益、社会公共利益和他人的合法权益。

第八条　信托投资公司管理或者处分信托财产，必须恪尽职守，履行诚实、信用、谨慎、有效管理的义务。

第九条　信托投资公司不得办理存款业务，不得发行债券，不得举借外债。

第十条　中国人民银行依照法律、行政法规和本办法对信托投资公司及其业务实施监督和管理。

第二章　机构的设立、变更与终止

第十一条　设立信托投资公司，应当采取有限责任公司或者股份有限公司的形式。

第十二条　设立信托投资公司，必须经中国人民银行批准，并领取《信托机构法人许可证》。

未经中国人民银行批准，任何单位和个人不得经营信托业务，任何经营单位不得在其名称中使用“信托投资”字样。法律、行政法规另有规定的除外。

第十三条　信托投资公司的设立应当具备下列条件：

（一）有符合《中华人民共和国公司法》和中国人民银行规定的公司章程；

（二）有具备中国人民银行规定的入股资格的股东；

（三）具有本办法规定的最低限额的注册资本；

（四）有具备中国人民银行规定任职资格的高级管理人员和与其业务相适应的信托从业人员；

（五）具有健全的组织机构、信托业务操作规则和风险控制制度；

（六）有符合要求的营业场所、安全防范措施和与业务有关的其他设施；

（七）中国人民银行规定的其他条件。

中国人民银行可以根据经济发展的需要和信托市场的状况对信托投资公司的

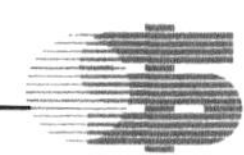

设立申请进行审查。

第十四条　信托投资公司的注册资本不得低于人民币3亿元。

经营外汇业务的信托投资公司，其注册资本中应包括不少于等值1500万美元的外汇。

中国人民银行根据信托投资公司行业发展的需要，可以调整设立信托投资公司的注册资本最低限额。

第十五条　信托投资公司有下列情形之一的，应当经中国人民银行批准：

（一）变更名称；

（二）变更注册资本金；

（三）变更公司住所；

（四）改变组织形式；

（五）调整业务范围；

（六）更换高级管理人员；

（七）变更股东或者调整股权结构，但持有上市股份公司流通股份未达到公司总股份10%的除外；

（八）修改公司章程；

（九）合并或者分立；

（十）中国人民银行规定的其他变更事项。

第十六条　信托投资公司因分立、合并或者公司章程规定的解散的事由出现，申请解散的，经中国人民银行批准后解散，并依法组织清算组进行清算。

第十七条　信托投资公司因违法违规经营、经营管理不善等原因，不能支付到期债务，不撤销将严重损害社会公众利益、危害金融秩序的，由中国人民银行根据《金融机构撤销条例》予以撤销。

第十八条　信托投资公司不能支付到期债务，经中国人民银行同意，可向人民法院提出破产申请。

第十九条　信托投资公司设立、变更、终止的审批程序，按照中国人民银行的规定执行。

第三章　经 营 范 围

第二十条　信托投资公司可以申请经营下列部分或者全部本外币业务：

（一）受托经营资金信托业务，即委托人将自己合法拥有的资金，委托信托投资公司按照约定的条件和目的，进行管理、运用和处分；

（二）受托经营动产、不动产及其他财产的信托业务，即委托人将自己的动产、不动产以及知识产权等财产、财产权，委托信托投资公司按照约定的条件和目的，进行管理、运用和处分；

（三）受托经营法律、行政法规允许从事的投资基金业务，作为投资基金或者基金管理公司的发起人从事投资基金业务；

（四）经营企业资产的重组、购并及项目融资、公司理财、财务顾问等中介业务；

（五）受托经营国务院有关部门批准的国债、政策性银行债券、企业债券等债券的承销业务；

（六）代理财产的管理、运用和处分；

（七）代保管业务；

（八）信用见证、资信调查及经济咨询业务；

（九）以固有财产为他人提供担保；

（十）中国人民银行批准的其他业务。

第二十一条　信托投资公司可以依照《中华人民共和国信托法》的有关规定，接受为下列公益目的而设立的公益信托：

（一）救济贫困；

（二）救助灾民；

（三）扶助残疾人；

（四）发展教育、科技、文化、艺术、体育事业；

（五）发展医疗卫生事业；

（六）发展环境保护事业，维护生态环境；

（七）发展其他社会公益事业。

第二十二条　信托投资公司管理、运用信托财产时，可以依照信托文件的规定，采取出租、出售、贷款、投资、同业拆放等方式进行。

第二十三条　信托投资公司可以根据市场需要，按照信托目的、信托财产的种类或者对信托财产管理方式的不同设置信托业务品种。

第二十四条　信托投资公司所有者权益项下依照规定可以运用的资金，可以存放于银行或者用于同业拆放、贷款、融资租赁和投资，但自用固定资产和股权投资余额总和不得超过其净资产的80%。

第二十五条　经中国人民银行批准，信托投资公司可以办理同业拆借。

第二十六条　信托投资公司的经营范围由公司章程规定，报中国人民银行批准。

第四章　经营规则

第二十七条　设立信托，应当采取书面的形式。书面形式包括信托合同、遗

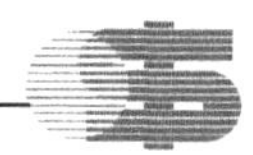

嘱或者法律、行政法规规定的其他书面文件。

第二十八条　以信托合同形式设立信托时，信托合同应当载明以下事项：

（一）信托目的；

（二）委托人、受托人的姓名或者名称、住所；

（三）受益人或者受益人范围；

（四）信托财产的范围、种类及状况；

（五）信托当事人的权利和义务；

（六）信托财产管理中风险的揭示和承担；

（七）信托财产的管理方式和受托人的经营权限；

（八）信托利益的计算，向受益人交付信托利益的形式、方法；

（九）信托投资公司报酬的计算及支付；

（十）信托财产税费的承担和其他费用的核算；

（十一）信托期限和信托的终止；

（十二）信托终止时信托财产的归属；

（十三）信托事务的报告；

（十四）信托当事人的违约责任及纠纷解决方式；

（十五）新受托人的选任方式；

（十六）委托人和受托人认为需要载明的其他事项。

以信托合同以外的其他书面文件设立信托时，书面文件的载明事项按照有关法律、行政法规规定执行。

第二十九条　信托投资公司应当以受益人的最大利益为宗旨处理信托事务，并谨慎管理信托财产。

第三十条　信托投资公司不得以经营资金信托或者其他业务的名义吸收存款。

第三十一条　信托投资公司经营信托业务，不得有下列行为：

（一）利用受托人地位谋取不当利益；

（二）将信托财产挪用于非信托目的的用途；

（三）承诺信托财产不受损失或者保证最低收益；

（四）以信托财产提供担保；

（五）将信托资金投资于自己或者关系人发行的有价证券；

（六）将信托资金贷放给自己或者关系人；

（七）将不同信托账户下的信托财产进行相互交易；

（八）以固有财产与信托财产进行相互交易；

（九）法律、行政法规和中国人民银行禁止的其他行为。

信托投资公司依据信托文件的规定，并以公平的市场价格进行交易的，不受前款第（四）至（八）项的限制。

第三十二条　前条所称关系人是指：

（一）持有信托投资公司 10%以上股权的股东；

（二）信托投资公司投资控股的企业；

（三）信托投资公司的董事、监事、经理、信托业务人员及其近亲属；

（四）前项所列人员投资持股 5%以上或者担任高级管理人员的公司、企业和其他经济组织。

第三十三条　信托投资公司应当自己处理信托事务，但信托文件另有规定或者有不得已事由的，可以委托他人代为处理。

第三十四条　信托投资公司应当为委托人、受益人以及处理信托事务的情况和资料保密，但法律、行政法规或者信托文件另有规定的除外。

第三十五条　信托投资公司应当将信托财产与其固有财产分别管理、分别记账，并将不同委托人的信托财产分别管理、分别记账。

第三十六条　信托投资公司应当妥善保存处理信托事务的完整记录，至少每年定期向委托人及受益人报告信托财产及其管理运用、处分及收支的情况。

委托人、受益人有权向信托投资公司了解对其信托财产的管理运用、处分及收支情况，并要求信托投资公司作出说明。

第三十七条　信托投资公司经营信托业务，依据约定以手续费或者佣金的方式收取报酬。

信托投资公司收取报酬的标准，除中国人民银行另有规定外，可与委托人协商确定。

第三十八条　信托投资公司违反信托目的处分信托财产或者因违背管理职责、处理信托事务不当致使信托财产受到损失的，在恢复信托财产的原状或者予以赔偿前，信托投资公司不得请求给付报酬。

第三十九条　信托投资公司因处理信托事务而支出的费用、负担的债务，以信托财产承担，但应在信托合同中列明或明确告知委托人。信托投资公司以其固有财产先行支付的，对信托财产享有优先受偿的权利。因信托投资公司违背管理职责或者管理信托事务不当所负债务及所受到的损害，以其固有财产承担。

第四十条　信托投资公司违反信托目的处分信托财产或者管理运用、处分信托财产有重大过失的，委托人有权依照信托文件的规定解任该信托投资公司，或者申请人民法院解任该信托投资公司。

第四十一条　信托投资公司终止时，其管理信托事务的职责同时终止。清算组应当妥善保管信托财产，作出处理信托事务的报告并向新受托人办理信托财产的移交，但信托文件另有规定的，从其规定。

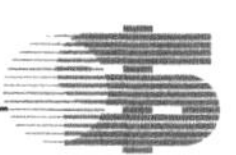

第四十二条　信托投资公司依法终止其受托人职责的，新受托人依照信托文件的规定选任；信托文件未规定的，由委托人选任；委托人不能选任的，由受益人选任；受益人为无民事行为能力人或者限制民事行为能力人的，依法由其监护人代行选任。

第四十三条　信托投资公司经营信托业务，有下列情形之一的，信托终止：

（一）信托文件规定的终止事由发生；

（二）信托的存续违反信托目的；

（三）信托目的已经实现或者不能实现；

（四）信托当事人协商同意；

（五）信托期限届满；

（六）信托被解除；

（七）信托被撤销；

（八）全体受益人放弃信托受益权。

第四十四条　信托终止的，信托投资公司应当作出处理信托事务的清算报告。受益人或者信托财产的权利归属人对清算报告无异议的，信托投资公司就清算报告所列事项解除责任，但信托投资公司有不当行为的除外。

第四十五条　信托投资公司接受由其代为确定管理方式的信托资金，应当符合下列规定：

（一）信托期限不得少于一年；

（二）单笔信托资金不得低于人民币 5 万元。

第四十六条　中国人民银行根据防范金融风险的需要，可以规定由信托投资公司代为确定管理方式的信托资金的管理办法。

第四十七条　信托投资公司经营外汇信托业务，应当遵守国家外汇管理的有关规定，并接受外汇主管部门的检查、监督。

第四十八条　信托投资公司为他人提供担保或者拆入资金的余额不得超过其注册资本。

第四十九条　信托投资公司运用自有资金和信托资金从事同业拆借，应当遵守中国人民银行的有关规定。

第五十条　信托投资公司每年应当从税后利润提取 5%，作为信托赔偿准备金，但该赔偿准备金累计总额达到公司注册资本的 20%时，可不再提取。

信托投资公司的赔偿准备金应存放于经营稳健、具有一定实力的境内中资商业银行或者购买国债。

第五章　监督管理与自律

第五十一条　信托投资公司应当按规定制订本公司的信托业务及其他业务规则，

建立、健全本公司的各项业务管理制度和内部控制制度，并报中国人民银行备案。

信托投资公司应当设立内部审计部门，对本公司的业务经营活动进行审计和监督。信托投资公司的内部审计部门应当至少每半年向公司董事会提交内部审计报告，同时向中国人民银行报送上述报告的副本。

第五十二条　信托投资公司应当依法建账，对信托业务与非信托业务分别核算，并对每项信托业务单独核算。具体财务会计制度应当遵守财政部的有关规定。

第五十三条　信托投资公司应当按照国家有关规定建立、健全本公司的财务会计制度，真实记录并全面反映其业务活动和财务状况。公司年度财务会计报表，应当经具有相应资格的注册会计师审计。

信托投资公司应当按照规定向中国人民银行及有关部门报送营业报告书、信托业务及非信托业务的财务会计报表和信托账户目录等有关资料。

第五十四条　信托投资公司的信托业务部门应当在业务上独立于公司的其他部门，其人员不得与公司其他部门的人员相互兼职，具体业务信息不得与公司的其他部门共享。

第五十五条　中国人民银行可以定期或者不定期对信托投资公司的经营活动进行检查。中国人民银行认为必要时，可以责令信托投资公司聘请具有相应资格的中介机构对其业务、财务状况进行审计。

信托投资公司应当按照中国人民银行的要求提供有关业务、财务等报表和资料，并如实介绍有关业务情况。

第五十六条　中国人民银行对信托投资公司的高级管理人员实行任职资格审查制度。未经中国人民银行任职资格审查或者审查、考核不合格的，不得任职。

信托投资公司对拟离任的高级管理人员，应当进行离任审计，并将审计结果报中国人民银行备案。信托投资公司的法定代表人变更时，在新的法定代表人经中国人民银行核准任职资格前，原法定代表人不得离任。

第五十七条　中国人民银行对信托投资公司的信托从业人员实行信托业务资格考试制度。考试合格的，由中国人民银行颁发信托从业人员资格证书；未经考试或者考试不合格的，不得经办信托业务。具体考试办法由中国人民银行另行制定。

第五十八条　信托投资公司的高级管理人员和信托从业人员违反法律、行政法规或中国人民银行有关规定的，中国人民银行有权取消其任职资格或者从业　资格。

第五十九条　中国人民银行对信托投资公司监管中发现的重大问题，有权质询信托投资公司的高级管理人员，并责令其采取有效措施，限期改正。

第六十条　信托投资公司管理混乱，经营陷入困境的，由中国人民银行责令该公司采取措施进行整顿或者重组，并建议撤换高级管理人员。中国人民银行认为必要时，可以对其实行接管。

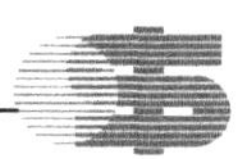

第六十一条　信托投资公司可以成立同业协会，实行行业自律。

信托投资公司同业协会开展活动，应当接受中国人民银行的指导和监督。

第六章　罚　　则

第六十二条　未经中国人民银行批准，擅自设立信托投资公司或者擅自经营信托业务的，按照《非法金融机构和非法金融业务活动取缔办法》予以取缔，并予以处罚。

第六十三条　中国人民银行在批准信托投资公司设立、变更、终止后，发现原申请事项有隐瞒、虚假的情形，可以责令补正或者撤销批准。

第六十四条　信托投资公司违反本办法第三十条规定办理资金信托的，由中国人民银行责令其限期退回存款，并停办部分或全部业务；对直接负责的主管人员和其他直接责任人员依法给予纪律处分，并由中国人民银行取消高级管理人员的任职资格和从业人员的从业资格。构成犯罪的，移送司法机关追究刑事责任。

第六十五条　信托投资公司违反本办法第三十一条规定的，按照《金融违法行为处罚办法》第二十八条规定进行处罚。

第六十六条　信托投资公司违反本办法其他规定的，由中国人民银行按照《金融违法行为处罚办法》及有关规定进行处罚。

第六十七条　信托投资公司对中国人民银行的处罚决定不服的，可以依法提请行政复议或者向人民法院提起行政诉讼。

第七章　附　　则

第六十八条　本办法由中国人民银行负责解释。

第六十九条　本办法自公布之日起施行，中国人民银行 2001 年 1 月 10 日颁布的《信托投资公司管理办法》同时废止。

金融租赁公司管理办法

（中国人民银行[2000]第 4 号　2000 年 6 月 30 日）

第一章　总　　则

第一条　为促进我国融资租赁业的健康发展，加强对金融租赁公司的监督管理，根据《中华人民共和国合同法》、《中华人民共和国公司法》、《中华人民共和国中国人民银行法》等有关法律法规，制定本办法。

第二条　本办法所称金融租赁公司是指经中国人民银行批准以经营融资租赁

业务为主的非银行金融机构。

第三条　金融租赁公司组织形式、组织机构适用《公司法》的规定，并在其名称中标明“金融租赁”字样。

未经中国人民银行批准，其他公司名称中不得有“金融租赁”字样。

第四条　金融租赁公司依法接受中国人民银行的监督管理。

第二章　机构设立及变更

第五条　申请设立金融租赁公司应具备下列条件：

（一）具有符合本办法规定的最低限额注册资本金；

（二）具有符合《中华人民共和国公司法》和本办法规定的章程；

（三）具有符合中国人民银行规定的任职资格的高级管理人员和熟悉金融租赁业务的合格从业人员；

（四）有健全的组织机构、内部管理制度和风险控制制度；

（五）有与业务经营相适应的营业场所、安全防范措施和其他设施；

（六）中国人民银行规定的其他条件。

中国人民银行审查金融租赁公司设立申请时，要考虑国家经济发展需要和融资租赁业竞争状况。

第六条　金融租赁公司的最低注册资本金为人民币 5 亿元，经营外汇业务的金融租赁公司应另有不低于 5 千万美元（或等值可兑换货币）的外汇资本金。

中国人民银行可以根据融资租赁业发展的需要调整金融租赁公司的最低注册资本限额。

第七条　金融租赁公司的设立须经过筹建和开业两个阶段。

第八条　经中国人民银行批准，发起人方可进行金融租赁公司的筹建工作。申请筹建金融租赁公司，须向中国人民银行提交下列文件：

（一）筹建申请书，其内容包括拟设立金融租赁公司的名称、所在地、注册资本金、股东及其股权结构、业务范围等；

（二）可行性研究报告，其内容包括发起人情况（名称、法定代表人、经营情况、资信状况、近 3 年资产负债及利润状况）和市场预测情况；

（三）拟设立金融租赁公司的章程；

（四）筹建负责人名单及简历；

（五）中国人民银行要求提交的其他文件。

第九条　中国人民银行对金融租赁公司筹建申请的答复期为 3 个月，如未获批准，申请人在 6 个月内不得再次提出同样的申请。

第十条　金融租赁公司筹建期限为 6 个月。逾期不申请开业或筹建期满未达

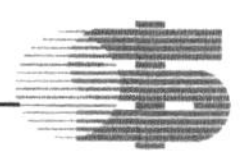

到开业标准的，原批准筹建文件自动失效。筹建期内不得以金融租赁公司的名义从事经营活动。

第十一条　金融租赁公司筹建工作完成后，应向中国人民银行提出开业申请，并提交下列文件：

（一）筹建工作报告和申请开业报告；

（二）会计师事务所出具的股东投资能力证明和中国人民银行指定的金融机构出具的股东货币资金入账证明；

（三）金融租赁公司章程；

（四）拟任高级管理人员的名单、详细履历及任职资格证明材料；

（五）从业人员中从事金融工作 3 年以上人员的证明材料；

（六）拟办业务的规章制度和内部风险控制制度；

（七）工商管理机关出具的对拟设公司名称的预核准登记书；

（八）营业场所和其他与业务有关设施的资料；

（九）中国人民银行要求的其他文件。

第十二条　金融租赁公司的开业申请经中国人民银行批准后，由中国人民银行颁发《金融机构法人许可证》，并凭该许可证到工商行政管理机关办理注册登记，领取《企业法人营业执照》后方可开业。金融租赁公司自领取营业执照之日起，无正当理由 3 个月不开业或开业后自行停业连续 6 个月的，由中国人民银行吊销其许可证，并予以公告。

第十三条　经中国人民银行批准，金融租赁公司可设立分支机构。设立分支机构的具体条件由中国人民银行另行规定。

第十四条　金融租赁公司有下列变更事项之一的，须报经中国人民银行批准：

（一）变更名称；

（二）改变组织形式；

（三）调整业务范围；

（四）变更注册资本；

（五）调整股权结构；

（六）修改章程；

（七）变更营业地址；

（八）变更高级管理人员；

（九）中国人民银行规定的其他变更事项。

第十五条　金融租赁公司经中国人民银行批准变更《金融机构法人许可证》上有关内容后，需按规定到中国人民银行更换许可证。

第十六条　金融租赁公司的股东及其投资比例应符合《公司法》及中国人民

银行有关规定。

第十七条　金融租赁公司不得吸收境内自然人为公司股东，但采取股份有限公司组织形式，并经批准上市的除外；金融租赁公司可以吸收外资入股。

第三章　业 务 经 营

第十八条　经中国人民银行批准，金融租赁公司可经营下列本外币业务：

（一）直接租赁、回租、转租赁、委托租赁等融资性租赁业务；

（二）经营性租赁业务；

（三）接受法人或机构委托租赁资金；

（四）接受有关租赁当事人的租赁保证金；

（五）向承租人提供租赁项下的流动资金贷款；

（六）有价证券投资、金融机构股权投资；

（七）经中国人民银行批准发行金融债券；

（八）向金融机构借款；

（九）外汇借款；

（十）同业拆借业务；

（十一）租赁物品残值变卖及处理业务；

（十二）经济咨询和担保；

（十三）中国人民银行批准的其他业务。

第十九条　适用于融资租赁交易的租赁物为固定资产。

第二十条　金融租赁公司经营租赁业务或提供其他服务收取租金或手续费。租金或手续费标准由金融租赁公司和承租人协商确定。

第二十一条　金融租赁公司作为受托人经营的委托租赁财产和作为转租人经营的转租赁财产独立于金融租赁公司的其他财产。金融租赁公司应当对上述委托租赁、转租赁财产分别管理、单独建账。公司清算时，委托租赁和转租赁财产不作为清算资产。

第二十二条　经营外汇租赁业务的金融租赁公司在境外或向境内外金融机构筹措外汇资金、发行债券，向境外投资，必须按国家外汇管理规定办理，并报中国人民银行备案。

第二十三条　金融租赁公司必须按照国家有关规定实行审慎会计原则和会计制度。

第四章　监 督 管 理

第二十四条　金融租赁公司必须按照中国人民银行的有关规定，建立、健全

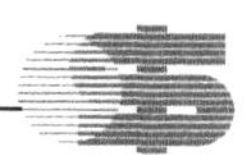

内控制度。

第二十五条　金融租赁公司必须接受中国人民银行的现场检查和非现场检查。

第二十六条　金融租赁公司业务经营须遵循下列资产负债比例：

（一）资本总额不得低于风险资产总额的10%；

（二）对同一承租人的融资余额（租赁＋贷款）最高不得超过金融租赁公司资本总额的15%；

（三）对承租人提供的流动资金贷款不得超过租赁合同金额的60%；

（四）长期投资总额不得高于资本总额的30%；

（五）租赁资产（含委托租赁、转租赁资产）比重不得低于总资产的60%；

（六）拆入资金余额不得超过资本总额的100%；

（七）对外担保余额不得超过资本总额的200%；

（八）中国人民银行规定的其他比例。

中国人民银行可对上述比例进行调整。

第二十七条　金融租赁公司对股东租赁和其他融资逾期1年后，中国人民银行可责成金融租赁公司转让该股东出资及其他权益，用于偿还金融租赁公司的负债。

第二十八条　金融租赁公司必须按规定向中国人民银行报送资产负债表、损益表及业务比例考核报表和书面报告；并于每一会计年度终了后的一个月内报送上一年度的财务报表和资料。

金融租赁公司法定代表人及直接经办人员应对所提供的财务会计报表的真实性承担法律责任。

第二十九条　中国人民银行对日常监督管理中发现的问题，可以向金融租赁公司的法定代表人和高级管理人员提出质询，并责令该公司限期改正或进行整顿。拒不改正或整顿的，中国人民银行可以取消该公司法定代表人或有关高级管理人员的任职资格。

第三十条　金融租赁公司应建立对各项业务的稽核、检查制度，并设立独立于经营管理层的专职稽核部门，直接向董事会负责，以加强内控制度的建设。

第三十一条　金融租赁公司应建立定期审计制度。金融租赁公司的董事会或监事会应于每年初委托具有资格的会计师事务所对公司上一年度的经营活动进行一次审计。并于每年的4月15日前将经董事会或监事会主席签名确认的年度审计报告报送中国人民银行。

第三十二条　中国人民银行认为有必要时，有权随时要求金融租赁公司报送有关业务和财产状况的报告和资料。

第三十三条　中国人民银行对金融租赁公司的设立、变更、撤销等重大事项

实行公告制度。

第三十四条　金融租赁公司可成立行业性自律组织，对金融租赁公司实行自律管理。中国人民银行认为必要时，可授权行业性自律组织行使有关行业管理职能。

第三十五条　凡违反本办法有关规定者，由中国人民银行按《金融违法行为处罚办法》进行处罚。金融租赁公司对中国人民银行的处罚决定不服的，可以依法提请复议或者向人民法院提起行政诉讼。

第三十六条　中国人民银行对金融租赁公司实行年检制度。

第五章　整顿、接管及终止

第三十七条　金融租赁公司出现支付困难等紧急情况时，应立即向中国人民银行报告。

第三十八条　金融租赁公司出现下列情况之一的，中国人民银行可视情况责令其进行内部整顿或停业整顿：

（一）当年亏损超过注册资本的30%或连续3年亏损超过注册资本的10%；

（二）出现严重支付困难；

（三）违反国家有关法律或规章；

（四）中国人民银行认为其他必须整顿的情况。

第三十九条　中国人民银行责令金融租赁公司整顿后，可对金融租赁公司采取下列措施：

（一）要求更换或禁止更换金融租赁公司高级管理人员；

（二）暂停其部分或全部业务；

（三）要求在规定期限内增加资本金；

（四）责令改变股本结构；

（五）责令金融租赁公司重组；

（六）中国人民银行认为必要的其他措施。

第四十条　金融租赁公司经过整顿，符合下列条件的，可以恢复正常营业：

（一）已恢复支付能力；

（二）亏损得到弥补；

（三）违法违规行为得到纠正；

整顿时间最长不超过1年。

第四十一条　金融租赁公司已经或者可能发生支付危机，严重影响债权人利益和金融秩序的稳定时，中国人民银行可对金融租赁公司实行接管。

接管的目的是对被接管的金融租赁公司采取必要措施，恢复金融租赁公司的

正常经营能力。被接管的金融租赁公司的债权债务关系不因接管而变化。

接管由中国人民银行决定并组织实施。

第四十二条　金融租赁公司出现下列情况时，经中国人民银行核准后，予以解散：

（一）组建金融租赁公司的发起人解散，金融租赁公司不能实现合并或改组；

（二）章程中规定的解散事由出现；

（三）股东会议决定解散；

（四）金融租赁公司已分立或被合并。

第四十三条　金融租赁公司经营出现严重困难或有重大违法违规行为时，中国人民银行可依法对其予以撤销。

第四十四条　金融租赁公司解散或撤销后，应依法成立清算组，按照法定程序进行清算，并由中国人民银行发布公告。

中国人民银行可直接委派清算组成员并监督清算过程。

第四十五条　清算组在清理财产时发现金融租赁公司的资产不足以清偿其债务时，应立即停止清算，并向中国人民银行报告。经中国人民银行核准，向人民法院申请该金融机构破产。

第六章　附　则

第四十六条　本办法所称融资租赁业务，是指出租人根据承租人对出卖人、租赁物的选择，向出卖人购买租赁物件，提供给承租人使用，向承租人收取租金的交易，它以出租人保留租赁物的所有权和收取租金为条件，使承租人在租赁合同期内对租赁物取得占有、使用和收益的权利。

第四十七条　本办法中所称回租业务是指承租人将自有物件出卖给出租人，同时与出租人签订一份融资租赁合同，再将该物件从出租人处租回的租赁形式。回租业务是承租人和出卖人为同一人的特殊融资租赁方式。

第四十八条　本办法中所称转租赁业务是指以同一物件为标的物的多次融资租赁业务。在转租赁业务中，上一租赁合同的承租人同时又是下一租赁合同的出租人，称为转租人。转租人从其他出租人处租入租赁物件再转租给第三人，转租人以收取租金差为目的的租赁形式。租赁物品的所有权归第一出租人。

第四十九条　本办法中所称委托租赁业务是指出租人接受委托人的资金或租赁标的物，根据委托人的书面委托，向委托人指定的承租人办理融资租赁业务。在租赁期内租赁标的物的所有权归委托人，出租人只收取手续费，不承担风险。

第五十条　本办法所称租赁当事人包括出租人、承租人、出卖人、委托租赁的委托人。

第五十一条　本办法由中国人民银行负责解释。

第五十二条　本办法自公布之日起施行。

信托投资公司资金信托管理暂行办法

（中国人民银行令[2002]第7号　2002年6月13日）

第一条　为了规范信托投资公司资金信托业务的经营行为，保障资金信托业务各方当事人的合法权益，根据《中华人民共和国信托法》、《中华人民共和国中国人民银行法》和中国人民银行《信托投资公司管理办法》的有关规定，制定本办法。

第二条　本办法所称资金信托业务是指委托人基于对信托投资公司的信任，将自己合法拥有的资金委托给信托投资公司，由信托投资公司按委托人的意愿以自己的名义，为受益人的利益或者特定目的管理、运用和处分的行为。

除经中国人民银行批准设立的信托投资公司外，任何单位和个人不得经营资金信托业务，但法律、行政法规另有规定的除外。

第三条　信托投资公司办理资金信托业务取得的资金不属于信托投资公司的负债；信托投资公司因管理、运用和处分信托资金而形成的资产不属于信托投资公司的资产。

第四条　信托投资公司办理资金信托业务时应遵守下列规定：

（一）不得以任何形式吸收或变相吸收存款；

（二）不得发行债券，不得以发行委托投资凭证、代理投资凭证、受益凭证、有价证券代保管单和其他方式筹集资金，办理负债业务；

（三）不得举借外债；

（四）不得承诺信托资金不受损失，也不得承诺信托资金的最低收益；

（五）不得通过报刊、电视、广播和其他公共媒体进行营销宣传。

信托投资公司违反上述规定，按非法集资处理，造成的资金损失由投资者承担。

第五条　信托投资公司办理资金信托业务可以依据信托文件的约定，按照委托人的意愿，单独或者集合管理、运用、处分信托资金。

单独管理、运用、处分信托资金是指信托投资公司接受单个委托人委托，依据委托人确定的管理方式单独管理和运用信托资金的行为。

集合管理、运用、处分信托资金指信托投资公司接受二个或二个以上委托人

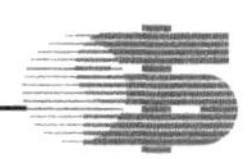

委托，依据委托人确定的管理方式或由信托投资公司代为确定的管理方式管理和运用信托资金的行为。

第六条　信托投资公司集合管理、运用、处分信托资金时，接受委托人的资金信托合同不得超过200份(含200份)，每份合同金额不得低于人民币5万元(含5万元)。

第七条　信托投资公司办理资金信托业务，应与委托人签订信托合同。采取其他书面形式设立信托的，按照法律、行政法规的规定设立。

信托合同应当载明以下事项：

（一）信托目的；

（二）委托人、受托人的姓名（或者名称）、住所；

（三）受益人姓名（或者名称）、住所，或者受益人的范围；

（四）信托资金的币种和金额；

（五）信托期限；

（六）信托资金的管理方式和受托人的管理、运用和处分的权限；

（七）信托资金管理、运用和处分的具体方法或者安排；

（八）信托利益的计算、向受益人交付信托利益的时间和方法；

（九）信托财产税费的承担、其他费用的核算及支付方法；

（十）受托人报酬计算方法、支付期间及方法；

（十一）信托终止时信托财产的归属及分配方式；

（十二）信托事务的报告；

（十三）信托当事人的权利、义务；

（十四）风险的揭示；

（十五）信托资金损失后的承担主体及承担方式；

（十六）信托当事人的违约责任及纠纷解决方式；

（十七）信托当事人认为需要载明的其他事项。

第八条　信托投资公司办理资金信托业务时，应当于签订信托合同的同时，与委托人签订信托资金管理、运用风险申明书。

风险申明书应当载明下列内容：

（一）信托投资公司依据信托文件的约定管理、运用信托资金导致信托资金受到损失的，其损失部分由信托财产承担；

（二）信托投资公司违背信托文件的约定管理、运用、处分信托资金导致信托资金受到损失的，其损失部分由信托投资公司负责赔偿。不足赔偿时，由信托财产承担。

第九条　受托人制定信托合同或者其他信托文件，应当在首页右上方用醒目

字体载明下列文字：

“受托人管理信托财产应恪尽职守，履行诚实、信用、谨慎、有效管理的义务。依据本信托合同规定管理信托资金所产生的风险，由信托财产承担，即由委托人交付的资金以及由受托人对该资金运用后形成的财产承担；受托人违背信托合同、处理信托事务不当使信托资金受到损失，由受托人赔偿。”

第十条　信托文件有效期限内，受益人可以根据信托文件的规定转让其享有的信托受益权。

信托投资公司应为受益人办理信托受益权转让的有关手续。

第十一条　信托投资公司办理资金信托业务，应设立专门为资金信托业务服务的信托资金运用、信息处理等部门。

信托投资公司固有资金运用部门和信托资金运用部门应当由不同的高级管理人员负责管理。

第十二条　信托投资公司办理资金信托业务，应指定信托执行经理及其相关的工作人员。

担任信托执行经理的人员，应具有中国人民银行颁发的《信托经理资格证书》。

第十三条　信托投资公司违背信托文件的约定管理、运用、处分信托资金导致信托资金受到损失的，其损失部分由信托投资公司负责赔偿。信托投资公司由此而导致的损失，可按《中华人民共和国公司法》的有关规定，要求其董事、监事、高级管理人员承担赔偿责任。

第十四条　信托投资公司对不同的资金信托，应建立单独的会计账户分别核算；对不同的信托，应在银行分别开设单独的银行账户，在证券交易机构分别开设独立的证券账户与资金账户。

第十五条　资金信托终止的，信托财产归属于信托文件规定的人。信托投资公司应当按照信托文件的规定书面通知信托财产归属人取回信托财产。

未被取回的信托财产，由信托投资公司负责保管。保管期间，保管人不得运用该财产。保管期间的收益归属于信托财产的归属人。发生的保管费用由被保管的信托财产承担。

第十六条　信托财产的归属依据信托合同规定，可采取现金方式、维持信托终止时财产原状方式或者两者的混合方式。

采取现金方式的，信托投资公司应当于信托合同规定的分配日前或者信托期满日前（如遇法定节假日顺延）变现信托财产，并将现金存入信托文件指定的账户。

采取维持信托终止时财产原状方式的，信托投资公司应于信托期满后的约定时间内，完成与归属人的财产转移手续。

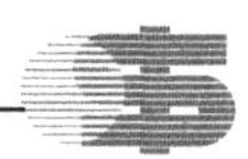

第十七条　资金信托终止，信托投资公司应当于信托终止后十个工作日内做出处理信托事务的清算报告，并送达信托财产归属人。

第十八条　信托投资公司办理资金信托业务，应当按季或者按照信托合同的规定，将信托资金管理的报告和信托资金运用及收益情况表书面告知信托文件规定的人。信托期限超过一年的，每年最少报告一次。

信托投资公司应当按照《信托投资公司管理办法》向中国人民银行报送资金信托业务经营的有关资料。

第十九条　信托资金管理的报告书应当载明如下内容：

（一）信托资金管理、运用、处分和收益情况；

（二）信托资金运用组合比例情况；

（三）信托资金运用中金额列前十位的项目情况；

（四）信托执行经理变更说明；

（五）信托资金运用重大变动说明；

（六）涉及诉讼或者损害信托财产、委托人或者受益人利益的情形；

（七）信托合同规定的其他事项。

第二十条　信托投资公司应当妥善保存资金信托业务的全部资料，保存期自信托终止之日起不得少于十五年。

第二十一条　信托投资公司违反本办法规定的，由中国人民银行按照《金融违法行为处罚办法》及有关规定进行处罚；情节严重的，暂停或者直至取消其办理资金信托业务的资格。对有关的高级管理人员，中国人民银行可以取消其一定期限直至终身的任职资格；对直接责任人员，取消其信托从业资格。

第二十二条　本办法由中国人民银行负责解释。

第二十三条　本办法自 2002 年 7 月 18 日起施行。

租金计算系数表

附表 1　复利终值系数表

$(F/P,i,n)=(1+i)^n$

i,n	1	2	3	4	5	6	7	8	9	10
1%	1.01000	1.02010	1.03030	1.04060	1.05101	1.06152	1.07214	1.08286	1.09369	1.10462
2%	1.02000	1.04040	1.06121	1.08243	1.10408	1.12616	1.14869	1.17166	1.19509	1.21899
3%	1.03000	1.06090	1.09273	1.12551	1.15927	1.19405	1.22987	1.26677	1.30477	1.34392
4%	1.04000	1.08160	1.12486	1.16986	1.21665	1.26532	1.31593	1.36857	1.42331	1.48024
5%	1.05000	1.10250	1.15763	1.21551	1.27628	1.34010	1.40710	1.47746	1.55133	1.62889
6%	1.06000	1.12360	1.19102	1.26248	1.33823	1.41852	1.50363	1.59385	1.68948	1.79085
7%	1.07000	1.14490	1.22504	1.31080	1.40255	1.50073	1.60578	1.71819	1.83846	1.96715
8%	1.08000	1.16640	1.25971	1.36049	1.46933	1.58687	1.71382	1.85093	1.99900	2.15892
9%	1.09000	1.18810	1.29503	1.41158	1.53862	1.67710	1.82804	1.99256	2.17189	2.36736
10%	1.10000	1.21000	1.33100	1.46410	1.61051	1.77156	1.94872	2.14359	2.35795	2.59374
11%	1.11000	1.23210	1.36763	1.51807	1.68506	1.87041	2.07616	2.30454	2.55804	2.83942
12%	1.12000	1.25440	1.40493	1.57352	1.76234	1.97382	2.21068	2.47596	2.77308	3.10585
13%	1.13000	1.27690	1.44290	1.63047	1.84244	2.08195	2.35261	2.65844	3.00404	3.39457
14%	1.14000	1.29960	1.48154	1.68896	1.92541	2.19497	2.50227	2.85259	3.25195	3.70722
15%	1.15000	1.32250	1.52088	1.74901	2.01136	2.31306	2.66002	3.05902	3.51788	4.04556
16%	1.16000	1.34560	1.56090	1.81064	2.10034	2.43640	2.82622	3.27841	3.80296	4.41144
17%	1.17000	1.36890	1.60161	1.87389	2.19245	2.56516	3.00124	3.51145	4.10840	4.80683
18%	1.18000	1.39240	1.64303	1.93878	2.28776	2.69955	3.18547	3.75886	4.43545	5.23384
19%	1.19000	1.41610	1.68516	2.00534	2.38635	2.83976	3.37932	4.02139	4.78545	5.69486
20%	1.20000	1.44000	1.72800	2.07360	2.48832	2.98598	3.58318	4.29982	5.15978	6.19174
25%	1.25000	1.56250	1.95313	2.44141	3.05176	3.81470	4.76837	5.96046	7.45058	9.31323
30%	1.30000	1.69000	2.19700	2.85610	3.71293	4.82681	6.27485	8.15731	10.6045	13.7858
35%	1.35000	1.82250	2.46038	3.32151	4.48403	6.05345	8.17215	11.0324	14.8937	20.1066
40%	1.40000	1.96000	2.7440	3.84160	5.37824	7.52954	10.5414	14.7579	20.6610	28.9255
45%	1.45000	2.10250	3.04863	4.42051	6.40973	9.29411	13.4765	19.5409	28.3343	41.0847
50%	1.50000	2.25000	3.37500	5.06250	7.59375	11.3906	17.0859	25.6289	38.4434	57.6650

续表

i,n	11	12	13	14	15	16	17	18	19	20
1%	1.11567	1.12683	1.12683	1.14947	1.16097	1.17258	1.18430	1.19615	1.20811	1.22019
2%	1.24337	1.26824	1.26824	1.31948	1.34587	1.37279	1.40024	1.42825	1.45681	1.48595
3%	1.38423	1.42576	1.42576	1.51259	1.55797	1.60471	1.65285	1.70243	1.75351	1.80611
4%	1.53945	1.60103	1.60103	1.73168	1.80094	1.87298	1.94790	2.02582	2.10685	2.19112
5%	1.71034	1.79586	1.79586	1.97993	2.07893	2.18287	2.29202	2.40662	2.52695	2.65330
6%	1.89830	2.01220	2.01220	2.26090	2.39656	2.54035	2.69277	2.85434	3.02560	3.20714
7%	2.10485	2.25219	2.25219	2.57853	2.75903	2.95216	3.15882	3.37993	3.61653	3.86968
8%	2.33164	2.51817	2.51817	2.93719	3.17217	3.42594	3.70002	3.99602	4.31570	4.66096
9%	2.58043	2.81266	2.81266	3.34173	3.64248	3.97031	4.32763	4.71712	5.14166	5.60441
10%	2.85312	3.13843	3.13843	3.79750	4.17725	4.59497	5.05447	5.55992	6.11591	6.72750
11%	3.15176	3.49845	3.94845	4.31044	4.78459	5.31089	5.89509	6.54355	7.26334	8.06231
12%	3.47855	3.89598	3.89598	4.88711	5.47357	6.13039	6.86604	7.68997	8.61276	9.64629
13%	3.83586	4.33452	4.33452	5.53475	6.25427	7.06733	7.98608	9.02427	10.1974	11.5231
14%	4.22623	4.81790	4.81790	6.26135	7.13794	8.13725	9.27646	10.5752	12.0557	13.7435
15%	4.65239	5.35025	5.35025	7.07571	8.13706	9.35762	10.7613	12.3755	14.2318	16.3665
16%	5.11726	5.93603	5.93603	7.98752	9.26552	10.7480	12.4677	14.4625	16.7765	19.4608
17%	5.62399	6.58007	6.58007	9.00745	10.5387	12.3303	14.4265	16.8790	19.7484	23.1056
18%	6.17593	7.28759	7.28759	10.1472	11.9737	14.1290	16.6722	19.6733	23.2144	27.3930
19%	6.77667	8.06424	8.06424	11.4198	13.5895	16.1715	19.2441	22.92005	27.2516	32.4294
20%	7.43008	8.91610	8.91610	12.8392	15.4070	18.4884	22.1861	26.6233	31.9480	38.3376
25%	11.6415	14.5519	14.5519	22.7374	28.4217	35.5271	44.4089	55.5112	69.3889	86.7362
30%	17.9216	23.2981	23.2981	39.3738	51.1859	66.5417	86.5042	112.455	146.192	190.050
35%	27.1439	36.6442	36.6442	66.7841	90.1585	121.714	164.314	221.824	299.462	404.274
40%	40.4957	56.6939	56.6939	111.120	155.568	217.795	304.913	426.879	597.630	836.683
45%	59.5728	86.3806	86.3806	181.615	263.342	381.846	553.676	802.831	1164.10	1687.95
50%	86.4976	129.746	129.746	291.929	437.894	656.841	985.261	1477.89	2216.84	3325.26

附表 2　复利现值系数表

$(F/P,i,n)=(1+i)^n$

i,n	1	2	3	4	5	6	7	8	9	10
1%	0.99010	0.98030	0.97059	0.96098	0.95147	0.94205	0.93272	0.92348	0.91434	0.90529
2%	0.98039	0.96117	0.94232	0.92385	0.90573	0.88797	0.87056	0.85349	0.83676	0.82035
3%	0.9787	0.94260	0.91514	0.88849	0.86261	0.83748	0.81309	0.78941	0.76642	0.74409
4%	0.96154	0.92456	0.88900	0.5480	0.82193	0.79031	0.75992	0.73069	0.70259	0.67556
5%	0.95238	0.90703	0.86384	0.82270	0.78353	0.74622	0.71068	0.67684	0.64461	0.61391
6%	0.94340	0.89000	0.83962	0.79209	0.74726	0.70496	0.66506	0.62741	0.59190	0.55839
7%	0.93458	0.87344	0.81630	0.76290	0.71299	0.66634	0.62275	0.58201	0.54393	0.50835
8%	0.92593	0.85734	0.79383	0.73503	0.68058	0.63017	0.58349	0.54027	0.50025	0.46319
9%	0.91743	0.84168	0.77218	0.70843	0.64993	0.59627	0.54703	0.50187	0.46043	0.42241
10%	0.90909	0.82645	0.75131	0.68301	0.62092	0.56447	0.51316	0.46651	0.42410	0.38554
11%	0.90090	0.81162	0.73119	0.65873	0.59345	0.53464	0.48166	0.43393	0.39092	0.35218
12%	0.89286	0.79719	0.71178	0.63552	0.56743	0.50663	0.45235	0.40388	0.36061	0.32197
13%	0.88496	0.78315	0.69305	0.61332	0.54276	0.48032	0.42506	0.37616	0.33288	0.29459
14%	0.87719	0.76947	0.67497	0.59208	0.51937	0.45559	0.39964	0.35056	0.30751	0.26974
15%	0.86957	0.75614	0.65752	0.57175	0.49718	0.43233	0.37594	0.32690	0.28426	0.24718
16%	0.86207	0.74316	0.64066	0.55229	0.47611	0.41044	0.35383	0.30503	0.26295	0.22668
17%	0.85470	0.73051	0.62437	0.53365	0.45611	0.38984	0.33320	0.28478	0.24340	0.20804
18%	0.84746	0.71818	0.60863	0.51579	0.43711	0.37043	0.31393	0.26604	0.22546	0.19106
19%	0.84034	0.70616	0.59342	0.49867	0.41905	0.35214	0.29592	0.24867	0.20897	0.17560
20%	0.83333	0.69444	0.57870	0.48225	0.40188	0.33490	0.27908	0.23257	0.19381	0.16151
25%	0.80000	0.64000	0.51200	0.40960	0.32768	0.26214	0.20972	0.16777	0.13422	0.10737
30%	0.76923	0.59172	0.45517	0.35013	0.26933	0.20718	0.15937	0.12259	0.09430	0.07254
35%	0.74074	0.54870	0.40644	0.30107	0.22301	0.16520	0.12237	0.09064	0.06714	0.04974
40%	0.71429	0.51020	0.36443	0.26031	0.18593	0.13281	0.09486	0.06776	0.04840	0.03457
45%	0.68966	0.47562	0.32802	0.22622	0.15601	0.10759	0.07420	0.5117	0.03529	0.02434
50%	0.66667	0.44444	0.29630	0.19753	0.13169	0.08779	0.05853	0.03902	0.02601	0.01734

续表

i,n	11	12	13	14	15	16	17	18	19	20
1%	0.89632	0.88745	0.87866	0.86996	0.86135	0.85282	0.84438	0.83602	0.82774	0.81954
2%	0.80426	0.78849	0.77303	0.75788	0.74301	0.72845	0.71416	0.70016	0.68634	0.67297
3%	0.72242	0.70138	0.68095	0.66112	0.64186	0.62317	0.60502	0.58739	0.57029	0.55368
4%	0.64958	0.62460	0.60057	0.57748	0.55526	0.53391	0.51337	0.49363	0.47464	0.45639
5%	0.58468	0.55684	0.53032	0.50507	0.48102	0.45811	0.43630	0.41552	0.39573	0.37689
6%	0.52679	0.49697	0.46884	0.44230	0.41727	0.39365	0.37136	0.35034	0.33051	0.31180
7%	0.47509	0.44401	0.41496	0.38782	0.36245	0.33873	0.31657	0.29586	0.27651	0.25842
8%	0.42888	0.39711	0.36770	0.34046	0.31524	0.29189	0.27027	0.25025	0.23171	0.21455
9%	0.38753	0.35553	0.32618	0.29925	0.27454	0.25187	0.23107	0.21199	0.19449	0.17843
10%	0.35049	0.31863	0.28966	0.26333	0.23939	0.21763	0.19784	0.17986	0.16351	0.14864
11%	0.31728	0.28584	0.25751	0.23199	0.20900	0.18829	0.16963	0.15282	0.13768	0.12403
12%	0.28748	0.25668	0.22917	0.20462	0.18270	0.16312	0.14564	0.13004	0.11611	0.10367
13%	0.26070	0.23071	0.20416	0.18068	0.15989	0.14150	0.12522	0.11081	0.09806	0.08678
14%	0.23662	0.20756	0.18207	0.15971	0.14010	0.12289	0.10780	0.09456	0.08295	0.07276
15%	0.21494	0.18691	0.16253	0.14133	0.12289	0.10686	0.09293	0.08081	0.07027	0.06110
16%	0.19542	0.16846	0.14523	0.12520	0.10793	0.09304	0.08021	0.06914	0.05961	0.05139
17%	0.17781	0.15197	0.12989	0.11102	0.09489	0.08110	0.06932	0.05925	0.05064	0.04328
18%	0.16192	0.13722	0.11629	0.09855	0.08352	0.07078	0.05998	0.05083	0.04308	0.03651
19%	0.14757	0.12400	0.10421	0.08757	0.07359	0.06184	0.5196	0.04367	0.03670	0.03084
20%	0.13459	0.11216	0.09346	0.07789	0.06491	0.05409	0.04507	0.03756	0.03130	0.02608
25%	0.08590	0.06872	0.05498	0.04398	0.03518	0.02815	0.02252	0.01801	0.01441	0.01153
30%	0.05580	0.04292	0.03302	0.02540	0.01954	0.01503	0.01156	0.00889	0.00684	0.00526
35%	0.03684	0.02729	0.02021	0.01497	0.01109	0.00822	0.00609	0.00451	0.00334	0.00247
40%	0.02469	0.01764	0.01260	0.00900	0.00643	0.00459	0.00328	0.00234	0.00167	0.00120
45%	0.01679	0.01158	0.00798	0.0051	0.00380	0.00262	0.00181	0.00125	0.00086	0.00059
50%	0.01156	0.00771	0.00514	0.00343	0.00228	0.00152	0.00101	0.00068	0.00045	0.00030

附表 3　年金终值系数表

$(F_A/A,i,n)=|(1+i)^n-1|/i$

i,n	1	2	3	4	5	6	7	8	9	10
1%	1.00000	2.01000	3.03010	4.06040	5.10101	6.15202	7.21354	8.28567	9.36853	10.4622
2%	1.00000	2.02000	3.06040	4.12161	5.20404	6.30812	7.43428	8.58297	9.75463	10.9497
3%	1.00000	2.03000	3.09090	4.18363	5.30914	6.46841	7.66246	8.89234	10.1591	11.4639
4%	1.00000	2.04000	3.1260	4.24646	5.14632	6.63298	7.89829	9.21423	10.5828	12.0061
5%	1.00000	2.05000	3.15250	4.31013	5.52563	6.80191	8.14201	9.54911	11.0266	12.5779
6%	1.00000	2.06000	3.18360	4.37462	5.63709	6.97532	8.39384	9.89747	11.4913	13.1801
7%	1.00000	2.07000	3.21490	4.43994	5.75074	7.15329	8.65402	10.2598	11.9780	13.8164
8%	1.00000	2.08000	3.24640	4.50611	5.86660	7.33593	8.92280	10.6366	12.4876	14.4866
9%	1.00000	2.09000	3.27810	4.57313	5.98471	7.52333	9.20043	11.0285	13.0210	15.1929
10%	1.00000	2.1000	3.31000	4.64100	6.10510	7.71561	9.48717	11.4359	13.5795	15.9347
11%	1.00000	2.1100	3.34210	4.70973	6.22780	7.91286	9.78327	11.8594	14.1640	16.7220
12%	1.00000	2.1200	3.37440	4.77933	6.35285	8.11519	10.0890	12.2997	14.7757	17.5487
13%	1.00000	2.1300	3.40690	4.84980	6.48027	8.32271	10.4047	12.7573	15.4157	18.4197
14%	1.00000	2.1400	3.43960	4.92114	6.61010	8.53552	10.7305	13.2328	16.0853	19.3373
15%	1.00000	2.1500	3.47250	4.99338	6.74238	8.75347	11.0668	13.7268	16.7858	20.3037
16%	1.00000	2.1600	3.50560	5.06650	6.87714	8.97748	11.4139	14.2401	17.5185	21.3215
17%	1.00000	2.1700	3.53890	5.1405	7.01440	9.20685	11.7720	14.7733	18.2847	22.3931
18%	1.00000	2.1800	3.57240	5.21543	7.15421	9.44197	12.1415	15.3270	19.0859	23.5213
19%	1.00000	2.1900	3.60610	5.29126	7.29660	9.68295	12.5227	15.9020	19.9234	24.7089
20%	1.00000	2.2000	3.64000	5.36800	7.44160	9.92992	12.9159	16.4991	20.7989	25.9587
25%	1.00000	2.2500	3.81250	5.76563	8.20703	11.2588	15.0735	19.8419	25.8023	33.2529
30%	1.00000	2.3000	3.99000	6.18700	9.04310	12.7560	17.5828	23.8577	32.0150	42.6195
35%	1.00000	2.3500	4.17250	6.63288	9.95438	14.4384	20.4919	28.6640	39.6964	54.5902
40%	1.00000	2.4000	4.36000	7.10400	10.9456	16.3238	23.8534	34.3947	49.1526	69.8137
45%	1.00000	2.4500	4.55250	7.60113	12.0216	18.4314	27.7255	41.2019	60.7428	89.0771
50%	1.00000	2.5000	4.75000	8.12500	13.1875	20.7813	32.1719	49.2578	74.8867	113.330

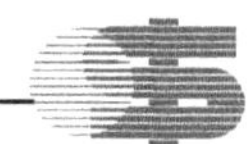

续表

i,n	11	12	13	14	15	16	17	18	19	20
1%	11.5668	12.6825	13.8093	14.9474	16.0969	17.2579	18.4304	19.6147	20.8109	22.0190
2%	12.1687	13.4112	14.6803	15.9739	17.23934	18.6393	20.0121	21.4123	22.8406	24.2974
3%	12.8078	14.1920	15.6178	17.0863	18.5989	20.1569	21.7616	23.4144	25.1169	26.8704
4%	13.4864	15.0258	16.6268	18.2919	20.0236	21.8245	23.6975	25.6454	27.6712	29.7781
5%	14.2068	15.9171	17.7130	19.5986	21.5786	23.6575	25.8404	28.1324	30.5390	33.0660
6%	14.9716	16.8699	18.8821	21.0151	23.2760	25.6725	28.2129	30.9057	33.7600	36.7856
7%	15.7836	17.8885	20.1406	22.5505	25.1290	27.8881	30.8402	33.9990	37.3790	40.9955
8%	16.6455	18.9771	21.4953	24.2149	27.1521	30.3243	33.7502	37.4502	41.4463	45.7620
9%	17.5603	20.1407	22.9534	26.0192	29.3609	33.0034	36.9737	41.3013	46.0185	51.1610
10%	18.5312	21.3843	24.5227	27.9750	31.7725	35.9497	40.5447	45.5992	51.1591	57.2750
11%	19.5614	22.7132	26.2116	30.0949	34.4054	39.1899	44.5008	50.3959	56.9395	64.2028
12%	20.6546	24.1331	28.0291	32.3926	37.2797	42.7533	48.8837	55.7497	63.4397	72.0524
13%	21.8143	25.6502	29.9847	34.8827	40.4175	46.6717	53.7391	61.7251	70.7494	80.9468
14%	23.0445	27.2707	32.0887	37.5811	43.8424	50.9804	59.1176	68.3941	78.9692	91.0249
15%	24.3493	29.0017	34.3519	40.5047	47.5804	55.7175	65.0751	75.8364	88.2118	102.444
16%	25.7329	30.8502	36.7862	43.6720	51.6595	60.9250	71.6730	84.1407	98.6032	115.380
17%	27.1999	32.8239	39.4040	47.1027	56.1101	66.6488	78.9792	93.4056	110.285	130.033
18%	28.7551	34.9311	42.2187	50.8180	60.9653	72.9390	87.0680	103.740	123.414	146.628
19%	30.4035	37.1802	45.2445	54.8409	66.2607	79.8502	96.0218	115.266	138.166	165.418
20%	32.1504	39.5805	48.4966	59.1959	72.0351	87.4421	105.931	128.117	154.740	186.688
25%	42.5661	54.2077	68.7596	86.9495	109.687	138.109	173.636	218.045	273.556	342.945
30%	56.4053	74.3270	97.6250	127.913	167.286	218.472	285.014	371.518	483.973	630.165
35%	74.6967	101.841	138.485	187.954	254.738	344.897	466.611	630.925	852.748	1152.21
40%	98.7391	139.235	195.929	275.300	386.420	541.988	759.784	1064.70	1491.58	2089.21
45%	130.162	189.735	276.115	401.367	582.982	846.324	1228.17	1781.85	2584.68	3748.78
50%	170.995	257.493	387.239	581.859	873.788	1311.68	1968.52	2953.78	4431.68	6648.51

附表4　年金现值系数表

$(F_A / A,i,n)=|(1+i)^n-1|/i$

i,n	1	2	3	4	5	6	7	8	9	10
1%	0.99010	1.97040	2.94099	3.90197	4.85343	5.79548	6.72819	7.65168	8.56602	9.47130
2%	0.98039	1.94156	2.88388	3.80773	4.71346	5.60143	6.47199	7.32548	8.16224	8.98259
3%	0.97087	1.91347	2.82861	3.71710	4.57971	5.41719	6.23028	7.01969	7.78611	8.53020
4%	0.96154	1.88609	2.77509	3.62990	4.45182	5.24214	6.00205	6.73274	7.43533	8.11090
5%	0.96238	1.85941	2.72325	3.54595	4.32948	5.07569	5.78637	6.46321	7.10782	7.72173
6%	0.94340	1.83339	2.67301	3.46511	4.21236	4.91732	5.58238	6.20979	6.80169	7.36009
7%	0.93458	1.80802	2.62432	3.38721	4.10020	4.76654	5.38929	5.97130	6.51523	7.02658
8%	0.92593	1.78326	2.57710	3.31213	3.99271	4.62288	5.20637	5.74664	6.24689	6.71008
9%	0.91743	1.75911	2.53129	3.23972	3.88965	4.48592	5.03295	5.53482	5.99525	6.41766
10%	0.90909	1.73554	2.48685	3.16987	3.79079	4.35526	4.86842	5.33493	5.75902	6.14457
11%	0.90090	1.71252	2.44371	3.10245	3.69590	4.23054	4.71220	5.14612	5.53705	5.88923
12%	0.89286	1.69005	2.40183	3.03735	3.60478	4.11141	4.56376	4.96764	5.32825	5.65022
13%	0.88496	1.66810	2.36115	2.97447	3.51723	3.99755	4.42261	4.79877	5.13166	5.42624
14%	0.87719	1.64666	2.32163	2.91371	3.43308	3.88867	4.28830	4.63886	4.94637	5.21612
15%	0.86957	1.62571	2.28323	2.85498	3.35216	3.78448	4.16042	4.48732	4.77158	5.01877
16%	0.86207	1.60523	2.24589	2.79818	3.27429	3.68474	4.03857	4.34359	4.60654	4.83323
17%	0.85470	1.58521	2.20958	2.74324	3.19935	3.58918	3.92238	4.20716	4.45057	4.65860
18%	0.84746	1.56564	2.17427	2.69006	3.1217	3.49760	3.81153	4.07757	4.30302	4.49409
19%	0.84034	1.54650	2.13992	2.63859	3.05763	3.40978	3.70570	3.95437	4.16333	4.33893
20%	0.83333	1.52778	2.10648	2.58873	2.99061	3.32551	3.60459	3.83716	4.03097	4.19247
25%	0.80000	1.44000	1.95200	2.36160	2.68928	2.95142	3.16114	3.32891	3.46313	3.57050
30%	0.76923	1.36095	1.81611	2.16624	2.43557	2.64275	2.80211	2.92470	3.01900	3.09154
35%	0.74074	1.28944	1.69588	1.99695	2.21996	2.38516	2.50752	2.59817	2.66531	2.71504
40%	0.71429	1.22449	1.58892	1.84923	2.03516	2.16797	2.26284	2.33060	2.37900	2.41357
45%	0.68966	1.16528	1.49330	1.71951	1.87553	1.98312	2.05733	2.10850	2.14379	2.16813
50%	0.66667	1.11111	1.40741	1.60494	1.73663	1.82442	1.88294	1.92196	1.94798	1.96532

续表

i,n	11	12	13	14	15	16	17	18	19	20
1%	10.3676	11.2551	12.1337	13.0037	13.8651	14.7179	15.5623	16.3983	17.2260	18.0456
2%	9.78685	10.5753	11.3484	12.1062	12.8493	13.5777	14.2919	14.9920	15.6785	16.3514
3%	9.25262	9.95400	10.6350	11.2961	11.9379	12.5611	13.1661	13.7535	14.3238	14.8775
4%	8.76048	9.38507	9.98565	10.5631	11.1184	11.6523	12.1657	12.6593	13.1339	13.5903
5%	8.30641	8.86325	9.39357	9.89864	10.3797	10.8378	11.2741	11.6896	12.0853	12.4622
6%	7.88687	8.38384	8.85268	9.29498	9.71225	10.1059	10.4773	10.8276	11.1581	11.4699
7%	7.49867	7.94269	8.35765	8.74547	9.10791	9.44665	9.76322	10.0519	10.3356	10.5940
8%	7.13896	7.53608	7.90378	8.24424	8.55948	8.85137	9.12164	9.37189	9.60360	9.81815
9%	6.80519	7.16073	7.48690	7.78615	8.06069	8.31256	8.54363	8.75563	8.95011	9.12855
10%	6.49506	6.81369	7.10336	7.36669	7.60608	7.82371	8.02155	8.20141	8.36492	8.51356
11%	6.20652	6.49236	6.74987	6.98187	7.19087	7.37916	7.54879	7.70162	7.83929	7.96333
12%	5.93770	6.19437	6.42355	6.62817	6.81086	6.97399	7.11963	7.24967	7.36578	7.46944
13%	5.68694	5.91765	6.12181	6.30249	6.46238	6.60388	6.72909	6.83991	6.93797	7.02475
14%	5.45273	5.66029	5.84236	6.00207	6.14217	6.26506	6.37286	6.46742	6.55037	6.62313
15%	5.23371	5.42062	5.58315	5.72448	5.84737	5.95423	6.04716	6.12797	6.19823	6.25933
16%	5.02864	5.19711	5.34233	5.46753	5.57546	5.66850	5.74870	5.81785	5.87746	5.92884
17%	4.83641	4.98839	5.11828	5.22930	5.32419	5.40529	5.47461	5.53385	5.58449	5.62777
18%	4.65601	4.79322	4.90951	5.00806	5.09158	5.16235	5.22233	5.27316	5.31624	5.35275
19%	4.48650	4.61050	4.71471	4.80228	4.87586	4.93770	4.98966	5.03333	5.07003	5.10086
20%	4.32706	4.43922	4.53268	4.61057	4.67547	4.72956	4.77463	4.81219	4.84350	4.86958
25%	3.65640	3.72512	3.78010	3.82408	3.85926	3.88741	3.90993	3.92794	3.94235	3.95388
30%	3.14734	3.19026	3.22328	3.24867	3.26821	3.28324	3.29480	3.30369	3.31053	3.31579
35%	2.75188	2.77917	2.79939	2.81436	2.82545	2.83367	2.83975	2.84426	2.84760	2.85008
40%	2.43826	2.45590	2.46850	2.47750	2.48393	2.48852	2.49180	2.49414	2.49582	2.49701
45%	2.18492	2.19650	2.20448	2.20999	2.21378	2.21640	2.21821	2.21945	2.22031	2.22091
50%	1.97688	1.98459	1.98972	1.99315	1.99543	1.99696	1.99797	1.99865	1.99910	1.99940

参 考 文 献

蔡鸣龙. 2006. 金融信托与租赁. 北京：中国金融出版社

霍津义. 2003. 中国信托业理论与实务研究. 天津：天津人民出版社

金建栋. 1994. 金融信托全书. 北京：中国财政经济出版社

王洪兰，刘志浩. 1998. 现代信托学. 大连：东北财经大学出版社

王淑敏，齐佩金. 2006. 金融信托与租赁. 北京：中国金融出版社

王淑敏，陆世敏. 2006. 金融信托与租赁. 北京：中国金融出版社

魏曾勋，姚得骥，王春满. 2003. 信托投资总论. 成都：西南财经大学出版社

于研，郑英豪. 2003. 信托投资. 上海：上海译文出版社

张静琦. 1998. 金融信托学. 成都：西南财经大学出版社

赵奎，朱崇利. 2003. 金融信托理论与实务. 北京：经济科学出版社

周树立. 1999. 中国信托业的选择. 北京：中国金融出版社

朱斯煌. 1941. 信托总论. 上海：中华书局

左毓秀，史建平. 2001. 信托与租赁. 北京：中国经济出版社